主　　编　孙晓勇　国家法官学院院长

最高人民法院司法案例研究院院长

副 主 编　彭永和　最高人民法院司法案例研究院副院长

刘　畅　最高人民法院司法案例研究院规划部主任

黄　斌　国家法官学院科研部负责人

主编助理　边疆戈　国家法官学院科研部编辑

赵文轩　最高人民法院司法案例研究院规划部编辑

刘丽媛　最高人民法院司法案例研究院规划部编辑

《中国法院年度案例》编辑人员（按姓氏笔画）

刘　畅　朱建伟　朱　琳　李晓果　杨小利

罗胜华　胡　岩　赵文轩　唐世银　袁登明

曹海荣　梁　欣　程　瑛

本书编审人员　杨小利

中国法院

2021年度案例

国　家　法　官　学　院
最高人民法院司法案例研究院◎编

劳动纠纷

（含社会保险纠纷）

中国法制出版社
CHINA LEGAL PUBLISHING HOUSE

《中国法院年度案例》通讯编辑名单

序

党的十八大以来，以习近平同志为核心的党中央高度重视法治在推进国家治理体系和治理能力现代化中的重要作用，中央全面依法治国工作会议更是明确习近平法治思想在全面依法治国中的指导地位，为全面依法治国提供了根本遵循和行动指南。近年来，人民法院始终将加强司法案例研究作为推进全面依法治国的重要途径，通过发布具有普遍指导意义的典型案例，统一法律适用、提高审判质量，不断推进人民法院严格公正司法。《中国法院年度案例》丛书，旨在完善中国特色案例指导制度，总结提炼典型案例的裁判规则和裁判方法，发挥司法规范、指导、评价、引领的重要作用，大力弘扬社会主义核心价值观，增强全民法治意识和法治素养，展现新时代我国法治建设新成就。

《中国法院年度案例》丛书自2012年编辑出版以来，已连续出版9套，受到读者广泛好评。近年来，为更加全面地反映我国司法审判执行工作的发展进程，顺应审判执行实践需要，响应读者需求，丛书2014年度新增金融纠纷、行政纠纷、刑事案例3个分册，2015年度将刑事案例调整为刑法总则案例、刑法分则案例2个分册，2016年度新增知识产权纠纷分册，2017年度新增执行案例分册，2018年度将刑事案例扩充为4个分册。自2020年起，丛书由国家法官学院与最高人民法院司法案例研究院共同编辑，每年年初定期出版。在全国各级人民法院的大力支持下，丛书编委会现编辑出版《中国法院2021年度案例》系列丛书，共23册。

《中国法院年度案例》丛书以开放务实的态度、简洁明快的风格，在编辑中坚持以下方法，努力把案例书籍变得“好读有用”：一是高度提炼案例内容，控制案例篇幅，每个案例基本在3000字以内；二是突出争议焦点，剔除无效信息，尽可能在有限的篇幅内为读者提供有效、有益的信息；三是注重对裁判文书的再加工，大多数案例由案件的主审法官撰写“法官后语”，高度提炼、总结案例的指导价值，力求引发读者思考，为司法工作提供借鉴，为法学研究提供启迪。

《中国法院年度案例》丛书编辑工作坚持以下原则：一是广泛选编案例。国家法官学院和最高人民法院司法案例研究院每年通过各高级人民法院从全国各地法院汇集上一年度审结的典型案例近万件，使该丛书有广泛的精选基础，优中选优，可提供给读者新近发生的全国各地多种类型的典型性案例。二是方便读者检索。为体现以读者为本，丛书分卷细化，每卷下还将案例主要根据案由分类编排，每个案例用一句话概括裁判规则、裁判思路或焦点问题作为主标题，让读者一目了然，迅速找到目标案例。

中国法制出版社始终全力支持《中国法院年度案例》丛书的出版，给了作者和编辑们巨大的鼓励。2021年，丛书将继续提供数据库增值服务。购买本书，扫描前勒口二维码，即可在本年度免费查阅往年同类案例数据库。我们在此谨表谢忱，并希望通过共同努力，逐步完善，做得更好，真正探索出一条编辑案例书籍、挖掘案例价值的新路，更好地服务社会主义法治国家建设、服务法治社会建设、服务学习研究法律的读者。

《中国法院年度案例》丛书既是法官、检察官、律师等法律工作者的办案参考和司法人员培训的实用教材，也是社会大众学法用法的经典案例读本，同时是教学科研机构案例研究的良好系列素材。当然，案例作者和编辑在编写过程中也难以一步到位实现最初的编写愿望，客观上会存在各种不足甚至错误，欢迎读者批评指正。我们愿听取各方建议，不断扩宽深化司法案例研究领域，实现中国特色案例研究事业的新发展。

国家法官学院

最高人民法院司法案例研究院

2021年2月22日

目 录

Contents

一、确认劳动关系

1. 在第三方代发工资的情形下，农民工与用人单位之间劳动关系的认定 ……… 1
——陆某诉中材公司劳动争议案

2. 公司与个人开办的加工点是否构成混同用工情形的认定 ……………………… 5
——罗某诉匠师公司、廖某确认劳动关系案

3. 关联企业混同用工的劳动者可择一主张用工主体责任 ……………………… 9
——胡某诉三秦公司劳动争议案

4. 快递员与 APP 平台企业间劳动关系确认之诉中“从属性”有无的审查要素 …………………………………………………………………… 12
——郭某诉科技公司劳动争议案

5. 如何区分劳动者与用人单位之间的内部承包关系与承揽关系 ……………… 16
——华国公司诉刘某确认劳动关系案

6. 双重劳动关系的合法性认定 ………………………………………………… 20
——介某诉普瑞森公司劳动争议案

7. 通过互联网平台提供服务者的劳动关系认定 ……………………………… 24
——高某诉紫梧桐公司劳动争议案

8. 委派用工的劳动关系认定与解除 …………………………………………… 27
——孙某诉中盐国贸公司、油盐公司劳动争议案

9. 再就业的停产企业劳动者与原企业之间劳动关系的认定 …………… 32
——某实业公司诉魏某劳动争议案

二、劳动合同履行和变更

10. “订立劳动合同时所依据的客观情况发生重大变化”与“原劳动合同无法继续履行”的因果关系认定 …………… 36
——黄某诉对外公司劳动争议案

11. 劳动合同变更中“协商一致”的认定标准 …………… 40
——田某诉雕刻时光公司劳动争议案

12. 劳动合同工作地点约定不明单位异地调动是否合理 …………… 43
——佳丽公司诉姚某劳动合同案

13. 劳动合同能否继续履行的认定条件 …………… 47
——吴某诉中都物流公司劳动争议案

14. 企业有权在合理范围内对劳动者进行调岗 …………… 52
——陈某诉某行彭水支行劳动合同案

15. 用人单位单方调岗行为的实体合理性与程序合法性的审查要素 …………… 55
——英飞凌公司诉朱某劳动争议案

16. 用人单位续订劳动合同的时限及法律后果 …………… 59
——黄某诉钢宇公司劳动争议案

17. 约定到期可无限次顺延的劳动合同应认定为无固定期限劳动合同 …………… 63
——张某诉中庚公司劳动合同案

三、劳动合同解除和终止

18. 劳动合同协商解除时所附“条件”或“期限”的效力认定 …………… 68
——高某诉甲骨文公司劳动争议案

19. 劳动者能否就解除劳动合同协议中列明的劳动争议事项另行主张相关权利 …… 71
——丁某诉雪花公司劳动争议案

20. 劳动者请假权与用人单位审批权的权衡 …… 75
——范某诉某某饭店劳动争议案

21. 劳动者违反基本职业道德时用人单位能否行使解除权 …… 78
——贸易公司诉孙某劳动争议案

22. 一定条件下用人单位可在缺少规章制度明确规定时与劳动者解除劳动合同 …… 82
——第六医院诉高某劳动争议案

23. 以手机定位方式统计考勤时对劳动者旷工的认定 …… 87
——天下公司诉杨某劳动争议案

24. 用人单位拒绝与符合条件劳动者签订无固定期限劳动合同不等同违法解除 …… 92
——孟某诉资和信公司劳动争议案

25. 用人单位是否可以职场性骚扰为由解除劳动合同 …… 96
——王某诉优比速公司劳动争议案

四、追索劳动报酬、经济补偿金

26. 待岗生活费不应计入平均工资计算经济补偿金 …… 100
——腾翔公司诉潘某劳动争议案

27. 对于解除劳动合同经济补偿金可约定支付条件 …… 103
——中安消公司诉郭某劳动争议案

28. 人事经理未签劳动合同能否享有二倍工资补偿的认定 …… 107
——郑某诉立成公司劳动合同案

29. 海外用工加班费的支付 …… 110
——中航公司诉王某劳动争议案

30. 加班费的微信电子记录证据认定 …… 114
——宋某诉同仁堂公司劳动争议案

31.《劳动合同书》中劳动者笔迹鉴定不能的法律后果 …… 118
——恒润公司诉曹某劳动争议案

32. 劳动者主张年终奖应尽到初步的举证责任 …… 122
——张某诉众信公司劳动争议案

33. 离职员工的年终奖发放标准认定 …… 125
——王某诉地铁一公司劳动争议案

34. 网络配送行业加班的认定 …… 129
——刘某诉点米公司劳动争议案

35. 未出具离职证明造成损失的举证责任分配 …… 134
——田某诉淘气公司劳动争议案

36. 医疗期满继续病休劳动者的工资应予以支付 …… 138
——王某诉玛丽公司劳动争议案

37. 以报销形式兑现的补助是否属于工资 …… 141
——张某诉科技公司劳动争议案

38. 以非货币形式发放工资行为的法律效力 …… 145
——吴某诉两极公司劳动争议案

39. 员工离职原因不明的情况下用人单位是否支付补偿应区分具体情况进行认定 …… 150
——宏福公司诉杨某劳动争议案

五、竞业限制

40. 竞业限制协议“通知履行”条款的效力认定 …… 155
——张某诉更美公司劳动争议案

41. 竞争关系的认定与竞业限制违约金畸高的酌减 …… 159
——刘某诉安迅公司劳动争议案

42. 未约定经济补偿的竞业限制协议的效力和解除权规则 …… 163
——姜某诉博恩公司劳动争议案

43. 未足额支付竞业限制补偿金应认定竞业限制条款对当事人不具有约束力 …… 168
——夏某诉基金公司劳动合同案

44. 用人单位不得仅以劳动者自行填写的择业去向选择是否要求劳动者履行竞业限制义务 …… 173
——蔡某诉麒麟公司劳动争议案

六、工伤保险和社会保险

45. 工伤保险报销外的合理费用应由用人单位承担 …… 177
——杨某诉蒂森公司劳动争议案

46. 劳动者声明免除用人单位法定义务又反悔的效力认定 …… 181
——安龙公司诉陈某劳动争议案

47. 劳动者以用人单位医疗保险险种选择不当为由要求用人单位赔偿损失的，不属于劳动争议案件受理范围 …… 185
——李某诉公交客运公司劳动争议案

48. 劳动者主张工伤保险待遇降低的差额部分如何认定 …… 188
——曾某诉新三洲公司工伤保险待遇案

49. 劳动者主张违法解除劳动合同赔偿金后还能否主张生育津贴差额损失 …… 192
——朱某诉康洲公司劳动争议案

50. 用人单位分立、合并、转让的，承继单位应当承担原用人单位的工伤保险责任 …… 196
——李某诉腾丰公司劳动争议案

七、劳动争议仲裁

51. 养老保险待遇损失纠纷的仲裁时效与计算方法 …………………………… 200
——陈某诉××中专劳动争议案

八、其他

52.《安全承诺书》能否成为用人单位要求劳动者赔偿的依据 ……………… 206
——群星公司诉董某劳动争议案

53. 被派遣员工权益费用分担约定不明时原则上应由派遣单位负担 ………… 210
——九方公司诉华堂公司合同案

54. 劳动者的言论自由与合法维权的边界 …………………………………… 213
——沈某诉某某客车公司劳动争议案

55. 劳动者服务期未满提前离职应赔偿相应培训费用 ……………………… 217
——叶某诉海湾公司劳动争议案

56. 人事聘用合同中服务期违约条款的效力认定 …………………………… 220
——汪某诉某区医院人事争议案

57. 以“风险激励”为名将回款风险转嫁给劳动者的约定无效 ……………… 225
——李某诉登跃公司劳动争议案

58. 用工单位将被派遣劳动者违法退回的法律责任认定 …………………… 228
——外企公司诉英美矿业代表处、董某劳动争议案

一、确认劳动关系

1

在第三方代发工资的情形下，农民工与用人单位之间劳动关系的认定

——陆某诉中材公司劳动争议案

【案件基本信息】

1. 裁判书字号

北京市第一中级人民法院（2019）京01民终3320号民事判决书

2. 案由：劳动争议纠纷

3. 当事人

原告（被上诉人）：陆某

被告（上诉人）：中材公司

第三人（被上诉人）：新泰公司

【基本案情】

2016年12月9日，经中材公司员工鹿某某招用，陆某入职中材公司，工作地点在中材公司的某车间，岗位是操作工，由车间工段长赵某某负责记工，工资标准由鹿某某与陆某商谈，工资具体由新泰公司的法定代表人朱某通过银行转账向陆某支付，工作时间为一个星期每天12小时，中午没有休息时间，一个星期倒一次班；中材公司未与陆某签订书面劳动合同，也未为其缴纳社会保险。2017年11月20日，鹿某某强制不让陆某进入车间工作并将其辞退。

2017年11月21日，陆某向北京市延庆区劳动人事争议仲裁委员会（以下简称延庆仲裁委）申请仲裁，要求中材公司支付经济赔偿金等各项费用。仲裁中，中材公司提供了与新泰公司签订的工业品委外加工合同、新泰公司出具的委托鹿某某发放工资的授权委托书，证明其公司与陆某不存在劳动关系。2018年1月11日，延庆仲裁委裁决驳回陆某的仲裁请求。陆某不服该裁决，于法定期限内诉至北京市延庆区人民法院，要求中材公司支付经济补偿金等各项费用，并申请将新泰公司追加为第三人。

中材公司认可陆某在其公司车间工作，认可鹿某某、赵某某是其公司员工，但不认可陆某与其公司之间存在劳动关系，辩称其公司与新泰公司之间存在真实的委托加工合同关系，陆某是新泰公司的员工，与新泰公司存在事实劳动关系，新泰公司为陆某投保了人身意外伤害保险，员工鹿某某和赵某某均受新泰公司委托才对陆某进行聘用和日常管理，陆某的工资由新泰公司发放，因新泰公司委托中材公司陆某才会在中材公司车间工作，并且陆某将新泰公司申请仲裁确认与其公司存在劳动关系。

新泰公司述称陆某与中材公司存在劳动关系，其公司只是代中材公司向陆某发放工资。中材公司在仲裁时提交的与新泰公司的合同和新泰公司出具的授权委托，是中材公司为逃避用人单位责任胁迫新泰公司签订的。

【案件焦点】

陆某与中材公司之间是否存在劳动关系。

【法院裁判要旨】

北京市延庆区人民法院经审理认为：中材公司和陆某符合劳动关系的主体资格，双方虽未签订书面劳动合同，但中材公司认可陆某由其公司制造部经理鹿某某同意入职，陆某在其公司车间工作，陆某穿着其公司工作服的照片和其公司向其发放的工作证、专用章，且陆某由中材公司车间工段长赵某某计算工时，故可以认定中材公司负责陆某的招聘录用、考勤记录等。综上，虽然双方未签订书面劳动合同，但根据中材公司向陆某发放工作证和工作服、专用章，中材公司员工对陆某记工的事实，足以认定双方成立劳动关系。中材公司主张陆某与新泰公司之间存在劳动关系的抗辩意见，不予采信。中材公司未提交证据证明陆某的入职、离职时间、工资标准和支付情况、考勤，故法院采信陆某的主张，认定双方自2016年12月9日至2017年11月20日期间存在劳动关系，中材公司应支付陆某2017年10月、11

月工资、未签订劳动合同二倍工资差额、经济补偿金。根据陆某提交的加班明细等证据，足以认定陆某存在加班的事实，中材公司应支付陆某延时加班工资、双休日加班工资、法定节假日加班工资。

北京市延庆区人民法院依照《中华人民共和国劳动法》第四十四条，《中华人民共和国劳动合同法》第三十条、第三十八条、第四十六条、第四十七条、第八十二条，《中华人民共和国劳动争议调解仲裁法》第六条，《中华人民共和国民事诉讼法》第六十四条第一款，《最高人民法院关于审理劳动争议案件适用法律若干问题的解释（三）》① 第九条之规定，判决如下：

一、中材公司支付陆某经济补偿金4303.15元、未签订劳动合同二倍工资差额44994.6元、法定节假日加班工资900元、双休日加班工资8546.1元、延时加班工资6321.75元、2017年10月及11月工资8256元；

二、驳回陆某的其他诉讼请求。

二审法院同意一审法院裁判意见。

【法官后语】

工资保障是劳动者应得到的最基本的法律保障。改革开放四十多年以来，广大的农民工活跃在我国经济建设的各行各业，是建设现代化中国的重要力量。但长期以来，一些行业生产组织方式不规范，部分用人单位采用各种手段试图规避法定责任，拖欠农民工工资的问题时有发生。

本案是一起典型的农民工对工资等劳动待遇维权的纠纷。中材公司作为一家汽车复合材料产品的生产商，需要一部分劳动力从事车间操作工作，车间操作工属于劳动密集型典型工种，对劳动者的知识和技术要求相对较低，中材公司往往招用陆

---

① 根据《最高人民法院关于废止部分司法解释及相关规范性文件的决定》（2020年12月29日公布，自2021年1月1日起施行），《最高人民法院关于审理劳动争议案件适用法律若干问题的解释》《最高人民法院关于审理劳动争议案件适用法律若干问题的解释（二）》《最高人民法院关于审理劳动争议案件适用法律若干问题的解释（三）》《最高人民法院关于审理劳动争议案件适用法律若干问题的解释（四）》等司法解释及相关规范性文件被废止。另外，最高人民法院于2020年12月29日公布了《最高人民法院关于审理劳动争议案件适用法律问题的解释（一）》，自2021年1月1日起施行。本书收录的案例均裁判于2021年1月1日之前，适用的是当时尚未被废止的司法解释，内容可能与现行有效的司法解释存在出入，下文将不再对此进行提示。

某等农民工作为临时工，不签订书面劳动合同，不缴纳社会保险。本案中，中材公司更是以订立虚假合同的方式，将陆某等人从事的车间操作业务以合同形式分包给新泰公司，约定新泰公司使用其公司场地进行加工，再将陆某等人的考勤、工资待遇、工作内容等制作成《外包工资明细》《内部职工介绍人员加工费明细》《新泰公司加工明细》，向新泰公司开具银行承兑汇票后，再委托新泰公司向陆某等人代发工资。中材公司通过这一系列包装操作，试图达到降低用工成本、规避相关劳动法律规定、逃避用人单位法定责任的目的。

依据《劳动和社会保障部关于确立劳动关系有关事项的通知》规定，用人单位招用劳动者未订立书面劳动合同，但用人单位和劳动者符合法律、法规规定的主体资格，用人单位依法制定的各项劳动规章制度适用于劳动者，劳动者受用人单位的劳动管理，从事用人单位安排的有报酬的劳动，劳动者提供的劳动是用人单位业务的组成部分，同时具备以上情形的，劳动关系成立。另外，可以参照用人单位向劳动者发放的“工作证”“服务证”等能够证明身份的证件、考勤记录等对劳动关系进行认定。就本案而言，中材公司和陆某符合法律、法规规定的建立劳动关系的主体资格，陆某经中材公司员工鹿某某同意入职，陆某在中材公司的车间提供劳动，陆某的工作属于中材公司的生产经营活动内容，且陆某接受中材公司的管理，中材公司向陆某发放了“工作证”“工作服”“工作专用章”，综合上述情形，足以认定中材公司与陆某之间存在劳动关系。中材公司的一系列包装和新泰公司代发工资等，均不能对抗陆某与中材公司之间形成劳动关系的事实。

在劳动关系中，劳动者往往是弱势一方。我国在进行劳动立法时，注重对劳动者进行倾斜保护，平衡劳动关系双方的利益。农民工自身存在文化水平低、观念朴素、法律意识淡薄、技能水平不足等问题，如何保障农民工的劳动待遇一直是国家大计。自2020年5月1日起正式施行的《保障农民工工资支付条例》从农民工欠薪这个问题出发，不再纠结劳动关系的认定、劳动合同的签订等，保障为用人单位提供劳动的农民工能获得劳动报酬。劳动关系的认定，对于全面保障农民工的工资、经济赔偿金、未签订劳动合同的二倍工资等待遇，仍具有至关重要的意义。无论用人单位委托第三方代发工资还是代缴社保，均不能逃避用人单位向劳动者支付工资报酬等法定责任。

编写人：北京市延庆区人民法院　吴丹

2

公司与个人开办的加工点是否构成混同用工情形的认定

——罗某诉匠师公司、廖某确认劳动关系案

【案件基本信息】

1. 裁判书字号

福建省泉州市中级人民法院（2019）闽05民终4128号民事判决书

2. 案由：确认劳动关系纠纷

3. 当事人

原告（上诉人）：罗某

被告（被上诉人）：匠师公司、廖某

第三人：王某

【基本案情】

廖某与王某系夫妻关系。匠师公司成立于2017年3月9日，法定代表人为廖某，廖某担任公司经理兼执行董事，经营范围为工艺品、家具、家居饰品、家居用品、货架、广告牌、厨房餐饮用具、灯饰设计等生产、销售。2017年5月至2018年4月，罗某在王某个人开办的加工点从事铁件工艺品加工，报酬支付方式为部分计件部分计时，由王某支付报酬。2018年4月17日上午9时30分许，罗某在工作中被切管机割伤右手，之后被送到医院治疗，医疗费用由王某支付。事故发生后，廖某、王某共同与罗某协商赔偿事宜。因未能就赔偿款达成协议，2018年11月19日，罗某向安溪县劳动人事争议仲裁委员会申请仲裁，请求确认罗某与匠师公司存在劳动关系。2019年1月7日，安溪县劳动人事争议仲裁委员会裁决罗某与匠师公司不存在劳动关系。罗某不服仲裁裁决，遂向法院提起诉讼，请求确认罗某与匠师公司存在事实劳动关系。匠师公司、廖某认为，罗某向王某提供劳动，接受王某管理，由王某支付劳动报酬，与匠师公司不存在事实劳

动关系，且起诉主体错误。王某认为，罗某是其个人招聘进私人加工点工作的工人，工资由其支付。

【案件焦点】

1. 匠师公司与王某个人是否构成混同用工；2. 罗某与匠师公司是否存在事实劳动关系。

【法院裁判要旨】

福建省安溪县人民法院经审理认为：劳动关系是用人单位招用劳动者为其成员，劳动者在用人单位的管理下提供有报酬的劳动而产生的权利义务关系，劳动关系最本质的特征在于劳动者以用人单位内部成员的身份进行劳动，受用人单位规章制度（如考勤、考核）的约束，接受用人单位全面的管理、监督。《劳动和社会保障部关于确立劳动关系有关事项的通知》第一条进一步规定，确认事实劳动关系必须符合以下三个要件：（一）用人单位和劳动者符合法律、法规规定的主体资格；（二）用人单位依法制定的各项劳动规章制度适用于劳动者，劳动者受用人单位的劳动管理，从事用人单位安排的有报酬的劳动；（三）劳动者提供的劳动是用人单位业务的组成部分。本案中，罗某、匠师公司虽然符合法律、法规规定的主体资格，但罗某未能举证证明其系匠师公司员工，亦未能证明匠师公司对其进行劳动管理、支付其劳动报酬以及其提供的劳动系匠师公司业务组成部分等事实，故罗某请求确认其与匠师公司存在事实劳动关系的诉讼请求，证据不足，不予支持。

福建省安溪县人民法院依照《中华人民共和国民事诉讼法》第六十四条第一款、《最高人民法院关于民事诉讼证据的若干规定》① 第二条规定，作出如下判决：

驳回罗某的诉讼请求。

罗某不服一审判决，提起上诉。福建省泉州市中级人民法院经审理认为：罗某请求确认与匠师公司之间存在劳动关系，但其提供的录音和证人证言等证据不足以证明匠师公司对其进行劳动管理、支付其劳动报酬等事实，因此罗某与匠师公司之间的关系不符合《劳动和社会保障部关于确立劳动关系有关事项的通知》规定的

---

① 2019年12月25日，最高人民法院公布了修正后的《关于民事诉讼证据的若干规定》，自2020年5月1日起施行。本书收录的案例均裁判于该规定施行之前，适用的是当时有效的规定，条文序号、内容可能与现行规定存在出入，下文将不再对此进行提示。

“用人单位依法制定的各项劳动规章制度适用于劳动者，劳动者受用人单位的劳动管理，从事用人单位安排的有报酬的劳动”这一劳动关系的成立要件，故应当认定罗某与匠师公司之间不存在劳动关系。罗某的上诉请求不能成立，应予驳回。一审判决认定事实清楚，适用法律正确，应予维持。

福建省泉州市中级人民法院依照《中华人民共和国民事诉讼法》第一百七十条第一款第一项规定，作出如下判决：

驳回上诉，维持原判。

【法官后语】

1. 如何认定用人单位与劳动者是否建立劳动关系

我国劳动合同法规定，用人单位自用工之日起即与劳动者建立劳动关系，建立劳动关系，应当订立书面劳动合同。由此可见，劳动者是否成为用人单位的员工，应以有无订立书面劳动合同作为确立劳动关系的主要标准。实践中，用人单位未按照规定与劳动者签订书面劳动合同的情形层出不穷，认定用人单位与劳动者是否建立劳动关系，应该以《劳动和社会保障部关于确立劳动关系有关事项的通知》（本案以下简称《通知》）第一条、第二条之相关内容作为依据。上述通知第一条规定，用人单位招用劳动者未订立书面劳动合同，但同时具备下列情形的，劳动关系成立。(1) 用人单位和劳动者符合法律、法规规定的主体资格；(2) 用人单位依法制定的各项劳动规章制度适用于劳动者，劳动者受用人单位的劳动管理，从事用人单位安排的有报酬的劳动；(3) 劳动者提供的劳动是用人单位业务的组成部分。在学理上，这三个判定因素也被称为人格从属性、经济从属性和组织从属性，这也是劳动关系区别于与雇佣关系或劳务关系的根本标准。第二条规定，用人单位未与劳动者签订劳动合同，认定双方存在劳动关系时可参照下列凭证：(1) 工资支付凭证或记录（职工工资发放花名册）、缴纳各项社会保险费的记录；(2) 用人单位向劳动者发放的“工作证”“服务证”等能够证明身份的证件；(3) 劳动者填写的用人单位招工招聘“登记表”“报名表”等招用记录；(4) 考勤记录；(5) 其他劳动者的证言等。

由此可见，《通知》第一条规定明确了确立劳动关系的成立要件，第二条规定为怎么证明劳动关系的存在提供了依据。即没有签订劳动合同的劳动者如能够提供应聘登记表、录用通知书、工作中来往邮件、微信记录、财务报销凭证等证据就可证明自己与用人单位成立事实上的劳动关系。具体到本案中，罗某未能举证证明其系匠师公司员工，亦未能证明匠师公司对其进行劳动管理、支付其劳动报酬以及其提供的劳动系匠师公司业务组成部分等事实。

2. 匠师公司与王某个人是否构成混同用工

（1）关于混同用工概念问题。混同用工是指实际控制人为同一人或者具有亲属关系的两个或多个经济组织，业务内容相同或存在交叉，经营场所无法区分，人员、财务等高度混同，且往往不与员工签订书面劳动合同，故意混淆用工，使劳动者无法确定其用人单位。主体混同单位通过“混同用工”来模糊承担劳动法律义务的主体，在发生劳动争议时，相互推诿法律责任或者直接将法律责任推卸到没有实际偿付能力的主体上，以达到规避劳动法律义务的目的。本案并非一般情形下关联单位混同用工的劳动关系，而是公司与个人之间用工上的争议问题，因此笔者认为在判断混同用工时，公司作为独立的民事主体，具有其独立人格，只有当个人与公司高度混同时，公司才需为个人的行为承担相应责任。本案中，罗某受伤后，廖某作为王某的配偶参与事故纠纷的协调处理，符合常理，不能据此推定匠师公司与罗某存在劳动关系。

（2）关于举证责任分配问题。对是否属于主体混同发生争议时，需要双方分别进行举证证明。鉴于劳动者处于举证弱势地位及生产经营模式的内部性特征，依据公平原则，可由劳动者承担基础事实的证明责任，举证证明单位之间具有主体混同的较大可能，使法官产生合理怀疑，进一步的举证责任则转移至单位，由单位举证排除合理怀疑。具体到本案中，匠师公司的法定代表人廖某与第三人王某虽然为夫妻关系，但匠师公司与王某个人开办的加工点在工作场所、人员构成、经营范围、劳动管理上均不相同，并未存在混同用工的情形。罗某请求确认与匠师公司之间存在劳动关系，但其提供的录音和证人证言等证据尚未能达到相关基础事实的证明力，不足以证明匠师公司对其进行劳动管理、支付其劳动报酬等事实，因此罗某与匠师公司之间的关系不符合《通知》规定的“用人单位依法制定的各项劳动规章制度适用于劳动者，劳动者受用人单位的劳动管理，从事用人单位安排的有报酬的劳动”这一劳动关系的成立要件，罗某与匠师公司之间不存在事实劳动关系。

编写人：福建省安溪县人民法院　刘雅芬　黄磊

3

关联企业混同用工的劳动者可择一主张用工主体责任

——胡某诉三秦公司劳动争议案

【案件基本信息】

1. 裁判书字号

陕西省宝鸡市中级人民法院（2019）陕03民终1706号民事判决书

2. 案由：劳动争议纠纷

3. 当事人

原告（上诉人）：胡某

被告（上诉人）：三秦公司

【基本案情】

被告三秦公司成立于2006年2月28日，类型为有限责任公司（自然人投资或控股），住所地为宝鸡市金台区××路51号，经营范围为旧机动车鉴定、估价服务。旧车交易中心成立于1999年11月18日，类型为内资企业法人，住所地为宝鸡市金台区××路51号（与三秦公司一致），经营范围为旧机动车拓号服务；新车销售、新旧置换、配件销售、停车、房屋租赁、复印。原告自2007年4月开始到宝鸡市金台区××路51号工作。在旧车交易中心的工资表上签名领取工资，被告公司工资表上载明有姜某等员工，无原告姓名。但被告提交的旧车交易中心工资表和被告的工资表中签发人一致，自2018年9月起两单位工资表均由同一人签字同意支付。原告的工作内容之一为：在二手机动车买卖双方当事人现场签名确认书中经办单位承诺一栏经办人处签字，经办单位处由旧车交易中心加盖公章。2018年11月16日，被告向宝鸡市金台区税务局开具工作证明一份，内容为“兹有我单位胡某同志，自2007年4月于业务部门从事业务经理工作，现于贵局办理个人所得税业务，请给与接洽”并加盖被告公司公章。2018年12月24日，被告向中国工商银行股份有限公司宝鸡分行出具一份个人职业和薪金收入证明，内容为“兹证明胡某系本单位员工，已连续在本单位工作11年，担任业务经理职务……近一年内该职工的税后平均月收入为肆仟元人民币……联系人姜某”，由姜某签字并加盖被告公司公章。2019年3月工作6天后原告离开用人单位。2019年4月16日，被告公司员工姜某通过微信向原告支付2019年1月至3月工资8998元。

【案件焦点】

1. 涉案公司是否为关联公司，其是否构成混同用工；2. 劳动者与哪家单位成立劳动关系；3. 用工主体责任如何承担。

【法院裁判要旨】

陕西省宝鸡市金台区人民法院经审理认为：用人单位自用工之日起即与劳动者建立劳动关系。原告在被告处工作，2019年第一季度工资由被告工作人员代发，被告向税务机关及其他单位出具证明，认可原告系被告公司员工，并清楚载明原告上班起始日期、职务、身份证号码等信息，可充分证明原告与被告之间建立了劳动关系。虽原告签收工资的工资表上注明用人单位为旧车交易中心，部分工作内容亦与该交易中心相关联，但旧车交易中心与被告住所地相同、内部高级管理人员相同，经营范围相关联，二单位之间的关系与关联企业相类似。两单位混同用工造成劳动者无法准确判断实际用人单位的，该不利后果不应由劳动者承担。除了全日制劳动合同之外，一个劳动者只能与一个用人单位之间建立劳动关系，而被告向案外相关单位出具文书确认原告系该单位员工，故原告选择确认与被告之间存在劳动关系，一审法院予以认定。

陕西省宝鸡市金台区人民法院依照《中华人民共和国劳动合同法》第七条、第三十九条、第四十六条、第四十七条，《中华人民共和国劳动争议调解仲裁法》第二十七条，《最高人民法院关于审理劳动争议案件适用法律若干问题的解释（三）》第一条、第八条，《职工带薪年休假条例》第三条、第五条之规定，作出判决如下：

一、三秦公司于判决生效之日起15日内支付原告胡某解除劳动合同经济补偿金48000元、带薪年休假工资6252.87元；

二、驳回胡某的其他诉讼请求。

二审法院同意一审法院裁判意见。

【法官后语】

在劳动用工实践中，实际控制人相同或者经营范围相关联的部分企业内部组织重合、管理混乱，名义上的用工主体与负责日常管理、支付劳动报酬及实际接受劳动成果的主体互有交织，一旦企业之间推卸、规避用工责任，劳动者往往无法证明谁是适格的用工主体，这也为人民法院判决确认劳动关系和承担用工主体责任带来了困扰和争议，因而本案具有一定的典型性。

1. 关联公司混同用工的认定

旧车交易中心与被告三秦公司虽然名称不同，但登记住所地、高级管理人员相同，经营范围及部分工作内容相关联，且其作为独立经营重要识别依据的财务人员也为同一人，因此两公司在主体特征上类似于关联公司；劳动者在该两公司共同的经营场所工作，其工资表所载明的用人单位与税务机关留存证明等公文中载明的用人单位分属两个不同的单位，从该行为推知，两单位均有与劳动者建立劳动关系的意思表示，加之其主体身份互相关联，故两公司对劳动者构成混同用工。

2. 混同用工下的劳动关系认定

一个劳动者在同一时期只能与一个用人单位之间建立劳动关系。《劳动与社会保障部关于确立劳动关系有关事项的通知》明确了认定劳动关系时可参照的具体情形。但在混同用工的情况下，上述参考凭证往往可与两个以上的公司产生关联，在适用法定标准无法准确识别用人单位时，应综合考虑用人单位和劳动者的意思表示。本案中，两家公司在其文件中均表明为原告的用人单位，则视为其均愿意与原告建立事实劳动关系。现原告择一主张，在与旧车交易中心建立劳动关系的范围内，双方成立了一致意思表示。

3. 用工主体责任的承担

原则上来讲，混同用工主体均实际享有了用人单位的权利，相应地也应承担对劳动者所负的义务，虽然劳动者只能与一个用人单位成立合法劳动关系，但并不影响关联公司就其自身过错对劳动者的损失承担连带责任。如劳动者同时起诉关联公司的，应依法判决承担连带责任，如仅仅起诉其中一个公司的，属于劳动者对自身权利的处分，人民法院应当予以尊重并在此基础上作出判决。

编写人：陕西省宝鸡市金台区人民法院　韩江

4

快递员与APP平台企业间劳动关系确认之诉中“从属性”有无的审查要素

——郭某诉科技公司劳动争议案

【案件基本信息】

1. 裁判书字号

北京市海淀区人民法院（2019）京0108民初34030号民事判决书

2. 案由：劳动争议纠纷

3. 当事人

原告：郭某

被告：科技公司

【基本案情】

科技公司系某APP（快递平台）经营者，该APP面向社会提供专人直送快递服务。郭某于2015年4月2日注册为该平台快递员。

郭某主张双方系劳动关系，要求科技公司按北京市最低小时工资标准支付工资及加班费并要求返还工牌费等款项。科技公司主张双方为合作关系，不存在用工管理。为此，郭某曾提起劳动仲裁，后因不服仲裁不予受理决定而诉至法院，即本案。

经查：郭某称在网站上查看兼职信息时看到了该APP平台招募快递员的信息，招募页面载明“兼职赚钱……时间灵活、工作区域自由不受限……”等内容；郭某自行下载APP，点击“同意”《合作协议》后注册成为平台快递员；该协议载明“甲方为科技公司，乙方为平台快递员……双方确认甲方及甲方的关联公司与乙方之间是商业合作关系，不存在劳动人事关系，不受劳动法律法规调整。双方确认由于不存在劳动关系，双方间不存在缴纳相关社会保险的义务”。

双方间无劳动合同，无社会保险及住房公积金缴纳、个人所得税代扣代缴关系。双方未约定底薪，郭某按单获取收入（科技公司根据配送距离和重量向提出配送需求的客户收取费用，收到的款项20%归APP平台作为信息费，其余归平台快递员，平台快递员可自行决定提款周期）。银行明细显示2017年4月至2018年8月科技公司以“周”为频率向郭某转账“劳务费”，金额不稳定，最高为1733.2元，最低为26.5元且部分期间无转账。双方未约定工作时间及地点，郭某自备交通工具，自行“抢单”。订单明细显示2015年至2019年4月郭某共接1500余单，2015年8月、10月、11月，2016年11月、12月，2017年1月至3月、12月，2018年1月、2月、7月、9月至12月，2019年1月、2月等月份未接单；2015年5月、9月，2016年4月、5月，2017年11月，2018年3月、6月、8月，2019年3月、4月等月份接单量低于10单。郭某自述，“看哪个活儿好抢哪个”，有时因天气寒冷或因平台对其进行了处罚而不愿接单；2015年至2019年还曾从事厨师、兼职或全职保安、面包厂学徒等工作。

【案件焦点】

平台快递员与APP平台企业间是否属于劳动关系。

【法院裁判要旨】

北京市海淀区人民法院经审理认为：本案中郭某各项诉求的基础为双方间存在劳动关系。对于双方间是否存在劳动关系的判定，结合在案证据及双方陈述可知：

其一，从“入职”经过而言。郭某系在查找兼职信息时获悉APP平台招募快递员的信息，其对平台快递员的兼职属性有着清晰认知，且确是抱持着寻找兼职的心态注册成为平台快递员，其并无与特定用人单位建立稳定劳动关系、接受劳动关系的意愿。

其二，从双方约定而言。郭某与科技公司间并无劳动合同，反之，郭某在明知《合作协议》已排除劳动关系的情况下，仍接受《合作协议》并自主完成了后续注册行为。

其三，从收入来源而言。双方间并未约定底薪，“收入”结算周期、计算方式及获利分配比例等明显有别于劳动关系项下工资的结算周期、计算方式以及用人单位与劳动者之间的利润分配比例。加之，郭某自述2015年至2019年曾先后从事后厨等其他工作。平台快递员并非其唯一、固定、稳定的收入来源。

其四，从用工管理而言。科技公司对郭某是否在线、是否抢单、在何地登录抢单均无管理。郭某对是否上线、是否抢单方面拥有绝对的自主权，有权因天气不好、心情不好等原因长期休息；以上自由、自主状态，完全与劳动关系项下劳动者应接受用人单位用工管理、应遵守劳动纪律的特点相悖。

退而言之，双方间是否属于非全日制用工劳动关系？在非全日制用工模式下，劳动者依然需要在用人单位的管理、安排下提供劳动，依然需要接受用人单位在工作时间、工作岗位、工作内容、考勤等诸多方面的管理和要求，劳动者仍处于被管理状态，双方间仍具有隶属性特征。但如前所述，本案中，郭某与科技公司间缺乏劳动管理。综上所述，郭某与科技公司间并非劳动关系。进而，郭某坚持以劳动关系为基础法律关系，以劳动争议为由，基于劳动法律、法规提出的各项诉求，缺乏事实及法律依据。

北京市海淀区人民法院依照《中华人民共和国劳动法》第七十九条之规定，判决如下：

驳回郭某的全部诉讼请求。

【法官后语】

近年来，随着互联网因素介入传统的劳动力供求关系，网约工队伍不断发展壮大。与之相伴，网约工与平台企业间是否成立劳动关系的现实问题被置于法台之上。其中，最为典型的即快递员与APP平台企业间是否属于劳动关系。

笔者认为，网约工仅是互联网经济发展下的一种用工模式，并非特定法律概念，判断网约工与平台企业间是否成立劳动关系仍应以“从属性”为标准进行个案实体审查，在裁判“从属性”有无方面，可从如下七个方面入手：

1. 双方合意

双方间是否签订有劳动合同、合作协议。但在对《合作协议》等排除劳动关系的书面协议进行审查时，应考量网约工是否在充分知悉有关权益的情况下基于完全的意思自治而自愿签订协排除劳动关系，并应在实质上审查双方间有无劳动用工管理关系。

2. 招录方式

劳动关系中，用人单位作为管理者，除关心劳动结果外亦关注劳动过程，会对劳动者的体力、智力、岗位适应性、甚至团队契合度等提出要求并以面试等方式加以考核。但在非劳动关系中，相对方则更看重工作成果的交付，对个人的体力、智力等并无特殊要求，往往不加以审查。

3. 主要劳动工具及生产资料的提供情况

劳动关系来源于劳动力与工资报酬的等价交换，因此主要劳动工具及生产资料的提供情况可作为考量要素用以辨别双方间是否为劳动关系。至于除主要劳动工具及生产资料外的其余物品，如标识身份的服装、卡片、贴纸等，由于并非劳动过程中的必备工具，故在判定双方是否构成劳动关系时证明力十分有限。

4. 订单获取及分配方式

劳动关系体现为劳动者在用人单位的安排下从事劳动。因此，订单获取及分配方式应属于重点审查项目。通常，网约工的订单获取模式可分为抢单模式、“抢单+派单”模式、派单模式①三类。显然，三种不同模式下，互联网平台企业对于网约工的管理程度依次逐渐加强。

5. 工作时间、地点等劳动管理

用人单位享有用工管理权，有权对劳动者在工作时间、工作区域、劳动纪律等方面提出明确要求。在网约工模式下，则可体现为：(1) 时间要求。如每日上线时间、每日最低在线时长等。(2) 地域要求。如指定地域上线、指定地域接单等。(3) 拒单自由。即网约工有无接单自由、有无拒单权。(4) 业务考核及处罚权。

6. 报酬构成模式及收益分配比例

劳动者与用人单位间具有显著的经济从属性。从收入角度可审查双方是否约定底薪，同时，应注意考量平台企业与网约工间的收益分配比例。通常而言，劳动关系下平台企业在收益中的占比会高于非劳动关系下平台企业在收益中的占比。此外，需要考虑该种收入是否稳定地构成了网约工的主要经济来源。

7. 稳定性与排他性

劳动关系中“从属性”的另一表征为稳定性及排他性。基于劳动力资源的有限

---

① 实践操作中，派单又可分为多种模式，篇幅原因不再赘述。

性和人身属性，除极个别法定情形及混同用工情形外，通常情况下某段时期内，劳动者仅可能稳定地、持续地接受一家用人单位的劳动管理并向其提供劳动、取得报酬。因此，判断互联网平台企业与“网约工”间是否为劳动关系可以从稳定性及排他性的角度加以考量。

以上七个方面的内容，可作为判断“从属性”有无的切入点，对网约工与平台企业间是否成立劳动关系加以判定。但需要格外加以关注的是，同一平台企业在不同时期可能对网约工采取不同的“管理模式”，甚至同一时期对不同的网约工采取不同的“管理模式”。由此，对于网约工与平台企业间是否具有“从属性”应个案判定。

总体而言，基于对经济发展规律的尊重，一方面裁判机关不应对劳动关系加以宽泛认定，不应将网约工一揽子纳入劳动关系范畴，如此方能助力市场经济的多样化健康发展；但另一方面，裁判机关亦应秉持和坚守保护劳动者合法权益的基本初衷，对于确实符合劳动关系的网约工依法确认其劳动者身份，给予其应有的劳动法律保护。

编写人：北京市海淀区人民法院　蔡笑

5

如何区分劳动者与用人单位之间的内部承包关系与承揽关系

——华国公司诉刘某确认劳动关系案

【案件基本信息】

1. 裁判书字号

山东省济南市中级人民法院（2019）鲁01民终3653号民事判决书

2. 案由：确认劳动关系纠纷

3. 当事人

原告（上诉人）：华国公司

被告（被上诉人）：刘某

【基本案情】

2014 年 9 月，刘某经招聘进入华国公司工作，双方没有签订书面劳动合同，华国公司没有为刘某缴纳社会保险费。从 2015 年 3 月开始，刘某带领三人（共四人）在华国公司北大锯分厂为华国公司加工石料，相应的场地及设备均系华国公司提供，双方按照加工量结算报酬，酬劳系现金支付，每年麦收前后、秋收前后以及春节前分三次支付，刘某领取后在四人内部进行分配。华国公司北大锯分厂是华国公司的一个石料加工点，未进行工商登记。2016 年 12 月 11 日工作期间，刘某右脚被石头砸伤，受伤后被送往医院治疗。刘某住院治疗了 340 天，治疗费 20 多万元由华国公司支付。2018 年 7 月 11 日，刘某作为申请人，以华国公司为被申请人，提出仲裁申请，要求确认双方存在劳动关系。仲裁裁决：申请人刘某与被申请人华国公司之间存在劳动关系。华国公司不服，遂诉至法院。

【案件焦点】

刘某与华国公司之间是劳动关系还是承揽关系。

【法院裁判要旨】

山东省济南市历城区人民法院经审理认为：华国公司认可 2014 年 9 月至 2015 年 3 月双方存在劳动关系。结合刘某的女儿、妹妹等亲属与华国公司经理的多次通话录音、华国公司为刘某支付了 20 多万元治疗费的事实以及华国公司未提交与刘某签订有承揽协议等，刘某自 2014 年 9 月至今与华国公司之间存在事实劳动关系，双方的劳动关系至今未解除。

山东省济南市历城区人民法院依照《中华人民共和国民事诉讼法》第六十四条之规定，作出如下判决：

驳回华国公司的诉讼请求，华国公司与刘某之间存在事实劳动关系。

华国公司不服一审判决，提出上诉。山东省济南市中级人民法院经审理认为：2014 年 9 月至 2015 年 2 月，双方之间存在劳动关系。虽然刘某于 2015 年 3 月到华国公司北大锯分厂公司工作，工作岗位、工作内容、劳动报酬发放形式发生了较大变化，但双方并未就解除劳动关系事宜达成一致，亦未通过其他方式解除劳动关系，因此双方之间的劳动关系在 2015 年 3 月以后继续存在。刘某所从事的石料加工业务属于华国公司业务的组成部分，在双方存在劳动关系的情况下，并不影响在华国公司同意的情形下由刘某在华国公司内部承包有关石料加工业务，由其负责组建石料加工团队，对团队成员进行管理，分配团队成员劳动报酬。刘某的工作地点在华国公司北大锯分厂，按照华国公司的要求为华国公司从事石料加工业务，这本身就是对刘某及其团队的一种管理。虽然华国公司并不对刘某的具体工作时间及内容进行管理，但这是基于刘某特殊的工作形式而形成的松散管理方式，不能因此认定华国公司没有对刘某进行管理。刘某带领其团队在华国公司北大锯分厂为华国公司加工石料，双方按照加工量结算报酬，但是北大锯分厂的场地、设备均系华国公司提供，刘某带领的团队实质上仅付出劳动，华国公司向刘某团队支付的报酬仅是劳动报酬，并不包含设备、场地的费用。因此，华国公司向刘某团队支付的报酬实质上是劳动报酬，刘某个人所取得的报酬亦是其个人劳动获取的劳动报酬，而不是定作人向承揽人支付的报酬，华国公司关于双方之间系承揽关系的上诉主张不能成立，不予采纳。综上，双方均是适格劳动关系主体，刘某所从事的石料加工业务系华国公司业务组成部分，接受华国公司的管理，华国公司为刘某发放劳动报酬，双方之间的关系符合劳动关系的主要特征。一审法院判决双方存在事实劳动关系并无不当。

山东省济南市中级人民法院依照《中华人民共和国民事诉讼法》第一百七十条第一款第一项规定，作出如下判决：

驳回上诉，维持原判。

【法官后语】

企业与职工个人签订承包协议，是企业内部经营管理的一种方式。在承包协议内容未违反法律规定的情形下，这种管理模式既可以体现企业的自主管理权，也可以充分调动职工的工作积极性，同时也更加明确了双方之间的权利义务，因此已经成为越来越多的企业为转变经营理念、创新经营模式而普遍采用的一种管理模式。

企业内部承包协议并不能一概认定为承包关系或劳动关系，而应当从内部承包协议具体约定的权利义务来区别认定该内部承包协议的法律性质。具体来说，承包关系一般受民法调整，遵循“平等、自愿、等价有偿”原则，双方当事人的法律地位是平等的，不存在管理与被管理的关系，一般体现为发包方将某项经营权或工作发包给承包方，由承包方按照协议的约定向发包方支付承包费用，而由承包方享受超额利润。而劳动关系受劳动法调整，双方当事人具有人身隶属性的特征，是管理与被管理的关系，劳动者受用人单位的劳动管理，劳动者付出劳动并获得报酬，且提供的劳动应当是用人单位业务的组成部分。

本案中，2014 年 9 月至 2015 年 2 月期间，双方之间存在劳动关系。虽然刘某于 2015 年 3 月到华国公司北大锯分厂公司，工作岗位、工作内容、劳动报酬发放形式发生了较大变化，但双方并未就解除劳动关系事宜达成一致，亦未通过其他方式解除劳动关系，因此双方之间的劳动关系在 2015 年 3 月以后继续存在。

虽然双方没有签订承包协议，但是从刘某与华国公司之间的承包的实际运行方式看，双方之间系劳动关系下的内部承包。首先，刘某所从事的石料加工业务属于华国公司业务的组成部分，在双方存在劳动关系的情况下，并不影响在华国公司同意的情形下由刘某在华国公司内部承包有关石料加工业务，由其负责组建石料加工团队，对团队成员进行管理，分配团队成员劳动报酬。其次，刘某的工作地点在华国公司北大锯分厂，按照华国公司的要求为华国公司从事石料加工业务，这本身就是对刘某及其团队的一种管理。最后，刘某带领其团队在华国公司北大锯分厂为华国公司加工石料，双方按照加工量结算报酬，但是北大锯分厂的场地、设备均系华国公司提供，刘某带领的团队实质上仅付出劳动，华国公司向刘某团队支付的报酬仅是劳动报酬，并不包含设备、场地的费用。因此，华国公司向刘某团队支付的报酬实质上是劳动报酬，刘某个人所取得的报酬亦是其个人劳动获取的劳动报酬，而不是定作人向承揽人支付的报酬。双方之间的关系应属于企业内部责任承包协议和用人单位内部经营管理的一种方式，其并未改变双方的劳动关系，也未改变承包者的职工身份，双方之间属于劳动关系而非承揽关系。

编写人：山东省济南市中级人民法院　曹强　殷茜茜

6

双重劳动关系的合法性认定

——介某诉普瑞森公司劳动争议案

【案件基本信息】

1. 裁判书字号

北京市第一中级人民法院（2019）京01民终3931号民事判决书

2. 案由：劳动争议纠纷

3. 当事人

原告（被上诉人）：介某

被告（上诉人）：普瑞森公司

【基本案情】

2015年11月4日，普瑞森公司向介某发送电子邮件，告知其填写员工入职需要填写的表格，提交本人身份证复印件、学历证书。11月9日，介某将填写完毕的《员工信息登记表》发给普瑞森公司。介某在普瑞森公司担任销售部主管，由公司报销礼品费、交通费、应酬费等，并负责审批其下属员工的报销单。普瑞森公司先后向介某等员工下发“执行考勤管理”“定期召开公司例会”的通知；关于2016年春节放假、2015年年终奖发放的通知；《劳动合同》《保密及竞业禁止协议》《员工劳动纪律管理规定》等。介某使用普瑞森公司邮箱向公司法定代表人张某发送汇报项目进展等工作的电子邮件。2015年12月至2016年4月，普瑞森公司、张某、普瑞森公司员工祝某，向介某支付工资、报销、差旅费等款项。2016年4月6日普瑞森公司的会议纪要记载了普瑞森公司与介某的相关事宜：1. 销售员工的报销和工资，支付至2016年3月。2. 目前现有项目，介某以代理方式参与。普瑞森公司主张介某于当日自行离职。介某主张其与普瑞森公司之间系代理合作关系，但认可其间普瑞森公司每月支付其35000元生活费。北京外企人力资源服务有限公司内蒙古分公司自2009年5月至2017年1月为介某缴纳社保，2018年4月9日为介某出具终止劳动关系证明。2015年6月23日，介某与福克斯公司签订劳动合同，劳动期限为2015年7月31日至2016年5月31日，福克斯公司以较为固定的时间及金额向介某支付“工资”。介某主张自2015年6月起在福克斯公司工作至今，不需要坐班，无需考勤，在家工作，由该公司支付工资。普瑞森公司2017年5月31日以要求确认与介某存在劳动关系为由向北京市海淀区劳动人事争议仲裁委员会提出仲裁申请，该委作出裁决书，裁决确认普瑞森公司与介某自2015年11月9日至2016年4月6日存在劳动关系。

【案件焦点】

在介某与其他用人单位存在劳动关系的情况下，能否确认普瑞森公司与介某之间的劳动关系。

【法院裁判要旨】

北京市海淀区人民法院经审理认为：介某提交的劳动合同、社保缴纳情况及银行明细，能够形成完整的证据链，法院认定介某与案外公司的劳动关系系真实有效的。结合普瑞森公司与介某在2016年4月6日会议纪要中提及“目前现有项目，介某以代理方式参与”的表述，在现行法律语境下，介某无法同时与两家公司存在劳动关系，故法院认定介某与普瑞森公司并非劳动关系。

北京市海淀区人民法院依照《中华人民共和国劳动法》第七十九条规定，作出如下判决：

确认普瑞森公司与介某自2015年11月9日至2016年4月6日不存在劳动关系。

普瑞森公司不服一审判决，提出上诉。北京市第一中级人民法院经审理认为：介某以建立劳动关系为目的、接受普瑞森公司之管理，从事普瑞森公司安排的有报酬的劳动，其提供的劳动是普瑞森公司业务的组成部分，故双方之间系劳动关系。介某虽主张其与普瑞森公司之间系合作关系，但其对此未提交证据证明，且对于合作双方的权利义务、合作对价的支付条件等，均不能作出明确肯定的陈述，双方法律关系解除后介某以代理方式参与现有项目的安排，亦不能作为判断双方关系存续期间法律关系性质的依据，故对介某的主张不予采信。法律并不禁止双重劳动关系，故即使介某与案外公司系劳动关系，亦不能因此否定其与普瑞森公司之间存在劳动关系。根据双方之间往来邮件、支付款项的日期综合判断，法院采信普瑞森公司关于劳动关系存续期间的主张。综上所述，普瑞森公司的上诉请求成立，应予支持。

北京市第一中级人民法院依照《中华人民共和国劳动合同法》第七条，《中华人民共和国民事诉讼法》第一百七十条第一款第二项规定，作出如下判决：

一、撤销一审判决；

二、确认普瑞森公司与介某自2015年11月9日至2016年4月6日存在劳动关系。

【法官后语】

随着经济的发展和社会的进步，劳动用工形式也发生了深刻的变化，出现了多样性、灵活性，双重劳动关系也随之产生，并且在现实生活中大量存在。由于现行法律法规并未作出明确规定，在理论和司法实践中对企业停薪留职人员、未达到法定退休年龄的内退人员、下岗待岗人员以及企业经营性停产放长假人员等人员，是否应认可全日制用工条件下的“双重劳动关系”存在较大争议，一直存在两种不同意见。

否定说认为，一个劳动者在一个时期内只能与一个用人单位建立劳动关系，通常将“双重劳动关系”中第一重以外的劳动关系作为劳务关系来处理。劳动法第九十九条规定：“用人单位招用尚未解除劳动合同的劳动者，对原用人单位造成经济损失的，该用人单位应当依法承担连带赔偿责任。”原劳动部1996年10月颁布的《关于实行劳动合同制度若干问题的通知》第十七条规定，用人单位招用职工时应查验终止、解除劳动合同证明，以及其他能证明该职工与任何用人单位不存在劳动关系的凭证，方可与其签订劳动合同。劳动合同法第三十九条第四项规定，劳动者同时与其他用人单位建立劳动关系，对完成本单位工作任务造成影响，或经用人单位指出，拒不改正的，用人单位可以随时解除劳动合同。否定说据此认为，法律虽无明文禁止“双重劳动关系”，但从立法意图看仍着重于维持劳动关系稳定，原则上，一个劳动者在一个时期内只能与一个用人单位建立劳动关系。

肯定说认为，对于双重劳动关系中第一重劳动关系以外的劳动关系，应该认定为劳动关系或事实劳动关系。法无禁止即可为，既然法律没有明文禁止，“双重劳动关系”就应该得到承认和保护。自市场经济体制改革以来，劳动者与单位之间原本较强的人身从属性不断淡化，人力资源市场逐步成熟，劳动就业越发呈现出双向选择模式。劳动者法定工作时间相对缩短，可自由支配的时间更长，劳动者在原有的劳动关系之外从事兼职活动甚至建立第二、第三重劳动关系并无不当。另外，把双重劳动关系中第一重劳动关系以外的关系认定为劳务关系，不利于保护劳动者合法权益，即劳动者只能要求劳动报酬的给付而不能要求其他依照劳动法所能享有的权益。

笔者认为，承认双重劳动关系有其法律基础和现实需求。首先，劳动合同法并没有明确规定一个劳动者与多个用人单位建立双重劳动关系属于违法。根据劳动法第九十九条和劳动合同法第九十一条规定，用人单位招用与其他用人单位尚未解除或者终止劳动合同的劳动者，给其他用人单位造成损失的，应当承担连带赔偿责任。但其并非对主动型双重劳动关系的否定，而是对后一用人单位侵权责任的规定。劳动合同法第三十九条第四项规定，劳动者同时与其他用人单位建立劳动关系，对完成本单位的工作任务造成严重影响，或者经用人单位提出，拒不改正的，用人单位可以解除劳动合同。但其也非对双重劳动关系的否定，而是用人单位行使经营自主权的体现，当劳动者出现违约行为时赋予用人单位救济权、解除权。《最高人民法院关于审理劳动争议案件适用法律问题的解释（一）》第三十二条第二款规定，企业停薪留职人员、未达到法定退休年龄的内退人员、下岗待岗人员以及企业经营性停产放长假人员，因与新的用人单位发生用工争议而提起诉讼的，人民法院应当按劳动关系处理。该规定对于四类人员的双重劳动关系持明确肯定的意见。其次，有些地方规定或者司法实践中否定双重劳动关系的判决使得劳动者的合法权益得不到切实保护。出现了劳动者在其他用人单位就业，无法享受社会保险待遇(尤其是工伤保险)；劳动者遇到请求解除和终止劳动合同或者用人单位克扣或无故拖欠劳动者工资等情况时，无法向其他用人单位主张经济补偿金等现象。

基于上述法律基础和现实需求，笔者认为，对于第一重劳动关系以外的劳动关系不能简单将其归为劳务关系，在其具备劳动关系的基本要素、符合劳动关系的基本特点的情况下，即劳动者与用人单位之间系劳动力使用关系，是一种从属性的劳动，用人单位与劳动者存在管理与被管理的关系时，应当认定为劳动关系。这样不但有利于切实保护劳动者的合法权益，也在现实意义上实现了劳动者和实际用人单位权利义务的对等性。

本案中，介某与普瑞森公司之间的法律关系性质是一种事实状态，不能因法律的否定性评价而改变，且法律并未明确规定禁止双重劳动关系，故即使介某与福克斯公司系劳动关系，亦不影响确认介某与普瑞森公司之间存在劳动关系。

编写人：北京市第一中级人民法院　赵悦

7

通过互联网平台提供服务者的劳动关系认定

——高某诉紫梧桐公司劳动争议案

【案件基本信息】

1. 裁判书字号

北京市东城区人民法院（2019）京 0101 民初 5239 号民事判决书

2. 案由：劳动争议纠纷

3. 当事人

原告：高某

被告：紫梧桐公司

第三人：万古公司

【基本案情】

紫梧桐公司系蛋壳服务商微信公众号的实际运营者。

高某于 2017 年 5 月 15 日经人介绍入职紫梧桐公司，岗位为公共区域保洁，双方未签订劳动合同，工资根据保洁订单的类型及数量而定，每月另有房补 500 元和话补 100 元，万古公司于每月 10 日以银行转账形式代为发放。高某的工作区域由其本人向紫梧桐公司提出申请并安排；保洁工作完成后，其需拍照上传至蛋壳服务商微信公众号，并告知紫梧桐公司的员工；没有保洁派单时，其可以自由安排时间，但需随时待命。高某于 2018 年 6 月 8 日被紫梧桐公司口头辞退，故起诉要求确认双方之间存在劳动关系，并支付劳动关系项下各项诉请。

紫梧桐公司则主张双方不存在劳动关系，其与万古公司曾签订劳务外包合同，约定万古公司与劳动者订立合同并委派到紫梧桐公司进行保洁工作。高某从事保洁服务的接单数量和时间自由，可根据个人情况和主观意愿决定是否承接任务，可就工作区域和时间要求紫梧桐公司进行调整，双方之间不存在管理与被管理的关系；双方之间没有任何资金往来，所有费用均由万古公司支付。

万古公司述称其与紫梧桐公司之间系代发服务费关系，招聘和人员管理均与其无关，高某与其不存在劳动关系。

【案件焦点】

通过互联网平台提供服务的劳动者，其劳动关系归属如何确认。

【法院裁判要旨】

北京市东城区人民法院经审理认为：本案系涉互联网平台用工这一新型确认劳动关系纠纷，判断双方是否存在劳动关系，应综合审查各个要素。第一，高某与紫梧桐公司之间没有签订劳动合同；第二，从工资构成来看，高某的工资均按工单数量乘以每单对应的单价计算；第三，高某的保洁任务虽来源于紫梧桐公司运营的互联网平台，但根据双方提交的证据显示，其可调整或拒绝派单任务，有一定的自主性；第四，本案证据没有反映出平台经营者紫梧桐公司对保洁员的接单量、在线时长有明显的限制或要求。综上，从高某的工作形式和工作内容来看，其仅需根据接到的保洁订单提供劳动，工作完成后将工作成果上报，并根据工作成果取酬，在没有保洁派单时，可以自由安排时间，总体工作模式相对灵活；从微信聊天内容来看，保洁人员与紫梧桐公司之间就工作时间、工作区域等问题能够进行充分沟通，并据此加以调整；另高某获取报酬的方式为由万古公司代发劳务费。由此可见，紫梧桐公司与高某之间并非严格的管理与被管理的关系。此外，由紫梧桐公司与万古公司签订《劳务外包合同》可见，紫梧桐公司在用工时，并无与保洁人员建立劳动关系的意愿。综上，高某与紫梧桐公司之间缺乏建立劳动关系的合意，不符合建立劳动关系的特征，故高某关于确认双方自 2017 年 5 月 15 日至 2018 年 6 月 20 日期间存在劳动关系的请求不予支持。因高某的其他诉讼请求均需以双方存在劳动关系为前提，现缺乏该前提，故高某的其他诉求均不予支持。

北京市东城区人民法院依照《中华人民共和国民事诉讼法》第六十四条规定，

作出如下判决：

驳回高某的诉讼请求。

【法官后语】

“互联网+”模式在劳动用工领域的广泛适用，积极发挥了互联网对劳动力资源进行优化配置的优势。而如何在日新月异的用工模式中充分保障劳动者的合法权益，也成为劳动法领域日益突出的课题，其中首要的问题就是如何在现行劳动法的框架内确认通过互联网平台提供服务者的劳动关系归属，这亦是本案的争议焦点。

劳动关系是劳动者与用人单位之间由劳动者提供劳动、用人单位支付劳动对价的法律关系。劳动关系具备人身依附性和财产性的双重属性。审判实践也应从这两个维度出发，着重从以下几个方面进行分析。

第一，确定提供服务的互联网平台性质。互联网平台所属的公司性质，可根据其营业执照中登记的经营范围确定。一般情况下，容易引发此类争议的互联网公司经营范围可分为提供服务信息、技术支持和提供服务两大类，二者是完全不同的业务性质。如该互联网平台仅为客户和提供服务的劳动者提供双向选择的信息，是否订立服务合同仍需由客户和劳动者之间协商确定，而互联网平台仅发挥了中介的作用，则难以认定其与劳动者之间存在劳动关系。如该互联网平台为客户提供自营服务，而提供服务的劳动者又是经该互联网平台选择录用，互联网平台不仅提供服务和服务者，还提供咨询、收费、售后等链式服务，则可考虑认定其与互联网平台之间存在劳动关系。

第二，考察互联网平台是否与提供服务的劳动者签订书面协议。如互联网平台与劳动者订立“合作协议”或“劳务协议”，但实际条款内容却更符合法律关于劳动合同条款的规定，则理应确认双方之间存在事实上的劳动关系。或者互联网平台与劳动者订立了“劳动合同”，但实际上双方之间的人事工作管理、劳动报酬获取等方式更明显属于法律规定的承揽合同，亦应以双方之间的实际工作模式确定其法律关系。比如，本案中紫梧桐公司与万古公司之间签订了劳务外包协议，高某的劳动报酬由万古公司发放，由此可见高某与紫梧桐公司之间不存在直接的法律关系，但可能与万古公司之间存在劳动或劳务关系。在审查案件中存在的书面协议时，也应当注意公司以各种形式的书面协议或实际履行状况规避劳动关系项下用人单位应承担的法律义务的情形。

第三，根据劳动者与互联网平台之间人身依附关系的紧密程度进行确认。劳动者受雇于用人单位，用人单位为劳动者提供劳动条件和工具，对劳动者在工作量、工作效果、工作时间、工作场所等方面进行管理，并根据前述成果按照固定周期向劳动者支付相对固定的劳动报酬。在这一过程中，劳动者的人身自由受到一定程度的限制。日常生活中，如互联网平台提供的仅为服务信息，劳动者依据自己的劳动技能、采用自己的劳动工具、按照自己的时间安排向客户提供专业技术服务，则与互联网平台之间不存在紧密的人身依附性，不符合现行法律规定的劳动关系。如互联网平台提供的是实际服务，甚至特殊类型的服务（需要获得法律规定的行政许可、资质要求等）；或者虽不需要提供服务的劳动者按时打卡上下班，但对其实际工作时间、工作成果等内容负有一定的监管职责，则可考虑认为劳动者与互联网平台之间建立了较为密切的人身依附关系，可认定存在劳动关系。

编写人：北京市东城区人民法院　王玫　程新桐

8

委派用工的劳动关系认定与解除

——孙某诉中盐国贸公司、油盐公司劳动争议案

【案件基本信息】

1. 裁判书字号

北京市高级人民法院（2019）京民申5269号民事裁定书

2. 案由：劳动争议纠纷

3. 当事人

原告（上诉人、再审被申请人）：孙某

被告（上诉人、再审被申请人）：中盐国贸公司

被告（被上诉人、再审申请人）：油盐公司

【基本案情】

2011年，孙某通过招聘方式入职中盐国贸公司，岗位为综合部部长。2013年3月11日，中盐国贸公司出具《关于人事调动的函》，自2013年3月12日起委派孙某至油盐公司工作。自2013年3月12日起，孙某至油盐公司工作，工作岗位仍为综合部部长，油盐公司为孙某支付工资并缴纳社会保险。2017年6月23日，油盐公司向中盐国贸公司发送《关于退回孙某的函》，载明因孙某组织纪律差、责任心不强，其不能胜任目前岗位，不适合继续在油盐公司工作，经总经理办公会研究通过，决定将孙某退回中盐国贸公司。2017年6月30日，油盐公司向孙某发送《通知》，载明：公司决定将你退回派出单位中盐国贸公司，经公司与中盐国贸公司沟通后，7月21日按时到原派出单位中盐国贸公司报到。2017年7月6日，孙某收到该通知并表示对内容有异议。2017年7月，油盐公司停止为孙某缴纳社会保险，工资支付至2017年7月。2017年7月21日，中盐国贸公司复函油盐公司，表示不同意接收孙某回其公司工作，要求油盐公司根据孙某的工作表现按照相关规章制度办理。后中盐国贸公司、油盐公司均未安排孙某工作。

孙某提起劳动仲裁，要求中盐国贸公司、油盐公司支付其工资、违法解除劳动关系赔偿金等。仲裁委员会裁决：一、中盐国贸公司支付孙某2017年8月1日至2017年8月31日基本生活费1323元；二、驳回孙某的其他仲裁请求。

孙某不服仲裁裁决，起诉至法院：1. 请求判令中盐国贸公司、油盐公司支付拖欠孙某自2017年1月1日至2017年5月31日的奖金8750元；2. 请求判令中盐国贸公司、油盐公司支付孙某自2017年8月1日至2017年8月31日的工资16914.45元；3. 中盐国贸公司、油盐公司支付孙某违法解除劳动关系的赔偿金236802.3元。

【案件焦点】

1. 孙某经中盐国贸公司委派至油盐公司工作，自委派开始至争议发生时孙某与哪家用人单位存在劳动关系；2. 油盐公司退回孙某后，劳动关系是否解除及其性质。

【法院裁判要旨】

北京市丰台区人民法院经审理认为：因中盐国贸公司与油盐公司之间委派员工

属于企业自主用工行为，故确认孙某与中盐国贸公司于2011年2月1日至2017年8月31日期间双方存在劳动关系，孙某与油盐公司之间不存在劳动关系。油盐公司通知孙某将其退回至中盐国贸公司工作，油盐公司向孙某支付工资至2017年7月，2017年8月中盐国贸公司与孙某就重新安排工作一事进行沟通协调但未能达成一致，孙某亦未回中盐国贸公司工作，故视为2017年8月31日中盐国贸公司与孙某协商一致解除劳动关系。

北京市丰台区人民法院依照《中华人民共和国劳动合同法》第三十六条、第四十六条、第四十七条，《中华人民共和国劳动争议调解仲裁法》第六条之规定，判决如下：

一、中盐国贸公司于判决生效之日起10日内支付孙某2017年8月1日至2017年8月31日基本生活费1323元；

二、中盐国贸公司于判决生效之日起10日内支付孙某解除劳动合同经济补偿108584.5元；

三、驳回孙某的其他诉讼请求。

孙某、中盐国贸公司不服，提起上诉。北京市第二中级人民法院经审理认为：孙某与两公司劳动关系的认定需结合用人单位发放工资、缴纳社会保险、工作地点、工作内容等作为具体的判断依据。中盐国贸公司通过《关于人事调动的函》将孙某委派至油盐公司工作，该委派并未明确孙某的劳动关系保留在中盐国贸公司，亦未明确具体期限和是否可退回孙某，同时，该函件的名称为人事调动，内容显示“以上同志的工作关系转移”。孙某到油盐公司任综合部部长后，由油盐公司发放工资并缴纳社会保险，孙某为油盐公司提供劳动，并受油盐公司管理，故综合考虑孙某被委派时的实际情况和被委派后的工作情况，一审法院认定孙某自2013年3月12日起仍与中盐国贸公司存在劳动关系不妥，应认定自2013年3月12日起至争议发生时孙某与油盐公司存在劳动关系。油盐公司退回孙某并停发其工资并停缴社会保险，可认定为油盐公司解除与孙某劳动关系的意思表示。鉴于油盐公司未能就其公司退回孙某的具体事实及其公司所依据的规章制度提供充分且有力的证据予以证明，故油盐公司应支付孙某违法解除劳动关系赔偿金。

北京市第二中级人民法院依照《中华人民共和国劳动合同法》第七条、第四十八条、第八十七条，《中华人民共和国民事诉讼法》第一百七十条第一款第二项规定，判决如下：

一、维持一审判决第一项；

二、撤销一审判决第二项、第三项；

三、油盐公司于本判决生效之日起10日内支付孙某违法解除劳动关系赔偿金201656.91元；

四、驳回孙某的其他诉讼请求。

再审法院同意二审法院裁判意见。

【法官后语】

司法实践中涉及有关联关系的用人单位用工而引发的劳动争议案件逐年增加，混同用工、交叉轮换用工、内部委派用工、借调用工等现象屡见不鲜。各方当事人的争议焦点往往集中于劳动关系的认定及解除。有关联关系的用人单位用工情况复杂，无法一概而论，需针对不同情况予以分析处理。本案系较为典型的关联企业间因委派用工而引发的劳动争议案件。委派用工，顾名思义，乃用人单位委派劳动者到另一单位工作的情况。具体到本案中，二审法院对一审判决进行改判，主要涉及委派用工中的两个基本问题：其一为委派发生后劳动者劳动关系的归属；其二为解除劳动关系的认定。

1. 委派用工中劳动关系的认定

本案中，一审法院认为委派用工系企业自主用工行为，故劳动者应与派出单位存在劳动关系，与接收单位不存在劳动关系。然而，二审法院认为涉及委派用工的劳动关系认定不能一概而论，应具体考察委派时各方当事人之间的约定及委派后劳动者的实际工作状况。本案中的派出单位系通过《关于人事调动的函》将劳动者委派至接收单位工作，各方对劳动者劳动关系的归属、福利待遇、委派性质（如委派期限、退回流程）等具体问题均未有明确约定，即未明确委派含义的同时表明劳动者的工作关系转移。在此情况下，劳动者到接收单位任职后即由该单位发放工资并缴纳社会保险。长达四年多的时间里，劳动者为接收单位提供劳动，并受接收单位的完全管理，可认定自委派发生至产生争议时劳动者与接收单位存在劳动关系，而非与派出单位存在劳动关系。故二审法院对劳动者劳动关系的认定进行了改判。

从本案的处理来看，对于涉及委派用工的劳动关系认定，首先，应明确劳动者与用人单位是否签订有劳动合同及各方是否针对劳动关系的归属作出了约定，在不违反法律法规强制性规定的情况下，可根据当事人的约定进行处理；其次，在各方无明确约定的情况下，应着重审查用人单位在作出委派行为时是否对委派性质及期限作出说明，如果用人单位曾出具相关委派函、调动函等书面文件，则应重点审查其函件内容；最后，应综合考虑劳动者被委派后的具体工作情况以明确劳动关系归属，即劳动者在日常劳动中受谁管理、从事何种工作、工资由谁发放、社会保险由谁缴纳等具体问题。

2. 委派用工中解除劳动关系的认定

本案中，一审法院认为接收单位退回劳动者后，派出单位与劳动者就重新安排工作一事未能达成一致，劳动者亦未回到派出单位工作，故视为派出单位与劳动者协商一致解除劳动关系。对此，二审法院认为无论是派出单位还是劳动者均未作出过解除劳动关系的意思表示，即便认定派出单位与劳动者存在劳动关系，亦不能作出双方协商一致解除劳动关系的结论。诚然，根据本案的情况，劳动者系与接收单位存在劳动关系，该单位将劳动者退回原派出单位，这种退回的意思表示明确，且其单位停发劳动者工资、停缴其社会保险的行为具有不与劳动者继续履行劳动关系的性质，故可将接收单位退回劳动者的行为视为接收单位解除与劳动者劳动关系的意思表示。

从本案的处理来看，首先应明确劳动者的劳动关系归属，在此基础上审查用人单位和劳动者是否作出解除劳动关系的意思表示，这里的意思表示不应仅限于明确表示解除劳动关系，基于委派而衍生出的退回等行为亦应予以综合考虑。

综上，有关联关系的用人单位采取委派劳动者的用工方式，劳动关系的确认应综合考虑各方约定、劳动者被委派时的实际情况和被委派后的工作情况，即从委派形式、工资发放、工作内容等方面进行综合判断；并在明确劳动关系的基础上，综合判断用人单位或劳动者是否有解除劳动关系的意思表示。

编写人：北京市第二中级人民法院　管元梓

9

再就业的停产企业劳动者与原企业之间劳动关系的认定

——某实业公司诉魏某劳动争议案

【案件基本信息】

1. 裁判书字号

四川省绵竹市人民法院（2019）川0683民初149号民事判决书

2. 案由：劳动争议纠纷

3. 当事人

原告：某实业公司

被告：魏某

【基本案情】

魏某系某实业公司职工，担任公司检验员。用工期间，双方签订了从2008年1月1日起的书面无固定期限劳动合同，另外，某实业公司为魏某办理了参保登记，但未缴纳社会保险费用。从2015年2月10日起，该公司因经营原因开始停产，未再支付魏某任何费用，也未通知魏某解除劳动合同。从2016年10月起，魏某到某生化公司务工。

2018年8月13日，魏某以某实业公司为被申请人，提出包含解除劳动关系、支付工资及经济补偿金等在内的仲裁请求。仲裁委在审理后作出仲裁裁决：解除双方劳动关系；由某实业公司向魏某支付2015年2月至2018年7月工资及生活费43031元、解除劳动合同经济补偿45500元。

某实业公司认为，魏某于2016年10月起到另一家用人单位上班，此时其与某实业公司之间的劳动合同已经解除，之后本公司无义务再支付魏某停产期间生活费；经济补偿金的工资标准则应按照双方解除劳动关系前12个月即2015年10月至2016年9月期间的平均工资计算；从双方劳动合同解除之时起，至魏某申请仲裁之时止，已超过一年仲裁时效期间，魏某的各项请求依法不应当支持，遂诉至法院。

【案件焦点】

劳动者在企业停产后到其他单位务工，其与停产企业之间的劳动合同如何认定。

【法院裁判要旨】

四川省绵竹市人民法院经审理认为：某实业公司从2015年2月10日起开始停产，停产期间未通知魏某解除劳动合同，虽然魏某从2016年10月起已在其他单位务工，但此时其与某实业公司签订的书面劳动合同并未到期，现行法律法规未对企业经营性停产放长假人员在其他单位处务工可能存在的双重劳动关系情形予以否认或禁止，后一段劳动关系的建立并不必然导致前一段劳动关系的解除。

对于停产期间生活费，该费用系用人单位对因企业停产导致长期待岗的劳动者生活需要所支付的费用，对已在其他单位处务工的劳动者，原企业无需再支付此项费用，故本案生活费计算期间为2015年2月至2016年9月。

关于经济补偿金，魏某以《中华人民共和国劳动合同法》第三十八条第三项“未依法为劳动者缴纳社会保险费的”之规定单方行使劳动合同解除权，符合法律规定，劳动合同于仲裁委向某实业公司送达仲裁通知书等副本时解除，劳动合同解除后，企业应当依法支付劳动者经济补偿金。停产期间因双方当事人均未履行劳动合同所确定的权利义务，该期间不计入经济补偿金计算期间，经济补偿金的工资标准则应按照职工正常工作状态下的月平均工资进行计算。

关于仲裁时效，魏某于2018年8月13日申请仲裁，届时其与某实业公司的劳动合同尚未解除，其申请未超过仲裁时效。

四川省绵竹市人民法院依照《中华人民共和国劳动合同法》第三十八条第三项、第四十六条第一项、第四十七条第一款，《中华人民共和国民事诉讼法》第六十四条第一款，参照《工资支付暂行规定》第十二条之规定，判决如下：

一、某实业公司应于本判决生效之日起15日内给付魏某工资、生活费20328元；

二、某实业公司应于本判决生效之日起15日内给付魏某解除劳动合同经济补偿金19500元；

三、驳回某实业公司的其他诉讼请求。

【法官后语】

根据《最高人民法院关于审理劳动争议案件适用法律问题的解释（一）》第三十二条第二款的规定，企业经营性停产放长假人员，因与新的用人单位发生用工争议而提起诉讼的，人民法院应当按劳动关系处理。在新劳动关系建立的情形下，劳动者与停产企业的原劳动关系如何认定，法律却无明文规定，司法实践对于原劳动关系存续与否争议较大。劳动关系的存续关乎劳动者的切身利益，是劳动权益各项费用计算的依据，也是仲裁时效期间确定的前提。疫情期间，虽然全社会加大了复工复产力度，但由于隔离管控、经济压力等原因，很多企业还是无法正常生产，劳动者返岗存在困难。为解决生活问题，部分劳动者选择就近入职，而当事人对原劳动关系往往未作出任何处理，此情形极易引发后续劳动争议风险，故有必要对劳动者与停产企业之间的劳动关系进行梳理。

本案审理的重点是劳动者在企业停产后到其他单位务工，其与停产企业之间劳动合同的认定。笔者认为，企业停产后，其与劳动者未再实际履行劳动合同的权利义务，此时劳动合同处于中止履行状态，此后劳动者与其他单位建立新劳动关系，但新劳动关系的建立并不导致原劳动合同解除。理由如下：《最高人民法院关于审理劳动争议案件适用法律问题的解释（一）》第三十二条第二款肯定了劳动者在企业停产后到其他单位务工的情形，从经济和资源调配的角度出发，我们也应当积极鼓励赋闲在家的劳动力再就业，对于再就业劳动者，已无保障其停产期间生活费之意义，故停产期间生活费计算至其再就业为止，这也减轻了停产企业的经济压力。既然法律法规未禁止停产企业的劳动者再就业，如果以再就业为由即认定劳动者与停产企业的原劳动合同解除，既使得合同解除显得过于随意，又与劳动合同订立时各项法律法规的强制性要求不相符。同时，也影响了劳动者基于原劳动合同所享有的劳动权益，特别是依照《中华人民共和国劳动争议调解仲裁法》第二十七条“劳动关系终止的，应当自劳动关系终止之日起一年内提出”之规定，仲裁时效从劳动合同解除时起算，对于缺乏法律常识的劳动者，可能会因未及时主张权益而导致权益无法得到保护。因此，原劳动合同不以新劳动关系的建立而解除，其依然存续且处于中止履行状态，仅在合同期限届满时，依照《中华人民共和国劳动合同法》第四十四条第一项之规定依法终止。

本案涉及主体为未订立书面劳动合同的劳动者，对于建立事实劳动关系的劳动者，其在企业停产后到新单位务工，原劳动关系又应如何认定？一种意见认为，企业停产致事实劳动关系建立之基础不存在，事实劳动关系在企业停产时已经解除，无需考虑劳动者后续务工问题。另一种意见认为，企业停产致事实劳动关系中止履行，该事实劳动关系在劳动者到新单位务工时即解除。

笔者同意第二种意见。《中华人民共和国劳动合同法》第十条第一款规定："建立劳动关系，应当订立书面劳动合同。"书面劳动合同的签订一般以用人单位意志为转移，导致双方未能签订书面合同而建立事实劳动关系的大多非劳动者原因，企业停产导致劳动者无法继续提供劳动也非劳动者原因。对于企业与劳动者之间的事实劳动关系，企业原本最迟至停产时应当作出妥善处理和安置，未依法安置和处理的，企业对"应当订立书面劳动合同"的违背不应成为其拒绝承担劳动法义务的理由。从反向角度分析，采纳第一种意见对于待岗等待复工的劳动者而言，无法保障停产期间基本生活所需，且劳动关系解除所享有的权益可能会因超出仲裁时效而无法得到支持。因此，企业停产并不必然导致事实劳动关系自然解除，而是处于中止履行状态。当然，与订立书面劳动合同建立的劳动关系不同的是，事实劳动关系本身具有不稳定性和无序性的特点，并不被社会价值所肯定和鼓励。在此前提下，事实劳动关系的劳动者在企业停产后选择到新单位务工，实际对此后不再为原企业提供劳动具备主观认知，如原企业在停产期间未向劳动者发放任何费用，比如停产期间的生活费，则可以认定双方以实际行动表明不再履行原事实劳动关系，该事实劳动关系在劳动者到新单位务工时即解除。即便原企业在停产期间向劳动者发放生活费，依照《中华人民共和国劳动合同法》第三十八条第一项"未按照劳动合同约定提供劳动保护或者劳动条件的"的规定，劳动者到新单位务工也可以认定其以自己行为单方行使劳动关系解除权。原劳动关系解除后，劳动者应当在仲裁时效期间内及时主张权益。

劳动关系的准确认定是劳动权利义务享有和承担的基础，企业停产所导致的劳动争议案件目前正在增多，案情也较为复杂，建议企业在用工过程中一定要规范流程，依法依规建立或解除劳动关系，特别是在疫情期间，如企业停产则应及时做好劳动关系清理工作，避免出现悬而未决的劳动状态；对于劳动者而言，应当及时主张相应权益，如已再就业则应根据自身情况及时办理原劳动关系解除或终止手续。

编写人：四川省绵竹市人民法院　尚梦雪

二、劳动合同履行和变更

10

“订立劳动合同时所依据的客观情况发生重大变化”与“原劳动合同无法继续履行”的因果关系认定

——黄某诉对外公司劳动争议案

【案件基本信息】

1. 裁判书字号

北京市第一中级人民法院（2019）京01民终10538号民事判决书

2. 案由：劳动争议纠纷

3. 当事人

原告（被上诉人）：黄某

被告（上诉人）：对外公司

【基本案情】

对外公司原系全民所有制企业，黄某系该公司员工。2017年9月12日，对外公司根据上级要求发布改制方案，其中员工安置方案处载明：现有在岗员工全部进入改制后的新公司。改制方案经上级公司批复同意。批复中再次强调改制不涉及员工分流安置，全体员工由改制后的新公司整体接收。2017年11月24日，对外公司的性质变更为有限责任公司。

2018年3月19日，对外公司公布《机构调整减员增效实施方案》，决定深化公司机构改革，精简部门设置，将现有11个部门整合为4个，本部人员从36人降至18人。除领导班子成员外所有在职人员通过公司内部竞聘上岗。未竞聘上岗的人员公司将通过推荐至其他公司应聘、协商解除劳动关系、待岗等方式安置。包括黄某在内的26名员工不同意该方案，向对外公司提交了2份《员工意见》。后对外公司发布《机构和劳动关系调整实施方案》，载明对公司机构调整中未能竞聘上岗且不同意其他方案的员工，公司将根据劳动合同法第四十条第三项及劳动合同、公司规章制度解除劳动合同。

2018年6月，对外公司向黄某发出《解除劳动合同通知书》，载明：因公司经营困难、连年亏损，已无力支付员工工资及社保费用。为适应市场变化，公司在调整机关构架过程中，您未参与竞聘上岗，也未就劳动关系调整达成一致意见。依据劳动合同法和公司劳动关系调整方案，与您解除劳动关系。

黄某主张对外公司的解除行为系违法解除：第一，公司改制在先完成，解除行为与改制无关；第二，重组改制不影响劳动合同继续履行；第三，公司是否亏损与解除劳动关系无关；第四，公司未尽善意协商义务。

对外公司辩称，公司解除行为系合法解除：公司改制属于客观情况发生重大变化；公司与黄某已就变更劳动合同内容进行充分协商，但黄某拒绝变更；公司从2014年起连续亏损，2016年已不能正常支付员工工资，只能向上级单位借款支付。

黄某申请劳动仲裁，要求对外公司支付违法解除劳动关系赔偿金。北京市海淀区劳动人事争议仲裁委员会出具裁决书，驳回黄某的仲裁请求。黄某不服裁决结果，诉至法院，要求对外公司支付违法解除劳动合同赔偿金差额。

【案件焦点】

1. 如何理解“订立劳动合同时所依据的客观情况发生重大变化，致使原劳动合同无法继续履行”的内涵；2. 对外公司与黄某解除劳动合同的行为是否符合《中华人民共和国劳动合同法》第四十条第三项之规定。

【法院裁判要旨】

北京市海淀区人民法院经审理认为：对外公司主张改制导致客观情况发生重大变化，致使劳动合同无法履行。首先，对外公司的改制方案及上级单位的批复中均载明“在岗员工全部进入新公司”，故改制并非劳动合同无法继续履行之原因；其次，对外公司的《机构调整减员增效实施方案》与改制完成时间相距四个月有余，且内容未涉及改制，并非改制要求；最后，《解除劳动合同通知书》中载明的理由未提及改制原因。上述情况均表明对外公司以减员增效为目的的机构改革系自主行为，并非企业改制所导致，其与黄某解除劳动关系的行为不符合劳动合同法第四十条第三项的规定，系违法解除，应支付黄某违法解除劳动合同赔偿金差额。

北京市海淀区人民法院依据《中华人民共和国劳动合同法》第八十七条之规定，判决如下：

对外公司于本判决生效之日起七日内支付黄某违法解除劳动合同赔偿金差额163260元。

对外公司不服一审判决，提出上诉。北京市第一中级人民法院经审理认为：解除劳动合同通知书载明解除原因为“一、经营困难、连年亏损，无力支付劳动者工资。二、在调整机关架构过程中，劳动者未参与竞聘上岗，也未就劳动关系调整达成一致意见”。就第一项理由，无法律依据，不应予以支持。就第二项理由，公司亦不能仅以调整机关架构为由，加大劳动者的义务，更不能在未就变更劳动关系协商一致的情况下解除劳动关系。就二者关联性来看，对外公司主张调整机关架构即改制，符合客观情况发生重大变化；主张公司多年负债经营，继续履行劳动合同成本过高、显失公平。就此，对外公司的上述抗辩理由并不充分：一是改制方案已明确说明在岗员工全部进入新公司，可见改制并不必然造成解除劳动关系之后果。二是对外公司主张继续履行劳动合同成本过高，亦非改制之后果，并非客观情况发生重大变化造成。对外公司与劳动者解除劳动关系之情形，并不符合劳动合同法第四十条第三项之规定，系违法解除。

北京市第一中级人民法院依照《中华人民共和国民事诉讼法》第一百七十条第一款第一项规定，判决如下：

驳回上诉，维持原判。

【法官后语】

本案争议指向《中华人民共和国劳动合同法》第四十条第三项的理解与适用。

作为“无过失性辞退”条款，该条款体现了情势变更原则在劳动法领域的适用，属于契约严守原则在特定情形下的例外与突破，其实质是诚实信用原则在合同履行过程中的具体运用，目的在于使合同利益在当事人之间均衡分配，消除在情势变更后继续履行合同造成的不公平后果。

用人单位在适用该条款解除劳动合同时，需同时满足以下三个要件：一是出现劳动合同订立时所依据的客观情况发生重大变化，导致原劳动合同无法继续履行之情形；二是用人单位与劳动者协商未能就变更劳动合同达成一致意见；三是用人单位履行通知工会等程序要求。上述要件中，司法审查的重点和难点历来是要件之一，论述集中于是否存在客观情况发生重大变化。在适用过程中，裁审人员往往在认定"客观情况发生重大变化"后直接得出"原劳动合同无法继续履行"的结论，而忽略二者之间的因果关系。

因果关系理论在刑事及侵权案件审判过程中被广泛运用，查明因果关系往往是定罪量刑及确定责任分担比例的重要一环。而在劳动合同法领域，因果关系往往由于其显而易见性而被忽略，不仅在法律文书中很难看到关于因果关系的论证，甚至在法官"自由心证"的过程中也常常被忽略。

近年来，笔者所在法院受理了一些国企改制过程中引发的群体性劳动争议诉讼案件，本案即为其中一例。在本案中，法院与仲裁委对于用人单位解除行为合法性的认定截然不同，根源在于对因果关系的考量与否。法律、法规、政策变化导致用人单位迁移、资产转移或者停产、转产、转（改）制等，对于企业来说确系"客观情况发生重大变化"，但上述情况并不必然导致经营架构调整、部门裁撤，进而造成原劳动合同无法继续履行或继续履行成本过高等情况。故在认定"劳动合同订立时所依据的客观情况发生重大变化致使原劳动合同无法履行"的过程中，应着重甄别上述"经营架构调整""部门裁撤"产生的"原因"是否为"客观情况发生重大变化"，从而将其与"商业风险""企业经营自主权"区别开来。例如，受政策影响企业转产可能会导致相关专业技术工人的劳动合同无法继续履行，但并不应影响原财务、人力等岗位人员合同的履行；国企改制导致部门合并并不必然导致岗位削减。

综上所述，在审理涉及《中华人民共和国劳动合同法》第四十条第三项"客观情况发生重大变化"所引发的"解除合法性"争议时，应基于情势变更原则，审慎查明"客观情况发生重大变化"与"原劳动合同无法继续履行"之因果关系，以落实保护劳动者合法权益之目的，防止用人单位以"客观情况发生重大变化"之名行"自主裁员"之实。

编写人：北京市海淀区人民法院　董洪辰

11

劳动合同变更中“协商一致”的认定标准

——田某诉雕刻时光公司劳动争议案

【案件基本信息】

1. 裁判书字号

北京市第一中级人民法院（2019）京01民终8355号民事判决书

2. 案由：劳动争议纠纷

3. 当事人

原告（上诉人）：田某

被告（被上诉人）：雕刻时光公司

【基本案情】

田某于2009年11月3日入职雕刻时光公司，任人力资源经理一职，双方订立过3份劳动合同，最后一份劳动合同期限自2015年11月4日起至2018年11月3日止。劳动合同第十条载明“合同期内如因岗位调整或其他原因，造成薪资调整，则以书面签署《薪资调整表》为准”。

雕刻时光公司通过银行转账方式支付田某工资，自2015年9月起，田某的月工资标准为7500元，后自2018年4月1日雕刻时光公司按照每月3000元标准支付田某工资至2018年11月27日，田某正常工作至当日。双方均确认劳动关系于2018年11月3日到期。

雕刻时光公司主张其公司自2018年8月20日至2018年11月27日期间多次要求与田某续签劳动合同，但因田某不同意续签，双方劳动关系于2018年11月27日终止。

田某主张其多次要求续订劳动合同，但因续订合同文本约定的薪资每月3000元低于其每月7500元的标准，其多次要求调整，但雕刻时光公司未能同意，后对方违法终止双方间劳动关系。

田某以要求雕刻时光公司支付工资、工资差额、违法解除劳动合同赔偿金、办理档案转移为由向北京市海淀区劳动人事争议仲裁委员会提出申请，该委裁决：一、雕刻时光公司于裁决书生效之日起十日内，为田某办理档案转移；二、驳回田某的其他仲裁请求。田某不服该裁决结果，于法定期限内提起诉讼，请求雕刻时光公司向其支付2018年4月1日至2018年9月30日期间工资差额27000元、2018年10月1日至2018年11月27日期间工资19913.79元、违法解除劳动关系赔偿金151918.1元。雕刻时光公司同意仲裁裁决结果。

【案件焦点】

1. 田某与雕刻时光公司的劳动合同是否发生变更；2. 雕刻时光公司是否应当支付田某违法解除劳动关系赔偿金。

【法院裁判要旨】

北京市海淀区人民法院经审理认为：其一，双方均确认自2018年4月1日起，公司按照每月3000元标准实际支付田某工资至2018年11月27日。田某虽主张不知悉公司通过电子邮件告知其岗位职责调整和工资标准的变更，但其未能提出有效证据予以证明。其二，公司有权终止双方的劳动关系，无需支付违法解除劳动合同赔偿金。其三，公司应为田某办理档案转移。

北京市海淀区人民法院依照《中华人民共和国劳动合同法》第三十条第一款、第五十条规定，判决如下：

一、雕刻时光公司于判决生效之日起七日内，为田某办理档案转移手续；

二、雕刻时光公司于判决生效后七日内支付田某2018年4月1日至2018年4月7日期间的工资差额827.59元；

三、驳回田某的其他诉讼请求。

田某不服一审判决，提起上诉。北京市第一中级人民法院经审理认为：其一，田某于二审中提交的证据足以证明，公司在向第三方出具的证明中认可田某工作职责超出公司所称的调整后的3项内容以及田某月固定工资为7500元。其二，公司以每月3000元工资标准要求田某签订无固定期限劳动合同缺乏事实和法律依据，应支付违法终止劳动合同赔偿金。

北京市第一中级人民法院依照《中华人民共和国劳动合同法》第十四条、第三十条、第四十八条、第八十七条，《中华人民共和国民事诉讼法》第一百七十条第一款第二项规定，判决如下：

一、维持一审判决第一项；

二、撤销一审判决第二项、第三项；

三、雕刻时光公司于判决生效后十日内支付田某2018年4月1日至2018年11月27日的工资差额35431.03元；

四、雕刻时光公司于判决生效后十日内支付田某违法终止劳动合同赔偿金142500元；

五、驳回田某的其他诉讼请求。

【法官后语】

本案生效裁判对一审判决进行了部分改判，二审合议庭的主要争议在于：田某与用人单位之间的劳动合同是否发生变更？具体而言：用人单位所称自2018年4月1日起将其工作职责由原来的11项调整为3项，月工资标准由原来的7500元调整为3000元是否具有合理性？田某自2018年4月1日起工作内容是否实际发生变更？就上述问题，合议庭认为用人单位主张双方劳动合同发生变更，田某主张劳动合同未发生实际变更，则用人单位应就劳动合同实际发生变更承担举证责任。现用人单位未就其主张提举充分有效的证据，且田某向合议庭提交用人单位出具的证明，显示田某的工作职责未实际发生变更，则用人单位应就其举证不利行为承担法律后果。

1. 用人单位未尽到劳动合同发生变更之举证义务

就劳动合同是否发生变更，用人单位应举证证明双方劳动合同已进行书面或者口头变更。根据劳动合同法第三十五条等规定以及合同法基本原理，劳动合同变更应以双方协商一致为前提。本案中，双方的协商过程未通过《薪资调整表》以书面形式固定，用人单位亦未能证明曾就劳动合同的变更与劳动者达成口头协议，田某也对此矢口否认。用人单位虽主张曾向田某发送邮件通知其岗位和薪资发生变动，但通知邮件的发送不等同于双方协商一致，且田某主张曾就该邮件提出异议。故用人单位未对己方主张尽到证明责任。

2. 田某主张劳动合同未发生实际变更

田某在二审中提交了三份新的证据，用以证明劳动合同未发生实际变更。用人单位在庭审过程中不认可田某三份证据的真实性。合议庭评议后认为：其一，除非有相反的证据予以推翻，盖有公章的文书是其真实意思表示，法人应当对盖有法人公章的证明承担相应的法律责任。其二，田某提交的三份证据均产生于双方劳动争议发生之前，系用人单位出于工作需要向第三人出具的证明，伪造可能性较小，可信性较高。其三，用人单位在庭审中虽然拒绝承认田某所提交的三份证据的真实性，但该公司拒绝对公章申请司法鉴定。即使在合议庭对不申请司法鉴定的法律后果进行释明后，用人单位仍然不申请鉴定。在庭审过程中，用人单位也承认公司公章是由专人保管，且盖章需要经过法定程序。在此情况下，田某提供的三份加盖有公司公章证明应认定为公司真实意思表示，即公司承认田某在2018年4月1日之后实际工作职责、工作内容未发生变更，公司以3000元月工资标准支付田某工资于法无据。

综上，出于“优势证据”原则，本案生效裁判采信了田某提交的三份证据，支持了田某关于双方劳动合同未发生变更的主张，跳出了实体法的适用困境，有利于实现个案公平。

编写人：北京市第一中级人民法院　李圆欢

12

劳动合同工作地点约定不明单位异地调动是否合理

——佳丽公司诉姚某劳动合同案

【案件基本信息】

1. 裁判书字号

上海市第一中级人民法院（2019）沪01民终15760号民事判决书

2. 案由：劳动合同纠纷

3. 当事人

原告（上诉人）：佳丽公司

被告（被上诉人）：姚某

【基本案情】

2017年1月13日，姚某入职芝田公司，担任导购（营业员）一职，双方签有期限为2017年1月13日至2020年6月30日的劳动合同。

2018年3月1日，佳丽公司、姚某与芝田公司签订劳动合同主体变更协议，约定自2018年4月1日起，用人单位变更为佳丽公司，其他劳动合同条款保持不变。劳动合同第五条约定："姚某的工作地点为服从公司安排。"

2019年4月2日，佳丽公司通过钉钉工作群向姚某送达员工调岗通知书，通知自2019年4月12日起将姚某从长沙专柜导购岗位调往上海专柜导购岗位，调岗后岗位不变，基本工资由1800元调整到2050元，如超期未报到者，视为旷工。姚某当即向佳丽公司提出不接受该调动，佳丽公司后通过快递方式将该书面通知送达姚某，姚某于2019年4月7日签收。

2019年4月8日，佳丽公司从长沙友谊商城撤柜，姚某实际工作至该日。

2019年4月17日，佳丽公司通过快递向姚某寄送《因连续旷工超过三天解除劳动合同函》，称因姚某自2019年4月12日起未办理任何手续擅自离岗，已连续旷工超过三天，与姚某解除劳动合同。姚某于2019年4月20日收到该函。

佳丽公司与鸿强公司之间签有期限自2019年1月1日至同年8月31日的品牌托管经营合同，约定佳丽公司委托鸿强公司负责湖南省长沙市各大商场内佳丽公司专柜的品牌托管，主要包括店铺人员管理、货品管理等。

2019年4月8日，佳丽公司从长沙友谊商城撤柜，姚某将货物交由鸿强公司托管。

2019年5月9日，佳丽公司发函至鸿强公司要求将2019年4月8日撤柜后，所有商品及物料归还佳丽公司。同年5月15日，鸿强公司函复佳丽公司，货品物料在鸿强公司处，后又出具证明函称货品和物料均由长沙托管公司暂时保管，与店铺员工无关。

佳丽公司、姚某双方均确认姚某2019年3月实际应发工资应为2997.43元、2019年4月应发工资为900.03元，佳丽公司已实际向姚某支付2019年3月至4月工资2508.62元。佳丽公司、姚某均确认计算赔偿金的基数为2897.01元。

2019年4月，姚某向长沙市劳动人事争议仲裁委员会申请仲裁，要求佳丽公司支付姚某2019年3月1日至同年4月8日期间的工资3990.5元、经济补偿11811元（含代通知金3374.81元）。后佳丽公司向该会提出仲裁反申请，要求姚某赔偿佳丽公司库存商品赔款39307元。该会裁决佳丽公司支付姚某工资差额1896.19元、经济补偿7242.53元，对佳丽公司、姚某的其他请求不予支持。

佳丽公司、姚某均不服上述仲裁裁决，提起诉讼。佳丽公司请求：1. 佳丽公司无须支付姚某工资差额1896.19元；2. 佳丽公司无须支付姚某经济赔偿7242.53元；3. 姚某赔偿佳丽公司库存商品赔偿款39307元。姚某请求：1. 佳丽公司支付姚某2019年3月1日至同年4月8日期间的工资差额1481元；2. 佳丽公司支付姚某违法解除劳动合同的赔偿金14485.05元。

【案件焦点】

1. 原告与被告的劳动合同中约定的工作地点是否有效；2. 原告是否可以单方变更工作地点；3. 原告异地变更被告的工作地点是否合理；4. 双方就工作地点变更未达成一致，被告拒绝去新的工作地点上班是否构成旷工。

【法院裁判要旨】

上海市闵行区人民法院经审理认为：关于工资差额，佳丽公司、姚某双方对应付工资与已付工资金额均无异议，按照法律规定，公司理应向劳动者及时足额支付劳动报酬。

关于商品赔偿款，佳丽公司与鸿强公司的托管合同约定了鸿强公司对货品有保管之责，撤柜后货品由鸿强公司暂为保管并无不当，佳丽公司应向鸿强公司主张返还货物，而非要求姚某承担并未实际发生的损失。

关于违法解除劳动合同赔偿金，佳丽公司、姚某双方约定的工作地点为服从公司安排，这并非明确的工作地点，佳丽公司在长沙的专柜撤柜后，将姚某调至上海专柜工作，但姚某仅为普通营业员，工作、生活均在长沙，在未与姚某进行协商的前提下，佳丽公司要求姚某至远离其经常居住地的上海工作，且未对姚某来沪后的工作生活进行妥善安排，故而佳丽公司调整姚某工作地点缺乏合理性。佳丽公司认为姚某未在公司规定的时间至上海专柜报到即为旷工明显不合理，据此解除与姚某之间的劳动合同之行为欠妥，故姚某要求佳丽公司支付其违法解除劳动合同赔偿金之请求合理，予以支持。

上海市闵行区人民法院依照《中华人民共和国劳动合同法》第二条第一款，第三十条第一款，第四十七条第一款、第三款，第四十八条，第八十七条之规定，判决如下：

一、佳丽公司于本判决生效之日起十日内支付姚某工资差额1388.84元；

二、佳丽公司于本判决生效之日起十日内支付姚某违法解除劳动合同赔偿金14485.05元；

三、驳回佳丽公司的其余诉讼请求。

二审法院同意一审法院裁判意见。

【法官后语】

由于缺乏法律的具体规定，实践中对如工作地点约定为服从公司安排是否有效、用人单位是否可以单方变更工作地点、用人单位异地变更劳动者的工作地点是否合理、双方就工作地点变更未达成一致后劳动者拒绝去新的工作地点上班是否构成旷工等相关问题的判断往往较为困难。现仅结合本案具体情况作一梳理。

1. 原告与被告的劳动合同中约定的工作地点效力的认定

现实情况下，很多单位为了用工便利，在劳动合同中约定的工作地点为全国或服从公司安排等，此类工作地点的约定过于宽泛，仅便利了用人单位，而忽视了对劳动者权利的保护。此种“约定”显然对劳动者的权利侵害极大，对此应结合实际用工岗位等情况综合判断，本案中应以劳动合同实际履行地为双方约定的工作地点。

2. 原告是否可以单方变更工作地点

如果用人单位变更劳动者的工作地点超出劳动合同约定的范围，属于变更劳动合同，劳动合同法规定用人单位变更劳动合同应当与劳动者协商一致，所以本案原告变更被告的工作地点应当与被告协商一致。

3. 判断原告异地变更被告的工作地点是否合理

关于异地调动是否合法未有法律规定，但笔者认为异地工作地点的调动不仅要符合用人单位生产经营的合理需要，还要对劳动者的实际利益没有造成太大影响。本案中的劳动者经常居住地、工作地点、家人子女所在地均为长沙，其工作岗位为普通营业员，基本工资也仅为当地最低工资标准，用人单位在未提供异地住房补贴、交通便利和合理薪酬等条件的情况下，将劳动者从长沙调动至上海，显然会对劳动者的实际利益造成巨大损害，明显不合理。

4. 双方就工作地点变更未达成一致，被告拒绝去新的工作地点上班，是否构成旷工

本案中，在用人单位异地变更劳动者工作地点明显不合理的情况下，劳动者拒绝去新的工作地点上班，并不存在旷工的主观恶意，用人单位以此为由认定旷工，显然不合理。

综上，劳动法及劳动合同法范畴下对劳动者权利的保护和对用人单位自主经营权的保障，系审判人员应当考量的问题。若一味强调契约自由，势必会损害劳动者的基本权利；反之，一味强调保护弱势，又将影响企业经营，不利于经济发展。审理中，应根据具体案情，审慎裁判。

编写人：上海市闵行区人民法院　钱明轩　顾姝姝

13

劳动合同能否继续履行的认定条件

——吴某诉中都物流公司劳动争议案

【案件基本信息】

1. 裁判书字号

北京市第二中级人民法院（2019）京02民终703号民事判决书

2. 案由：劳动争议纠纷

3. 当事人

原告（上诉人）：吴某

被告（被上诉人）：中都物流公司

【基本案情】

吴某于2015年7月23日入职中都物流公司，任人力行政总监；中都物流公司

于2015年11月6日与吴某签订了起止期限为2015年7月23日至2018年7月22日的劳动合同，双方约定吴某的试用期为2015年7月23日至2015年10月22日，吴某转正后的月工资标准为30000元，试用期月工资为转正后月工资的80%。

中都物流公司曾在2015年12月4日向吴某送达解除劳动合同通知，通知与吴某解除劳动合同，但吴某拒收。中都物流公司主张其公司通知吴某解除劳动合同的时间为2015年12月4日；吴某主张中都物流公司通知其解除劳动合同的时间为2015年12月7日。2015年12月8日，中都物流公司再次向吴某送达解除劳动合同通知，以吴某“于2015年12月4日，在处理部门内部工作时，未做到该职务应尽职责，没有正确解决该项工作，而将该项工作进行散布，给公司造成极为恶劣影响，并且干扰了公司的正常工作秩序”为由，通知吴某于2015年12月7日与其解除劳动合同。

吴某曾以中都物流公司为被申请人向北京经济技术开发区劳动争议仲裁委员会申请劳动仲裁，要求中都物流公司继续履行劳动合同，支付其2015年10月23日至2015年12月4日期间的工资差额、2015年12月5日至2015年12月31日期间的工资差额、2016年1月1日至2017年9月27日期间的工资、2017年9月27日之后的工资，支付其2015年7月23日至2015年11月6日期间未签劳动合同的双倍工资差额，支付其2016年1月1日至2017年9月27日期间的社会保险费、继续为其缴纳2017年9月之后的社会保险费，支付其2015年12月至2017年9月期间的住房公积金、继续为其缴纳2017年9月之后的住房公积金，支付其未按时支付的工资及工资差额、未按时缴纳社会保险费和住房公积金的75%的赔偿金，以及向其书面赔礼道歉。2018年7月23日，该仲裁委作出裁决书，驳回吴某的全部申请请求。后吴某不服，向法院起诉。

吴某认可其从2016年1月起已在其他单位缴纳社会保险费，在本案庭审时其仍在其他单位缴纳社会保险费。

【案件焦点】

1. 本案仲裁时效是否超过；2. 中都物流公司解除劳动合同行为是否违法；3. 双方劳动合同能否继续履行。

【法院裁判要旨】

北京市大兴区人民法院经审理认为：即便吴某的仲裁请求未超过劳动争议的仲

裁时效，考虑到吴某申请劳动仲裁时距中都物流公司第二次向其送达解除劳动合同通知已达一年，中都物流公司与吴某签订的劳动合同已在劳动仲裁过程中到期终止且吴某不存在应由中都物流公司与其签订无固定期限劳动合同的法定情形，以及吴某已在其他单位缴纳社会保险费等情况，足以认定即便中都物流公司与吴某解除劳动合同的行为违法，双方之间的劳动合同亦无法继续履行。吴某的各项诉讼请求均无依据，应予驳回。

北京市大兴区人民法院依照《最高人民法院关于适用〈中华人民共和国民事诉讼法〉的解释》第九十条之规定，判决如下：

驳回吴某的全部诉讼请求。

一审判决后，吴某不服，提起上诉。北京市第二中级人民法院经审理认为：（1）关于仲裁时效，中都物流公司曾于 2015 年 12 月 4 日通知吴某解除劳动合同，但中都物流公司并未提交证据证明此次通知的解除劳动合同之日为何日，吴某亦不认可双方于 2015 年 12 月 4 日解除了劳动合同。2015 年 12 月 8 日，中都物流公司再次通知吴某解除劳动合同，此次通知中载明的解除劳动合同时间为 2015 年 12 月 7 日。故吴某于 2016 年 12 月 7 日申请劳动仲裁，未超过仲裁时效。中都物流公司提出的时效抗辩不能成立。（2）关于劳动合同的解除，中都物流公司以吴某于 2015 年 12 月 4 日，在处理部门内部工作时，未做到该职务应尽职责，没有正确解决该项工作，而将该项工作进行散布，给公司造成极为恶劣的影响，并且干扰了公司的正常工作秩序为由，与吴某解除劳动合同。但中都物流公司未能提供充分证据证明其解除劳动合同具有合法依据，故应属违法解除劳动合同。（3）关于劳动合同应否继续履行，2016 年 1 月至 2018 年 6 月，吴某曾向北京市海淀区人力资源和社会保障局提交了北京鸿运中天科技有限公司为其办理北京市工作居住证的申请报告、诚信声明、任职证明、劳动合同书、税收完税证明等材料，该局等单位对吴某所提交的材料予以认定并据此为其办理了北京市工作居住证。在吴某已经通过北京鸿运中天科技有限公司缴纳社会保险、代扣代缴个人所得税及申办北京市工作居住证的情况下，现又以其与北京鸿运中天科技有限公司并非劳动关系为由要求与中都物流公司继续履行劳动合同，该主张与实际行为相悖且有违诚实信用原则。故对吴某要求与中都物流公司继续履行劳动合同的上诉请求，不予支持。吴某的其他各项上诉请求，均无事实及法律依据，亦不予支持。

北京市第二中级人民法院依照《中华人民共和国民事诉讼法》第一百七十条第一款第一项规定，判决如下：

驳回上诉，维持原判。

【法官后语】

本案是由劳动合同解除所引发的争议，双方争议的焦点分为程序和实体“两方面”“三步走”。程序方面，劳动者的诉讼请求是否超过仲裁时效。实体方面，用人单位解除劳动合同是否合法；如果用人单位的解除行为违法，那么涉及的主要问题在于劳动合同应否继续履行。因此，争议焦点第一步为仲裁时效问题，即中都物流公司所主张的曾于2015年12月4日通知吴某解除劳动合同的行为是否存在并发生法律效力。如果生效，则吴某于2016年12月7日申请仲裁，超过了一年的时效期限，本案无需进入实体审理。如果未生效，则本案应当进入实体审理程序，审查中都物流公司于2016年12月8日解除与吴某劳动合同的行为是否合法，即争议焦点第二步。这就需要审查中都物流公司主张的解除原因是否有充分的事实证据和法律依据。如果合法，那么本案无需判断劳动合同应否继续履行问题；如果违法，那么进入争议焦点第三步，即在吴某要求继续履行的情况下，判断劳动合同能否继续履行。关于吴某2015年12月8日之后工资及其他诉讼请求，则建立在上述争议焦点问题判断之上，可待上述问题解决之后再一并解决。总之，在前两步判断完成之后，应当着重解决的是双方劳动合同能否继续履行，即劳动合同能否继续履行的认定条件问题。

1. 继续履行的理解

“继续履行”作为一种重要的违约救济措施，是指在契约一方不履行合同义务或者履行义务不符合约定时，经契约另一方当事人的请求，由裁判机关以国家命令的形式强迫违约一方按照合同的约定继续履行原契约义务。

《中华人民共和国劳动合同法》第四十八条规定了在用人单位违法解除或终止劳动合同后，劳动者享有的权利以及用人单位应承担的法律后果。根据该条规定，“劳动合同继续履行”可以理解为：用人单位违反本法规定解除或者终止劳动合同，劳动者要求继续履行劳动合同，并且该劳动合同能够继续履行的，用人单位应当继续履行。即劳动合同继续履行的前提是存在劳动合同能够继续履行的可能性。

2. 劳动合同不能继续履行的情形

劳动合同不能继续履行，主要分为用人单位原因和劳动者原因两个方面。因用人单位原因的不能履行包括：（1）用人单位被依法宣告破产、吊销或注销营业执照、责令关闭、撤销，或者用人单位决定提前解散的。用人单位丧失用工的主体资格，劳动合同不能继续履行。(2) 劳动者原岗位对用人单位的正常业务开展具有较强的不可替代性和唯一性（如总经理、财务负责人等），且劳动者原岗位已被他人替代，双方不能就新岗位达成一致意见的。注意用人单位仅以劳动者原岗位已被他人替代为由进行抗辩的，不宜认定为“劳动合同确实无法继续履行的”情形。

因劳动者原因的不能履行包括：(1) 劳动者在仲裁或者诉讼过程中达到法定退休年龄的。此时，劳动者不具备建立劳动关系的主体资格，劳动合同不能继续履行。(2) 劳动者已入职新单位的。劳动合同继续履行的目的在于维护劳动关系的长期稳定发展，而当劳动者已入职新单位后，若继续履行原劳动合同，将导致劳动者与新用人单位、原用人单位之间的关系混乱，不利于劳动关系的和谐与稳定。故劳动者已入职新单位的，可以作为原用人单位不继续履行劳动合同的抗辩事由。例如本案，就需要实质审查吴某的行为是否符合诚实信用原则的要求，在争议期间是否有其他工作单位，可以要求劳动者提供其争议期间的社会保险和个人所得税缴纳情况及相应的转账记录进行核实，以及鼓励用人单位提供劳动者可能已经与其他用人单位建立劳动关系的线索进行调查，尽可能还原案件客观真实情况。(3) 仲裁或诉讼过程中，用人单位向劳动者送达复工通知，要求劳动者继续工作，但劳动者拒绝的。

另外，劳动合同在仲裁或者诉讼过程中到期终止且不存在《中华人民共和国劳动合同法》第十四条规定应当订立无固定期限劳动合同情形的，也无需继续履行。其他明显不具备继续履行劳动合同条件的，作为兜底条款，赋予裁判机关一定的自由裁量权，衡平劳资双方利益，作出最符合实际的裁判。

3. 正确选择价值导向

诚实守信是中华民族的传统美德，也是现代法治社会的一项基本法律规则。劳动关系是具有一定隶属性与人身依附性的长期、持续和稳定的关系，劳动者在享有权利的同时，亦应当履行义务，本着诚实信用的原则履行劳动关系。

本案二审阶段，吴某一方面主张其并未真正在北京鸿运中天科技有限科技公司工作，主要是为了其子小学入学，与北京鸿运中天科技有限科技公司仅仅是代缴社保和税收的关系；另一方面又向海淀区人社局提交了一整套申请北京市工作居住证的完备手续，并且该人社局已经为吴某办理了工作居住证。那么在吴某已经通过北京鸿运中天科技有限科技公司缴纳社会保险、代扣代缴个人所得税及申办北京市工作居住证的情况下，吴某系以实际行为认可了上述材料的真实性，现吴某又以其与北京鸿运中天科技有限科技公司并非劳动关系为由要求与中都物流公司继续履行劳动合同，可谓自相矛盾，亦不符合诚实信用原则的要求，故不应予以支持。

编写人：北京市第二中级人民法院　金铭

14

企业有权在合理范围内对劳动者进行调岗

——陈某诉某行彭水支行劳动合同案

【案件基本信息】

1. 裁判书字号

重庆市第四中级人民法院（2019）渝04民终950号民事判决书

2. 案由：劳动合同纠纷

3. 当事人

原告（上诉人）：陈某

被告（被上诉人）：某行彭水支行

【基本案情】

陈某于1979年12月1日入职某行彭水支行参加工作，双方于2002年9月30日签订了无固定期限的《劳动合同书》，约定陈某从事信贷管理主任岗位工作。2009年4月9日，某行彭水支行聘任陈某为支行中级独立审批人（享受部门正职待遇），在行长转授权范围内开展工作。2009年9月1日，陈某与某行彭水支行签订了无固定期限的《某行重庆市分行劳动合同书》，该合同约定陈某从事专业技术岗位工作，某行彭水支行可以根据工作需要和陈某的工作能力、身体状况等调整陈某的工作内容和工作地点。某行彭水支行现行有效的规章制度以及合同订立后新增、修改的规章制度为本合同附件，作为处理双方劳动争议的依据，双方应遵照执行。2013年4月24日，某行彭水支行根据《某行重庆分行领导干部聘任管理实施细则》规定解聘了陈某的中级独立审批人（部门正职级）职务。某行彭水支行于2015年8月13日聘任陈某为营业机构高级客户经理岗高级专员，于2018年2月9日解聘了陈某的营业机构高级客户经理岗高级专员职务。与此同时，对陈某工资进行了相应的调整并按月发放。

陈某于2019年3月27日向彭水县人事争议仲裁委员会提起劳动仲裁，认为《某行重庆分行领导干部聘任管理实施细则》针对的是领导干部，对陈某所在的工作岗位不具有约束力，某行彭水支行根据该规定调整其岗位违法，请求某行彭水支行支付其因岗位调整造成的工资等损失。某行彭水支行对此予以否认，认为陈某担任的中级独立审批人职务（享受部门正职待遇）系科、股级实职干部，属于上述规定的管理范围，其"调岗"符合法律规定。

【案件焦点】

某行彭水支行是否有权根据自身生产经营的需要对陈某的工作岗位进行调整。

【法院裁判要旨】

重庆市彭水苗族土家族自治县人民法院经审理认为：陈某、某行彭水支行双方基于平等自愿的原则签订了无固定期限劳动合同，合同约定了某行彭水支行有权根据工作需要及陈某的工作能力及身体状况等调整陈某的工作内容和地点。同时双方约定了陈某承诺认真学习并遵守某行彭水支行的各项规章制度。某行彭水支行根据陈某的实际年龄情况，按照合同的约定及相应的规章制度对陈某的岗位进行适当的调整，属于企业的自主经营权范围，具有正当性、合法性。而随着陈某岗位的变化，某行彭水支行理应对陈某的工资收入进行调整，住房公积金亦是随工资调整而调整。陈某诉称岗位及工资调整后，其绩效工资遭受损失，但没有提供充分的证据证明。

重庆市彭水苗族土家族自治县人民法院依照《中华人民共和国劳动争议调解仲裁法》第五条，《中华人民共和国劳动合同法》第三条第二款、第四条、第十一条之规定，作出如下判决：

驳回陈某的诉讼请求。

陈某不服一审判决，提起上诉。重庆市第四中级人民法院经审理认为：某行彭水支行依据双方签订的劳动合同及相关制度，对陈某进行调岗是自身经营所需，具有合法性、合理性。结合陈某在调岗后在新岗位履职数年的事实，可以认定某行彭水支行、陈某双方就劳动合同中的“工作内容”进行了有效变更。岗位变更后，某行彭水支行按照新的工作岗位向陈某支付工资待遇不违反合同约定亦没有对其造成损失。陈某要求某行彭水支行赔偿因调岗给其造成各类经济待遇损失，于法无据。

重庆市第四中级人民法院根据《中华人民共和国民事诉讼法》第一百七十条第一款第一项规定，判决如下：

驳回上诉，维持原判。

【法官后语】

本案处理的关键在于企业的自主经营权与劳动者权益保障之间的平衡。企业有根据自身经营需要调整劳动者的工作岗位的自主权，而劳动者有要求企业严格履行劳动合同，不得随意调岗调薪的合法权益。处理因企业调岗而产生的劳动争议案件，需要司法机关在个案处理中把握二者之间的平衡，既不能让企业滥用“调岗权”损害劳动者的合法权益，亦不能限制企业自主经营。具体到本案，关于企业“调岗权”与劳动者权益保护之间的平衡，主要考量以下几个方面：

1. 企业与劳动者是否就调岗形成合意

劳动关系的本质仍然属于契约关系，需要遵循意思自治的原则，企业与劳动者就调岗问题如协商一致，则双方都应当按照约定严格履行。本案中，根据某行彭水支行、陈某签订的劳动合同中关于彭水支行有权根据工作需要及陈某的工作能力及身体状况等调整陈某的工作内容和地点的约定，以及调岗后陈某在新的岗位上工作时间较长且未及时提出过异议的事实，可以认定某行彭水支行、陈某双方就劳动合同中的“工作岗位及工作内容”的变更达成了一致，某行彭水支行的调岗行为并未超出双方“合意”的范畴。

2. 企业调岗客观上是否损害了劳动者的权益

企业不得基于惩戒、报复、逼迫离职等不良动机滥用“调岗权”，侵害劳动者的合法权益。在本案，陈某的主要诉求是某行彭水支行的调岗行为依据不足且造成其工资待遇减少，要求补足差额。如前所述，某行彭水支行调整陈某的工作岗位是基于双方合同约定和企业的规章制度进行的，而陈某的工资待遇随着岗位的变动在合理的幅度内进行调整不违反合同约定，亦不违反“薪随岗定”的基本原则。某行彭水支行的调岗行为并未损害陈某的权益，其要求某行彭水支行赔偿因调岗给其造成的各类经济待遇损失，于法无据。

3. 企业调岗是否为企业生产经营所必需

企业调岗因出于经营或业务发展需要，应当符合资源优化配置的市场规律，不得随意滥用。陈某1979年便进入某行彭水支行工作，2009年在原劳动合同基础上与某行彭水支行新签订无固定期限劳动合同，其工作稳定性已经得到保障，故从企业追求经济效益最大化的角度应容许某行彭水支行通过调岗的方式整合内部人力资源的配置。另外，某行彭水支行对陈某两次调岗均是因为陈某年龄偏大（陈某在第一次调岗时已年满50周岁），达到了相应岗位的年龄上限。而某行彭水支行设定的相应限制符合企业优化人力资源配置，追求经济效益最大化的经营的特点，该行为符合其经营发展需要。

编写人：重庆市第四中级人民法院　王军峰　秦清华

15

用人单位单方调岗行为的实体合理性与程序合法性的审查要素

——英飞凌公司诉朱某劳动争议案

【案件基本信息】

1. 裁判书字号

北京市第二中级人民法院（2019）京02民终9629号民事判决书

2. 案由：劳动争议纠纷

3. 当事人

原告（被上诉人）：英飞凌公司

被告（上诉人）：朱某

【基本案情】

2011年6月17日，朱某入职英飞凌公司。双方签订的劳动合同中约定：英飞凌公司有权根据公司业务发展的需要及朱某的能力和表现，调整朱某的工种和工作岗位；对此，英飞凌公司应听取朱某的意见。员工手册为劳动合同的附件，与劳动合同具有同等法律效力。

2015年7月1日，朱某的工作岗位调整为汽车电子事业部系统工程部高级系统经理。2016年11月1日，英飞凌公司向朱某送达转岗通知和工作安排通知，安排朱某担任高级系统分析员。朱某未同意英飞凌公司的上述转岗和工作安排。2016年12月16日，英飞凌公司向朱某送达恢复原岗位通知。

2016年12月26日，英飞凌公司与朱某就其恢复高级系统经理岗位后的工作安排等问题进行了沟通，告知朱某其上级领导为马某；明确告知其工资待遇不变；同时已经为朱某提供了相应的工作条件。马某在告知朱某工作内容时，一再提出听取朱某对新工作任务安排的意见，并告知朱某，如完成上述工作任务需要，首先，英飞凌公司可为其配置所需的软硬件工作条件。然而，朱某仅是单纯地拒绝英飞凌公司的工作安排，而未就相应工作内容发表意见。在上述情况下，英飞凌公司在近半年的时间内，多次与朱某进行沟通、解释，给予朱某完成相关工作的机会，不断后延完成相关工作任务的时间节点，并向朱某释明不利后果，但朱某仍予以消极对待，拒不完成有关工作。

2017年4月19日，英飞凌公司在征得工会同意后，依据作为双方劳动合同附件且已送达给朱某的员工手册的规定，向朱某送达解除劳动合同通知书。解除劳动合同的理由为：朱某对主管的指示或有期限的工作安排，未经申报正当理由却不如期完成或处理不当，被公司给予书面警告的处分后，仍不如期完成主管的指示或有期限的工作安排，被公司以相同原因给予第二次书面警告。朱某主张英飞凌公司与其解除劳动合同的行为违法，向北京经济技术开发区劳动争议仲裁委员会（以下简称开发区劳仲委）申请仲裁。开发区劳仲委裁决继续履行合同。朱某同意上述裁决，英飞凌公司不同意上述裁决，遂诉至法院，请求无需撤销英飞凌公司作出的劳动合同解除通知书，无需与朱某继续履行原劳动合同。

【案件焦点】

如何审查用人单位单方调岗是否合法合理。

【法院裁判要旨】

北京市大兴区人民法院经审理认为：首先，英飞凌公司在通知朱某恢复其高级系统经理职位的同时，已告知朱某其上级领导为马某。其次，英飞凌公司已明确告知朱某其工资待遇不变；同时，结合朱某的工作岗位以及马某为朱某安排的工作内容，可以认定后者与朱某曾从事的工作具有密切联系，且未超出朱某所能胜任的范围。再次，英飞凌公司已经为朱某提供了相应的工作条件，并告知朱某，如完成上述工作任务需要，英飞凌公司可为其配置所需的软硬件工作条件。然而，朱某却仅是单纯的拒绝英飞凌公司的工作安排，而未就相应工作内容发表意见。综合上述情况可以认定，朱某以工作条件和工作内容、工作职责未恢复为由拒绝马某为其安排的工作任务的做法显属不当。最后，英飞凌公司在近半年的时间内，仍多次与朱某进行沟通、解释，给予朱某完成相关工作的机会，不断后延完成相关工作任务的时间节点，并向朱某释明不利后果，但朱某仍予以消极对待，拒不完成有关工作，其行为显属不当。英飞凌公司基于上述情况，先后给予朱某两次书面警告，并在征得工会同意后与朱某解除劳动合同的行为，符合法律和作为双方劳动合同附件的员工手册的规定。

北京市大兴区人民法院依照《中华人民共和国劳动合同法》第三十九条第二项、第四十三条，《最高人民法院关于适用〈中华人民共和国民事诉讼法〉的解释》第九十条之规定，作出如下判决：

一、英飞凌公司作出的与朱某解除劳动合同的解除劳动合同通知书无需撤销，英飞凌公司无需继续与朱某履行劳动合同；

二、英飞凌公司无需向朱某支付2017年4月20日至2017年5月3日期间的工资21379.31元。

二审法院同意一审法院裁判意见。

【法官后语】

用人单位因劳动者不服从工作岗位调整而单方解除劳动合同的行为的合法性，应主要从用人单位单方调岗行为实体合理性和程序合法性两个方面进行审查。

1. 对用人单位单方调岗行为进行实体合理性审查的要素

（1）调岗的必要性。调岗的必要性，其实是用人单位的用工自主权和劳动者利益之间的衡量问题。对于用人单位而言，用人单位为应对市场发展需求、适应经济环境变化，从自身生产发展需要出发，会适时调整用人单位的组织架构、管理体系，目的是提高生产效率，增强用人单位竞争力。但用人单位决策时必须考虑到劳动者的利益。

（2）新岗位与原岗位的关联性。用人单位安排的新岗位应在劳动者学历、能力、权利范围内，与原职位密切相关，符合社会普遍观念的认知，不严重偏离、阻碍或切断其职业发展。用人单位调岗应尊重员工人格利益，使其在新岗位同样可获得工作的满足与精神的充实。若新岗位完全超出劳动者的能力范围，或者新岗位带有人身侮辱性、惩罚性，则岗位调整不合理，用人单位有借调岗之名非法解除劳动合同之嫌。

（3）用人单位与劳动者的利益平衡。调岗有时会对劳动者产生一定的不利益，如工作内容不熟悉、工作量增加、工作压力加大等。若调岗会对劳动者产生不利益，除从经济效益、企业发展等方面考量外，用人单位有义务采取必要措施减轻甚至抵消由此产生的不利影响，使双方权利义务处于相对平等的状态。调岗对劳动者产生不利益包括但不限于：工资降低；工作内容不熟悉，工作压力加大；工作量增加；工作时间延长；工作地点变动，给通勤带来不便等。用人单位可通过支付奖金、提供培训、安排通勤班车等方式尽最大可能减少不利益影响，使双方之间的利益不致过度失衡。

2. 对用人单位单方调岗行为进行程序的合法性审查

工作内容和职责范围属于劳动合同的核心内容，调整工作岗位属于劳动合同条款变更，应充分听取员工意见，合理考虑员工诉求，尊重员工必要知情表达权。

本案中，英飞凌公司根据公司业务发展的需要及朱某的能力和表现，调整朱某的工作岗位，并及时通知朱某；明确告知其工资待遇不变；新岗位与其原岗位密切相关，完全在朱某能胜任的工作范围内；公司也告知朱某为其提供完成工作任务需要的工作条件；而朱某未就工作内容发表意见，在英飞凌公司多次延后工作任务完成的时间节点，并释明相应不利后果的情况下仍消极对待，拒绝完成有关工作，严重违反了公司劳动规章管理制度，故英飞凌公司有权在征得工会同意的情况下对其处分，并解除劳动合同。综上，英飞凌公司在征得工会同意后，以朱某严重违反公司规章制度为由与朱某解除劳动合同的行为符合法律规定，故英飞凌公司无需撤销其作出的与朱某解除劳动合同的劳动合同解除通知书、无需与朱某继续履行原劳动合同。

编写人：北京市大兴区人民法院　毛希彤　于菲菲

16

用人单位续订劳动合同的时限及法律后果

——黄某诉钢宇公司劳动争议案

【案件基本信息】

1. 裁判书字号

福建省厦门市海沧区人民法院（2019）闽0205民初246号民事判决书

2. 案由：劳动争议纠纷

3. 当事人

原告：黄某

被告：钢宇公司

【基本案情】

黄某于2015年8月28日入职钢宇公司，应聘的部门为品管部，应聘职位为QE工程师，双方签订了期限至2018年8月27日的书面劳动合同，约定工作岗位（工种）为技术工。2018年8月28日劳动合同到期后，黄某再未到钢宇公司处上班，钢宇公司为黄某缴交社会保险费至2018年8月，工资亦支付至2018年8月。双方均确认黄某在2018年8月28日劳动合同终止前十二月平均工资为4936.33元。

2018年11月9日，黄某向厦门市海沧区劳动人事争议仲裁委员会（以下简称海沧区劳仲委）申请劳动争议仲裁，请求确认双方劳动关系自2018年8月28日起终止、钢宇公司支付经济补偿金14808.99元。2018年12月21日，海沧区劳仲委作出厦海劳仲案［2018］446号裁决书，以双方均同意劳动关系自2018年8月28日起终止为由支持了黄某该请求，但以黄某不愿续签劳动合同为由驳回经济补偿金的仲裁请求。该裁决书于2019年1月4日送达黄某，黄某不服，于2019年1月19日诉至法院。

钢宇公司提交了刻录时间为2018年11月21日的录音录像光盘，其内容显示：钢宇公司人事要求黄某签署一份通知书，将通知书交给黄某自己看，并告知通知内容一为劳动合同8月27日期满需要续签，二为因公司组织架构调整，将黄某从生产中心QE工程师岗位调整至制造中心QE工程师岗位，同时说明不是工作岗位调动，只是因为架构变动，工作内容不变，签收通知书后按照正常上班时间到制造中心报到；黄某认为新岗位工作内容、工作环境、工作职责均发生了改变，拒绝签署通知书；黄某另陈述钢宇公司已给其放了三四个月假，可以继续放假，钢宇公司人事答复现在不会给黄某继续放假，需要黄某回来上班。

庭审时，双方均确认，钢宇公司设有制造中心和生产中心，系先后两道工序。制造中心的品管工作主要是焊接生产及零部件等的品质检测，生产中心的品管工作则是整机的品质检测及品质策划等。

【案件焦点】

1. 劳动合同终止后，用人单位应在多长时间内通知劳动者续订劳动合同；2. 用人单位逾期未通知，劳动者离职的，用人单位是否应支付劳动者经济补偿金。

【法院裁判要旨】

福建省厦门市海沧区人民法院经审理认为：本案系劳动争议，合法劳动关系受法律保护，双方均应履行各自的法定义务和约定义务。根据《中华人民共和国劳动合同法》第十条和《中华人民共和国劳动合同法实施条例》第五条、第六条规定，对于已建立劳动关系但未签订书面劳动合同的，用人单位应当一个月内通知劳动者订立书面劳动合同，劳动者拒绝续签的，用人单位无需支付经济补偿金。本案双方劳动合同期限于2018年8月27日到期，结合录音录像言及的放假内容，钢宇公司所举证据不足以证明其在第一份劳动合同期满后一个月内有通知黄某续签劳动合同，应承担相应法律后果。结合钢宇公司未向黄某支付2018年9月起的工资，也未为黄某缴纳2018年9月起的社会保险费，足以表明钢宇公司以其行为表明不愿与黄某续签劳动合同，且双方最终也没有续签劳动合同。因此，钢宇公司依法应向黄某支付经济补偿金。此外，钢宇公司制造中心的品管工作主要是焊接生产及零部件等的品质检测，而生产中心的品管工作则是整机的品质检测及品质策划等，两者工作内容明显不同，且根据双方提交的组织构架图，钢宇公司制造中心并无品管部门，在此情况下，钢宇公司通知将黄某调整至制造中心，黄某有理由相信新旧岗位工作条件等存在差异并予以拒绝。而钢宇公司未能按法院要求提供其员工整本的岗位职责与责任切结书或相关手册以供核对，在法院要求钢宇公司指派其员工李某出庭接受询问的情况下，李某未能出庭，故无法确认钢宇公司提交证据材料中李某签名的真实性，也无法确定李某所在部门及具体的工作内容和职责，故钢宇公司所举证据不足以证明其向黄某提供了不低于原劳动合同约定条件的续签合同，应承担相应法律后果。综上，钢宇公司应依法支付黄某经济补偿金。黄某于2015年8月28日入职钢宇公司，其劳动合同终止前十二月平均工资为4936.33元，则经济补偿金为14808.99元。

福建省厦门市海沧区人民法院依据《中华人民共和国劳动合同法》第十条、第四十四条第一项、第四十六条第五项、第四十七条第一款，《中华人民共和国劳动合同法实施条例》第五条、第六条第一款，《中华人民共和国民事诉讼法》第六十四条第一款规定，判决如下：

一、确认黄某与钢宇公司之间劳动关系于2018年8月28日起终止；

二、钢宇公司于本判决生效之日起十日内支付黄某经济补偿金14808.99元。

【法官后语】

《中华人民共和国劳动合同法》第四十六条第五项规定“除用人单位维持或者提高劳动合同约定条件续订劳动合同，劳动者不同意续订的情形外，依照本法第四十四条第一项规定终止固定期限劳动合同的”，用人单位应向劳动者支付经济补偿金。对于劳动合同期满后的续订问题，前述法律仅规定了用人单位支付经济补偿金的实体条件；但对于程序条件，如用人单位通知续订劳动合同的时限则未涉及。由此引发的问题即本案的争议焦点。

1. 劳动合同终止未续订的，除法定情形外，用人单位应支付经济补偿金

根据现行法律规定，用人单位支付经济补偿金的情形，主要分为两类：其一是因用人单位违反劳动合同约定或者违法而致使劳动者解除劳动合同；其二是用人单位没有过错而解除或终止劳动合同。

劳动合同期满而用人单位久未通知劳动者续订劳动合同，劳动者因此离职的，无疑属于非因劳动者自身原因导致的劳动合同终止。此从前述《中华人民共和国劳动合同法》第四十六条第五项的文义亦能推知。该项以排除法的方式规定了在劳动合同期满而终止的情况下，用人单位支付经济补偿金的情形；即“除用人单位维持或者提高劳动合同约定条件续订劳动合同，劳动者不同意续订的情形外”，其他任何原因导致的劳动合同期满而终止的，用人单位均应向劳动者支付经济补偿金。

2. 用人单位通知续订劳动合同的时限

由此引申的另一焦点问题即用人单位通知劳动者续订劳动合同的合理期限。对此，笔者认为该合理期限为一个月。理由如下：

其一，类推适用。一个月是法律规定签订劳动合同的期限。《中华人民共和国劳动合同法》第十条和《中华人民共和国劳动合同法实施条例》第五条规定，对于已建立劳动关系但未签订书面劳动合同的，应当自用工之日起一个月内订立书面劳动合同。劳动合同终止后续订劳动合同的，用人单位与劳动者成立新的劳动关系。基于用工延续性及连续性，新的用工关系始于前一份劳动合同的终止之（次）日。依照前述规定，用人单位须于一个月内续订书面劳动合同。

其二，规制填补。超过一个月未签订劳动合同的，法律另有规制，即用人单位应向劳动者支付一个月起至订立书面劳动合同期间的双倍工资差额；此规制对于续订劳动合同的情形同样适用。故，一个月的续订时限可避免法律的重复规制。

其三，标准统一。一个月是劳动法领域颇为统一的时限标准。典型如劳动者或用人单位单方解除劳动合同的，其预告解除的时限为一个月；再如前述劳动合同应于用工之日起一个月内订立等。因此，续订劳动合同适用一个月时限，合乎同一法律领域内的标准统一。

本案中，案涉劳动合同于2018年8月27日到期，钢宇公司所举证据不足以证明其在合同期满后一个月内通知黄某续签劳动合同，应承担相应法律后果。

3. 用人单位对新岗位工作条件不低于原岗位负举证责任

如前所述，《中华人民共和国劳动合同法》第四十六条第五项以排除法的方式规定在劳动合同期满而终止的情况下，用人单位支付经济补偿金的情形。即劳动合同终止未续订的，以用人单位支付经济补偿金为原则，不支付为例外。因此，在劳动合同终止未续订的情况下，劳动者主张经济补偿金，用人单位以劳动者拒绝接受岗位调整抗辩的，应由用人单位对新岗位工作条件不低于原岗位承担举证责任。

编写人：福建省厦门市海沧区人民法院　陈进杰　张玲玲

17

约定到期可无限次顺延的劳动合同应认定为无固定期限劳动合同

——张某诉中庚公司劳动合同案

【案件基本信息】

1. 裁判书字号

重庆市第一中级人民法院（2019）渝01民终70号民事判决书

2. 案由：劳动合同纠纷

3. 当事人

原告（被上诉人）：张某

被告（上诉人）：中庚公司

【基本案情】

2014年6月9日，中庚公司（甲方）与张某（乙方）签订期限从2014年6月9日至2017年6月8日的劳动合同，约定张某在客服部从事客服主管职位，月基本工资为1800元，具体绩效工资根据绩效、薪酬管理的相关制度另行确定。第十条第十一款第二项（以下称争议条款）约定，本劳动合同期满经双方协商一致同意续签劳动合同的，可以另行签订书面劳动合同。双方未能另行签订新的书面合同的，或者劳动合同期限届满之后乙方继续为甲方工作而甲方未提出反对意见的，视为双方同意按照原合同约定条件继续履行，原劳动合同期限自动顺延一年或者甲方指定的期限（二者冲突时以甲方指定期限为准）。本条款约定的顺延次数不受限制，直至甲方通知终止时为止。在这种情况下，应理解为原合同的变更，即合同期限的延续，不得解释为双方之间未签订劳动合同，也不得解释为双方之间订立了新合同。

2018年6月21日，中庚公司向张某出具《解除劳动合同通知书》，载明："……现由于你在职期间经考核不符合岗位要求、一个内累计迟到、早退达9次（含9次）以上的情形，根据《劳动合同》第十条的约定及公司《员工考勤与休假管理办法》第5.3条款规定，决定自2018年6月22日起，解除与你之间的劳动合同关系。"张某于当日签收了上述通知书。双方对张某于2018年1月被中庚公司安排至湖北十堰市任项目经理，具体负责行政工作（包括十堰项目的人员组建、内部行政工作、外部关系的沟通），劳动关系于2018年6月21日解除，均无异议。

2018年6月26日，张某向重庆市北碚区劳动人事争议仲裁委员会申请仲裁，要求被告支付违法解除劳动合同关系经济赔偿金、未签订书面劳动合同双倍工资差额，后因不服仲裁裁决起诉至法院。

【案件焦点】

1.《劳动合同》中的争议条款约定是否有效；2. 中庚公司是否应支付未签订书面劳动合同的二倍工资。

【法院裁判要旨】

重庆市北碚区人民法院经审理认为：按照争议条款约定，劳动合同到期后，中庚公司无需再与张某签订书面劳动合同，中庚公司可以随时解除与张某之间的劳动合同关系。且该约定导致合同无限延续，张某不再享有与中庚公司签订书面劳动合同的可能。因此，该约定明显免除了中庚公司签订劳动合同的义务，剥夺了张某的权利。故根据《中华人民共和国合同法》① 第四十条之规定，约定应当无效。中庚

---

① 《中华人民共和国民法典》于2021年1月1日起实施，《中华人民共和国合同法》《中华人民共和国民法总则》等同时废止。本书收录的案例均裁判于《中华人民共和国民法典》生效前，适用的是当时有效的法律规定，下文将不再对此进行提示。

公司应当支付张某未签订书面劳动合同的二倍工资差额。

重庆市北碚区人民法院依照《中华人民共和国合同法》第四十条，《中华人民共和国劳动合同法》第八十二条第一款等规定，判决：

一、中庚公司于本判决生效之日起十日内支付张某 2017 年 7 月 9 日至 2018 年 6 月 8 日未签订书面劳动合同二倍工资差额 88077 元；

二、驳回张某的其他诉讼请求。

中庚公司不服一审判决，提起上诉。重庆市第一中级人民法院经审理认为：关于争议条款的效力。劳动合同的期限顺延本身并不违反法律法规的强制性规定，若劳动者和用人单位协商一致，约定应有效。争议条款中，双方将顺延的期限约定为“一年或者甲方指定的期限，二者冲突时以甲方指定期限为准，顺延次数不受限制”。按此约定，期限顺延后劳动合同实质上没有确定的终止时间。依据劳动合同法，劳动合同分为三类：固定期限劳动合同、无固定期限劳动合同和以完成一定工作任务为期限的劳动合同。《中华人民共和国劳动合同法》第十四条第一款规定，无固定期限劳动合同，是指用人单位与劳动者约定无确定终止时间的劳动合同。中庚公司与张某之间的劳动合同因没有确定的终止时间，应视为已变更为无固定期限劳动合同。争议条款还约定“（期限顺延）直至甲方通知终止时为止”，该约定授予了中庚公司在履行无固定期限劳动合同中，随时终止劳动合同的权利，其实质是免除用人单位因违法解除劳动合同所应承担的法定责任。根据《中华人民共和国劳动合同法》第二十六条第一款第二项之规定，用人单位免除自己的法定责任，排除劳动者权利的，劳动合同无效或者部分无效。因此，争议条款中“（期限顺延）直至甲方通知终止时为止”的约定应为无效，其余部分有效。

关于未签订书面劳动合同的二倍工资。因中庚公司和张某之间的劳动合同期限届满后，依约已变更为无固定期限的劳动合同，故在中庚公司与张某劳动关系存续期间，不存在未签订书面劳动合同的情形。未签订书面劳动合同应赔偿二倍工资的立法目的，是防止用人单位不与劳动者签订书面劳动合同，使劳动关系双方的权利义务处于不确定状态。本案中，劳动合同期限顺延，是按原劳动合同约定的条件继续履行，不存在用人单位与劳动者双方权利义务处于不确定状态的情况。因此，张某诉请中庚公司向其支付未签订书面劳动合同的二倍工资差额，缺乏事实依据和法律依据。一审法院适用法律错误。

重庆市第一中级人民法院依照《中华人民共和国劳动合同法》第三条、第十四条第一款、第二十六条第一款第二项，《中华人民共和国民事诉讼法》第一百七十条第一款第二项之规定，判决如下：

一、撤销一审判决；

二、驳回张某的诉讼请求。

【法官后语】

1. 劳动合同中期限顺延条款的效力分析

关于约定劳动合同期限顺延条款的效力认定。首先，现有法律、行政法规并未禁止劳动双方约定劳动合同到期自动顺延。其次，约定劳动合同到期自动顺延，能够节省再次签订书面劳动合同的成本，且不会给劳动者的权利造成实质损失。因此，劳动合同中关于期限顺延的约定应为合法有效。

本案中，劳动合同不仅约定了期限顺延，且约定可以无限次顺延。此类约定的效力应如何认定？对劳动合同进行类型化分析可知，劳动合同分为固定期限劳动合同、无固定期限劳动合同和以完成一定工作任务为期限的劳动合同。本案劳动合同不属于以完成一定工作任务为期限的劳动合同。该劳动合同虽约定了终止时间，但又约定终止时间届至后，劳动关系继续存续，且劳动合同期限顺延且可无限次顺延，此时顺延期限的终止时间不明，不符合固定期限劳动合同的特征。无固定期限劳动合同，顾名思义是指未明确约定终止时间的劳动合同，本案劳动合同期限依约定顺延后，符合无固定期限劳动合同“无确定终止时间”的特征。因此，该劳动合同应当认定为无固定期限劳动合同。这种理解也与无固定期限劳动合同制度的立法目的相符。本案劳动合同认定为无固定期限劳动合同，用人单位若无法定事由单方解除，应承担违法解除劳动合同的赔偿责任，客观上有利于维护劳动者的权利。

法律确立无固定期限劳动合同制度，意在限制用人单位的单方解除权，但本案劳动合同又约定，用人单位可以随时终止劳动合同。该约定意图通过赋予用人单位在无固定期限劳动合同中享有单方解除权的方式，免除其可能承担的违法解除劳动合同的赔偿责任，排除劳动者的权利。依据《中华人民共和国劳动合同法》第二十六条第一款第二项规定，该部分约定应当认定为无效。虽然该部分约定无效，但不影响其他部分的效力，其他部分仍然有效。

2. 未签订书面劳动合同双倍工资罚则的适用逻辑

劳动合同是劳动者与用人单位确立劳动关系的书面证据，是明确双方权利和义务的协议。立法将签订书面劳动合同确定为用人单位的法定义务，并设立了未履行该义务应承担的惩罚性赔偿责任，即未签订书面劳动合同的双倍工资罚则，其意义在于，一方面将劳动合同明确为劳动关系的法定外化形式，以书面形式固定劳动关系双方的权利义务，保障劳动者的合法权利；另一方面，双倍工资罚则加大了用人单位的违法成本，作为一种惩罚性规范，可以防止用人单位利用事实劳动关系逃避缴纳社会保险等法定义务，侵害劳动者权益。

未签订书面劳动合同在实践中主要表现为：第一，新设劳动关系时未签订书面劳动合同。劳动关系新设立时，劳动合同是用人单位与劳动者就劳动合同期限、工作岗位及地点、工作时间及休息休假、劳动报酬、社会保险等协商一致的书面依据，若未签订书面劳动合同，用人单位与劳动者在劳动关系中的权利义务履行将处于不确定的状态，由于劳动者在劳动关系中通常处于弱势地位，未签订书面劳动合同不利于劳动者的权利保护。因此，若用人单位未按法律规定与劳动者签订书面劳动合同，应对其适用双倍工资罚则。第二，劳动合同期满后继续用工未续签书面劳动合同。该情形又可细分为两种：劳动合同期满终止后，双方自愿继续用工；劳动合同期满后，用人单位依法应当续签无固定期限劳动合同（即《中华人民共和国劳动合同法》第四十条第二款规定的情形）。前者应视为双方形成了新的事实劳动关系，用人单位仍负有与劳动者签订书面劳动合同的义务。后者续签无固定期限劳动合同属于用人单位的法定义务，用人单位未签订无固定期限劳动合同而继续用工，劳动者可主张双倍工资差额。

就本案而言，双方约定劳动合同到期后可以无限次顺延，本身即应理解为双方已实际签订无固定期限劳动合同，不存在双方权利义务处于不确定状态的情况，故劳动者关于未签订书面劳动合同支付双倍工资差额的主张缺乏事实及法律依据。

编写人：重庆市第一中级人民法院　詹勤艳　吴学文

三、劳动合同解除和终止

18

劳动合同协商解除时所附“条件”或“期限”的效力认定

——高某诉甲骨文公司劳动争议案

【案件基本信息】

1. 裁判书字号

北京市第三中级人民法院（2019）京03民终9395号民事判决书

2. 案由：劳动争议纠纷

3. 当事人

原告（上诉人）：高某

被告（被上诉人）：甲骨文公司

【基本案情】

高某于2014年3月20日入职甲骨文公司，担任销售一职，双方签订了期限自2014年3月20日起的无固定期限劳动合同。2016年4月27日，双方签订《协商解除协议书》，协商解除双方劳动关系，但高某在协议书的落款处签写了“此协议仅在本人与公司无任何销售佣金和费用报销争议前提下生效，否则无效”。协议签订后，甲骨文公司向高某支付了协议约定款项。后，高某入职新的工作单位。

2017年3月，高某以甲骨文公司为被申请人向北京市海淀区仲裁委（以下简称海淀仲裁委）申请仲裁，认为与甲骨文公司签订《协商解除协议书》时，其一直等待公司支付报销款及佣金，因此在协议书落款处签写了“此协议仅在本人与公司无任何销售佣金和费用报销争议前提下生效，否则无效”。现甲骨文公司存在未结清报销款情形，《协商解除协议书》未生效，故要求撤销《协商解除协议书》，继续履行双方的劳动合同。甲骨文公司认为协议已履行完毕，且高某已找到新的工作，因此不应继续履行双方的劳动合同。

另，2017 年 6 月，高某再次以甲骨文公司为被申请人向海淀仲裁委申请仲裁，要求该公司支付绩效工资，交通费、餐费等报销款。海淀仲裁委驳回其的仲裁请求。高某不服，诉至北京市海淀区人民法院（以下简称海淀区法院），海淀区法院经审理后判决：一、甲骨文公司为高某报销交通费、餐费、通信费共计 15315.8 元；二、驳回高某的其他诉讼请求。双方均未上诉，该判决已生效。

【案件焦点】

1. 高某在《协商解除协议书》中签写的附加条件“此协议仅在本人与公司无任何销售佣金和费用报销争议前提下生效，否则无效”的效力问题；2. 高某与甲骨文公司的劳动合同能否继续履行。

【法院裁判要旨】

北京市朝阳区人民法院经审理认为：高某与甲骨文公司于 2016 年 4 月 27 日签订的《协商解除协议书》载明“协议自双方签署之日起生效”，该协议落款处有被告的签章及原告的签字，现未有证据显示签订该协议时存在欺诈、胁迫或乘人之危的情形，故该协议自双方签订之时生效。现甲骨文公司已依照协议向高某支付了约定的款项，该协议已履行完毕，高某虽在该协议落款签字处写有“此协议仅在本人与公司无任何销售佣金和费用报销争议前提下生效，否则无效”，但现有证据及当事人陈述显示高某系在双方签订《协商解除协议书》并已履行完毕之后，另行就销售及费用报销的争议进行主张，高某以此行为作为之前签订且已履行完毕的《协商解除协议书》的约束条件，并以此为由主张《协商解除协议书》未生效，明显不妥。另，本案中，高某认可签订《协商解除协议书》后已到新的工作单位工作，甲骨文公司亦不同意继续履行双方劳动合同，故对高某要求继续履行双方劳动合同的诉讼请求，不予支持。

北京市朝阳区人民法院依照《中华人民共和国劳动争议调解仲裁法》第六条、《最高人民法院关于民事诉讼证据的若干规定》第二条之规定，判决如下：

驳回高某的诉讼请求。

高某不服原审判决，提起上诉。北京市第三中级人民法院经审理认为：本案二审期间的争议焦点在于双方之间能否继续履行劳动合同。高某主张要求继续履行其与甲骨文公司的劳动合同。甲骨文公司不予认可，其称双方之间已经于2016年4月27日解除劳动关系，且高某已入职其他公司，无法继续履行原合同。一审法院对高某要求继续履行双方劳动合同的诉讼请求不予支持，并无明显不当。高某的上诉请求没有事实及法律依据，一审法院判决尚属合理，应予维持。

北京市第三中级人民法院依照《中华人民共和国民事诉讼法》第一百七十条第一款第一项之规定，判决如下：

驳回上诉，维持原判。

【法官后语】

一般而言，只有在用人单位违法解除劳动合同的情况下，劳动者才享有主张继续履行劳动合同的权利，但本案系双方协商一致解除劳动合同，该情形下劳动者能否主张“继续履行”？在本案所涉的情况中，双方的劳动合同又能否继续履行呢？

就本案而言，劳动者自行在《协商解除协议》中附加“此协议仅在本人与公司无任何销售佣金和费用报销争议的前提下生效”的条件，并未获得用人单位的确认，因此未达到变更协议内容的目的，且劳动者在签订解除协议后不久便入职新的工作单位，约一年后才另行通过诉讼的方式主张用人单位支付其销售佣金及费用报销，此时，距双方签订《协商解除协议》长达两年之久。综合上述情况，双方已不具备继续履行劳动合同的条件，故本案未支持劳动者的主张。但若不存在上述情况，而是双方在协商解除劳动合同时附加了“条件”或者“期限”，如何认定其效力？是否与平等民事主体间订立的附条件或者期限的合同性质一致呢？由此引申出本案的另一个争议焦点，即在劳动合同协商解除时，劳动双方能否约定附加条件或者期限，所附的条件或者期限是否会影响劳动合同解除的效力？

我们知道，在劳动双方订立劳动合同时不可约定“解除的条件”，因此只有在法定情形下，才可以解除劳动关系，但双方协商解除劳动时，附加了条件或者期限，由此产生了泛化的“解除权”，而“解除权”在学理上是一种形成权，原则上不可附条件和期限。这是因为，如果允许权利人设置“条件”或“期限”，会使法律关系处于不确定的状态，但依当事人约定而附条件或期限的形成权的效力如何认定，目前尚未有统一的意见。有一种观点认为，形成权不得附条件或期限，如果附了条件或期限，所附条件或期限均为无效。还有一种观点认为，形成权不得附条件或期限是形成权本质特征的衍生，因此附了条件或期限的形成权因不再具有形成权的属性而不应被认定为形成权。笔者认为，对附了条件或期限的形成权效力的认定，应以全面核查当事人真实意思为前提，充分尊重其意思自治，但所附的条件或期限如果是不可能成就的条件、不确定期限的，所附的条件、期限均为无效。

需注意的是，劳动关系项下的“意思自治”并非毫无限制。劳动关系的主体兼具平等性与隶属性、内容兼具人身性和财产性等特点，正因如此，规范劳动关系的法律规则突破了民法中关于合同平等保护的原则，对劳资双方，尤其是用人单位的意思自治进行了限制，而给予劳动者倾斜性的保护。正如我国劳动法、劳动合同法等规范劳动关系的法律规范，旨在保护劳动者权益的基础上，实现劳资双方力量的相对平衡。因此，如果所附的条件或期限系免除用人单位的责任而排除劳动者的权利的，则所附条件或期限显失公平，应属无效。

综上，对附条件和期限的形成权效力的认定，应全面核查当事人的真实意思并尊重其意思自治，但对意思自治应加以限制，即通过控制“任意”意思自治的产生，对意思自治进行实质性、深层次的保护，以期建立和发展和谐、稳定的劳动关系。

编写人：北京市朝阳区人民法院　李军

19

劳动者能否就解除劳动合同协议中列明的劳动争议事项另行主张相关权利

——丁某诉雪花公司劳动争议案

【案件基本信息】

1. 裁判书字号

北京市平谷区人民法院（2019）京0117民初5153号民事判决书

2. 案由：劳动争议纠纷

3. 当事人

原告：丁某

被告：雪花公司

【基本案情】

丁某原为雪花公司职工，其主张1992年5月入职雪花公司。2018年12月18日，雪花公司作为甲方（用人单位）与乙方（劳动者）丁某签订《协商解除劳动合同协议书》。上述协议书的主要内容为：甲乙双方一致同意双方劳动合同于2018年12月18日解除；乙方确认自1994年1月14日起与甲方建立劳动合同关系，在甲方工作年限共计为24年11个月，乙方从甲方提前获得经济补偿金的年限为0年0个月，乙方因本次解除合同可享受的经济补偿年限为26年9个月，乙方经济补偿金补偿基数为4768元/月，甲方因本次劳动合同解除应向乙方支付经济补偿金共计169264元；甲方为乙方结算月度工资至2018年12月31日；自本协议约定的劳动合同解除之日前，尚需向乙方支付工资3473.91元；甲方为乙方依法缴纳社会保险和住房公积金至2018年12月；甲方自愿向乙方支付2018年度的年终奖共计3000元，乙方对此无任何异议；乙方确认甲方已经和乙方签订了劳动合同，并且在本协议签署前完全依法履行了用人单位应当履行的全部支付和缴费义务，包括但不限于工资、加班费、福利费、社会保险费、住房公积金等，乙方和甲方之间无任何其他劳动争议或民事争议事项等。丁某承认雪花公司已经履行了协议约定的付款义务。

2018年12月13日，丁某向平谷区仲裁委申请仲裁，要求支付2004年1月1日至2016年9月30日期间延时加班工资6028.8元。2019年3月13日，平谷区仲裁委作出裁决书，驳回丁某的全部申请请求。雪花公司服从仲裁裁决，丁某不服并提起诉讼。

【案件焦点】

丁某与雪花公司签署解除劳动合同协议书后，能否就协议中列明的劳动争议事项另行主张相关权利。

【法院裁判要旨】

北京市平谷区人民法院经审理认为：当事人对自己提出的诉讼请求所依据的事实或者反驳对方诉讼请求所依据的事实有责任提供证据加以证明，没有证据或者证据不足以证明当事人的事实主张的，由负有举证责任的当事人承担不利后果。本案中，雪花公司与丁某于2018年12月18日就解除劳动合同、工资、社会保险费、住房公积金、年终奖等达成协议，并在协议中约定“丁某确认雪花公司已经和丁某依法签订了劳动合同，并且在本协议签署前完全依法履行了用人单位应当履行的全部支付和缴费义务，包括但不限于工资、加班费、福利费、社会保险费、住房公积金等，丁某和雪花公司之间无任何其他劳动争议或民事争议事项”的兜底性条款。上述兜底性条款亦是协议的组成部分。雪花公司与丁某签订的协议书不违反法律、行政法规的强制性规定，且不存在欺诈、胁迫或者乘人之危之情形，应当认定有效。丁某与雪花公司签订协议属于权利自由处分行为，是利弊考量后的结果，若其再就协议中列明的劳动争议事项主张相关权利，有违诚实信用。故丁某要求雪花公司支付其延时加班费的诉讼请求，不予支持。

北京市平谷区人民法院根据《中华人民共和国劳动合同法》第三十六条、《最高人民法院关于审理劳动争议案件适用法律若干问题的解释（三）》第十条之规定，判决如下：

驳回丁某的诉讼请求。

【法官后语】

劳动合同的解除，是指在劳动合同有效成立以后，当解除的条件具备时，因当事人一方或双方的意思表示，使劳动合同效力消灭的行为。我国法律规定劳动合同的解除有两种方式：法定解除和协议解除。法定解除是指在劳动合同的履行过程中，当出现法律法规规定的解除情形时，无需双方协商一致，享有单方解除权的当事人可以单方意思表示提前解除劳动合同的法律行为。协议解除是指在劳动合同的履行过程中，经当事人双方协商一致后解除劳动合同的法律行为。协议解除劳动合同要遵循意思自治原则、平等自愿原则、公平原则、诚实信用原则。

《最高人民法院关于审理劳动争议案件适用法律问题的解释（一）》第三十五条第一款规定，劳动者与用人单位就解除或者终止劳动合同办理相关手续、支付工资报酬、加班费、经济补偿或者赔偿金等达成的协议，不违反法律、行政法规的强制性规定，且不存在欺诈、胁迫或者乘人之危情形的，应当认定有效。从条文来看，劳动关系解除时，用人单位与劳动者可以就双方之间尚未结算的工资、加班费及各项补偿等进行协商后一并作出处理。如果不存在违反法律规定的情形或者存在欺诈、胁迫或者乘人之危的情形，则协议就是合法、有效的，必须按照协议的约定进行履行。另外，如果协议存在重大误解或者显失公平情形的，则协议有效，但是可以向法院请求撤销。

实践中，协商解除劳动合同是一种最为常见的劳动合同解除方式。一般来讲，双方就劳动合同解除达成了一致，按照协议约定履行义务即可。但是实务中解除劳动合同协议签订后产生了很多纠纷，究其主要原因有两点：第一，双方并没有就各自的权利和义务问题进行平等、友好的协商，劳动者认为协议存在欺诈、胁迫、乘人之危、重大误解、显示公平等情形；第二，用人单位事先拟定好条款，并且通过限定时间节点让劳动者签字，如果劳动者签字就能得到利益，如果超过某个时间可能利益会受损。因为时间紧迫，劳动者往往尚未考虑清楚就在协议上签了字，结果劳动者一方该得的利益没有得到，签字后又反悔。在第一种情况下，双方的解除劳动合同的法律效力存在问题，可能是无效的或者是可变更、可撤销的合同，劳动者可以诉至法院请求确认合同效力；在第二种情况下，双方的解除劳动合同有效，即使诉至法院也不能得到法院支持。

劳动合同法中未有关于欺诈、胁迫、乘人之危、重大误解、显失公平的法律制度，但是可以借鉴《中华人民共和国民法典》。诚实信用原则是民法的基本原则，也是合同法上的一项基本原则。本案中，没有证据证明丁某是在被胁迫、受欺诈、对方乘人之危的情形下签订协议，协议内容也未反映出对某类问题有重大误解、有显失公平的情形。丁某作为完全民事行为能力人理应知晓并应当承担签署协议可能产生的相应法律后果，丁某与雪花公司签订的协议已经就加班工资确定雪花公司在本协议签署前完全依法履行了应当履行的支付义务且无任何其他劳动争议或民事争议事项，属于权利自由处分行为。如果丁某不同意雪花公司拟定的条款可以不签字，丁某签字后又反悔，就协议中列明的劳动争议事项再主张相关权利，实属有违诚实信用原则。

所以，用人单位或者劳动者在签订解除协议是一定要全面考虑签订协议是否符合自己的真实意愿、是否公平公正，因为一旦签订，协议就会发生法律效力。

编写人：北京市平谷区人民法院　马豫林　谢颖霞

20

劳动者请假权与用人单位审批权的权衡

——范某诉某某饭店劳动争议案

【案件基本信息】

1. 裁判书字号

北京市第二中级人民法院（2019）京02民终5214号民事判决书

2. 案由：劳动争议纠纷

3. 当事人

原告（上诉人）：范某

被告（被上诉人）：某某饭店

【基本案情】

2009年11月13日，某某饭店与范某签订《劳动合同》，《员工手册》为合同附件，约定期限至2010年11月12日，范某从事工程部岗位，范某在《员工手册》回执上签字。2013年11月5日，双方续订无固定期限劳动合同。

2017年10月，范某申请事假40天，并填写事假申请单后留置于工位处，未经部门经理、人事经理经副总经理的审批，离开工作岗位。2017年10月24日，某某饭店向范某发出《返岗通知书》，因范某于2017年10月9日至10月24日未办理请假手续擅自旷工，要求其于2017年10月27日返回工作岗位。2017年11月23日，某某饭店当面向范某送达《解除劳动合同通知书》，因其"于2017年10月9日至2017年10月24日未办理请假手续而无故缺勤，根据《员工手册》……属于性质恶劣的严重违纪行为"，于2017年11月23日解除双方劳动合同。

范某主张2017年10月9日向主管申请休事假40天，主管告知其去找经理，经理告知只能批2天。范某告知经理，因奶奶在家病重，最少需要一个月假期。后范某填写请假条，放在工作场所的配电室桌子上，并给副总打电话，副总柯某得知其欲请事假40天后，表示要开会讨论一下，并说“你先回去吧”。范某遂于第二天返回老家。收到返岗通知书后，范某于10月31日返回饭店，现饭店提出以旷工为由辞退范某，范某不同意。后饭店向范某发出解除劳动合同通知书，单方面解除劳动合同。范某认为此系违法解除，故要求饭店支付违法解除劳动合同赔偿金。

某某饭店主张自签订劳动合同时即向范某送达了《员工手册》并进行说明，范某未按公司规定履行请假手续，属于无故旷工，公司依据劳动合同法及《员工手册》解除劳动合同，并向范某当面送达，解除行为合法，不同意其诉讼请求。

【案件焦点】

1. 副总柯某的答复是否可视为饭店已批准范某请假；2. 劳动者因私请事假的权利实现是否应以用人单位审批权为前提。

【法院裁判要旨】

北京市东城区人民法院经审理认为：劳动者严重违反用人单位的规章制度的，用人单位可以解除劳动合同。范某认可曾签收某某饭店的《员工手册》，且主张曾填写书面请假条，并向主管、经理、副总等公司领导打电话请假，可见其明确知晓某某饭店的请假流程及相应规定。范某自述在下夜班后，副总柯某在电话中对其请假申请的答复为“要开会讨论一下，你先回去吧”，综合公司的规章制度管理及范某下夜班的情况，柯某所述“你先回去”不应理解为同意范某的事假申请，应仅指其可以下班回到日常住处。现范某自述其填写完请假条后仅放在工位处，第二天即自行回老家，可见公司领导对其请假申请并未明确同意，范某提交的请假条照片中亦没有公司相关部门和领导的审批同意。故范某在明知某某饭店请假流程及规定的情况下，尚未得到准假审批，即自行离岗的行为，属于无故旷工。某某饭店根据《员工手册》及劳动合同法的相关规定，作出解除决定，并当面向范某送达，符合法律规定。

北京市东城区人民法院依照《中华人民共和国劳动法》第三十九条，《中华人民共和国民事诉讼法》第六十四条第一款之规定，判决如下：

驳回范某的诉讼请求。

二审法院同意一审法院裁判意见。

【法官后语】

本案处理的重点是劳动者的劳动自主权与用人单位的劳动管理权之间的关系，也即劳动者请假权利的行使是否需要以用人单位的审批同意为前提。

休息权是劳动权的重要组成部分，因此在探讨劳动者的劳动权时，绝不能忽视其中所包含的休息权利，而休假就是休息权利实现的方式之一。休假制度所追求的法律价值是多元化的，包括权利、自由、平等、安全与秩序等。其中秩序价值是休假程序规则的主要价值诉求，不仅意味着休假制度应当是秩序性的存在，更重要的是为劳动者提供了请假结果的可预期性或可预见性，使劳动者能得以事先安排自己的工作和生活计划。因此，休假的程序性规则应是休假立法中不可或缺的环节，同时也是用人单位规章制度的重要组成部分。

事假是劳动过程中常见的休假情形之一，但因其属于劳动者处理个人私事而停止工作的休假，目前我国劳动法律规定中尚未有专门针对事假的具体权益保障规定，一般由用人单位以在本单位公布的规章制度来决定，也可以由劳动者与用人单位双方协商约定。但因为事假通常存在突发性、偶然性等特点，在实践中易对其是否符合法律规定发生争议，此时就应当从实体和程序两方面进行审查。

实体上可从劳动者和用人单位两方分别进行合理性和正当性的考察。对于劳动者，可将请假事由与其薪资、工种等情况相结合，审查其工作岗位是否属于影响全局工作进展和效率的关键岗位、工作任务是否繁重、一旦缺岗是否有合适的替代工作人员等，通常这种对工作的影响也是与劳动者申请休假时间长短密切相关的。此外，对劳动者个人品格的考察也在某些案件中占了较大分量，比如劳动者以处理个人私事为由请假，实际上却从事了竞业行为。而对用人单位则可以通过劳动管理权限的要素来判断其在审批事假时，尤其是不予批准时是否给予充分合理的理由。例如，用人单位是否及时对劳动者的申请作出反馈，是否提醒并要求劳动者做好工作安排，是否及时审查工作安排并给出意见，是否及时向劳动者说明作出不予准假的合理事由等。

请事假应当具备一定的形式要件，也即程序要求。其一，用人单位是否有书面请假制度，是否向劳动者送达，或在没有书面规定的情形下是否以劳动惯例的方式形成了固定的请休假流程。其中应当包括事假的原因及材料提交要求、申请及审批流程、与请假天数对应的审批权限管理、销假、休假期间的工资待遇、紧急情况下的请休假等规定。其二，案件中发生争议的请假过程是否完备，包括劳动者是否按照规定提出休假申请并提供证明材料，劳动者是否按照其申请休假天数逐级申请至具备审批权限的部门或负责人，用人单位是否在规定时限内进行审批等。

应当注意审批权是与请假权相对应的，是对请假权进行程序和实质审查、并作出一定意思表示的过程。审批应当是事假休假程序设计的核心功能，因为相对于事假这种因私休假的情形，用人单位正常劳动秩序和劳动质量的保证是更高的制度价值追求。只有经过劳动者主动提出，其休事假的申请才正式进入用人单位的审批程序，在用人单位行使审查、核实的权利后，最终做出批准、调整天数后批准或不予批准等处理决定。因此，一旦双方因协商请假事宜未达成一致而产生矛盾时，如果劳动者在未得到用人单位明确准许甚至在未告知用人单位的情况下即弃职而去，则可视作旷工，用人单位可依据劳动合同、工作制度等对劳动者进行适当的惩戒处分。

编写人：北京市东城区人民法院　王玫

21

劳动者违反基本职业道德时用人单位能否行使解除权

——贸易公司诉孙某劳动争议案

【案件基本信息】

1. 裁判书字号

北京市第一中级人民法院（2019）京01民终5362号民事判决书

2. 案由：劳动争议纠纷

3. 当事人

原告（被上诉人）：贸易公司

被告（上诉人）：孙某

【基本案情】

孙某于2014年1月6日入职贸易公司任配送员，自2015年1月起任十三陵站站长，负责该站管理工作。

2018年9月5日，贸易公司向孙某送达《解除劳动合同通知书》，以“2018年1月至4月违反劳动纪律、行为规范及违法法规，侵占公司财产、私设小金库；私自截留、扣押公司或者客户物品、重要文件、快件、款项、有价证券，违反法律规定及公司制度”为由，与其解除劳动合同。

后孙某提起劳动仲裁，主张违法解除赔偿金、未休年休假工资等款项，劳动仲裁裁决贸易公司向孙某支付违法解除劳动合同赔偿金51252.3元、2016年1月1日至2018年9月5日未休年休假工资6126.72元，驳回孙某的其他请求。孙某同意仲裁裁决结果，贸易公司不同意支付违法解除劳动合同赔偿金，遂诉至法院。

就解除事由，贸易公司主张孙某利用商户账户违规揽收个人快件从中牟利2957.8元并提交录音为证。孙某认可证据真实性，自述“2018年年前公司开始开展揽收业务，一直让我们拓展客户，有营业执照的商户注册成为用户快递费方面享受折扣。‘吉保源公司’是经站点配送员介绍注册的商户。认可曾使用该公司名义揽收个人快件，由快递员按全款向寄件人收取快递费，快递费汇总到我这里；统一用‘吉保源公司’的账户登记快件，按折扣后的优惠价格、由我按月结单金额结算快递费；全额快递费与折扣快递费间的差额2957.8元，我请大家吃饭了”。

就制度依据，贸易公司提交《劳动合同》《奖惩管理制度》《〈员工手册〉修改提案》及职代会投票材料为证。其中，《劳动合同》载明，劳动者严重失职，营私舞弊，给公司造成重大损害的，公司有权解除劳动合同；《奖惩管理制度》载明，“私自挪用、使用公司资产三次以上或借此获得不当得利、或造成重大影响或重大损失的……私设小金库，私自罚款的”，公司有权辞退。经询，孙某对《奖惩管理制度》的真实性不予认可，主张并未收到该材料，对其余证据的真实性均无异议。

【案件焦点】

贸易公司所作出的解除决定是否合法。

【法院裁判要旨】

北京市海淀区人民法院经审理认为：双方对仲裁裁决的未休年休假工资均无异

议，则贸易公司应向孙某支付2016年1月1日至2018年9月5日期间未休年休假工资6126.72元。

就双方争议的解除决定合法性，从解除事由而言，其一，孙某确实实施了“以注册商户的账户揽收个人快件”的行为，取得并自行处分了站点上全额快递费与折扣快递费之间的“差额”。其二，虚构商务揽收件的行为并非偶发，而是在一定时期内持续发生的违规行为。孙某的行为违反了最基本的职场诚信。其三，虚构商务揽收件的行为不仅产生了“差额”这一不当利益，且使得公司以“折扣”为手段所试图达到的商业目的无法实现。据此，贸易公司作出的解除决定具有正当事由。

从制度依据而言，其一，双方《劳动合同》中曾约定营私舞弊，给公司造成重大损害的，用人单位可以解除劳动关系。贸易公司已举证证明《奖惩管理制度》的制定经过了民主程序。其二，基本的劳动纪律与职业道德。《中华人民共和国劳动法》第三条第二款规定“劳动者应当……遵守劳动纪律和职业道德”，该条款是法律对于劳动者提出的最基本要求。据此，贸易公司作出的解除决定具有制度依据。

再从解除决定的送达程序而言，孙某确已收到贸易公司发出的书面解除通知，即解除通知送达程序合法。

基于以上几点，贸易公司作出的解除决定合法，故其公司仅需向孙某支付2016年1月1日至2018年9月5日未休年休假工资6126.72元，而无需向孙某支付违法解除赔偿金51252.3元。

北京市海淀区人民法院依据《中华人民共和国劳动法》第七十九条、《中华人民共和国劳动合同法》第三十九条之规定，判决：

一、贸易公司于判决生效之日起七日内向孙某支付未休年休假工资6126.72元；

二、贸易公司无需向孙某支付违法解除劳动合同赔偿金51252.3元。

二审法院同意一审法院裁判意见。

【法官后语】

本案的核心争议为贸易公司解除决定的合法性，依据在案证据，则指向：在规章制度及劳动合同中没有作出具体规定或规定不明的情况下，当劳动者违反基本职业道德时，用人单位能否解除劳动合同？

为保护劳动者的合法权益，维护劳动关系的稳定性，避免用人单位滥用优势地位随意与劳动者解除劳动关系，现行劳动法律法规对于用人单位的单方解除权作出了相对严苛的限制性规定。以劳动者存有过失时用人单位行使单方解除权为例，《中华人民共和国劳动合同法》第三十九条对此作出了明确规定，将“过失”限定在六种情形。实务中，用人单位最常援引、也往往被裁判机关判定为“违法解除”的事由即“严重违反用人单位的规章制度”这一项。究其原因，大多是用人单位虽穷尽能力举证证明劳动者做出了某种行为，但《劳动合同》《规章制度》《员工手册》中没有明确将该特定行为列为可以解除劳动合同的情形之一或《劳动合同》《规章制度》《员工手册》中规定的“违规行为”过于粗略缺乏操作可能。

以本案为例，贸易公司与孙某在《劳动合同》中约定劳动者严重失职，营私舞弊，给用人单位造成重大损害的，用人单位有权行使解除权；《奖惩管理制度》中则规定劳动者私自挪用、使用公司资产三次以上或借此获得不当得利、或造成重大影响或重大损失，私设小金库，私自罚款时用人单位享有解除权。但上述规章制度中“严重失职”“造成重大损害”“造成重大影响”等均属于主观判断范畴。此时，对于本案的裁判，可能有如下两种截然不同的观点。

观点一：孙某冒用商户账户揽收个人业务从中获利2957.8元，相对而言该获利金额较低。贸易公司的《劳动合同》《奖惩管理制度》中并未对“造成重大损失”的金额标准作出明确规定，因此贸易公司作为劳动关系中的管理者、规章制度的制定者，应就此承担不利责任。贸易公司在未经批评教育的情况下径行做出解除决定，存有不当。故贸易公司作出的解除决定缺乏明确的规章制度依据，构成违法解除。

观点二：孙某冒用商户账户揽收个人业务从中获利2957.8元，该金额虽相对较低，但孙某系网点站长，对快递网站进行日常管理，孙某应带头遵守劳动纪律，为下属员工起表率作用；孙某实施的“以注册商户的账户揽收个人快件”的行为，并非偶然为之，而是在一定时期内持续发生，且孙某有获取“差额”的主观故意；孙某的行为直接导致贸易公司损失了快递费，实质上使得贸易公司以“折扣”为手段所试图达到的商业目的无法实现。因此，孙某的行为违反了基本的职业道德，属于严重失职，贸易公司作出的解除决定符合规章制度及相关法律规定，不构成违法解除。

显然，本案的裁判持后一种观点。理由如下：

其一，《中华人民共和国劳动法》第三条第二款规定“劳动者应当……遵守劳动纪律和职业道德”。换言之，遵守劳动纪律、恪守职业道德是劳动法律法规对劳动者做出的基本要求，是劳动者在履行劳动合同、提供劳动期间应满足的最起码要求。诚然，用人单位虽可以通过《劳动合同》、规章制度在劳动纪律方面对劳动者提出明确、具体的要求，但生产生活的客观现实决定，用人单位的规章制度无法穷尽所有违纪情形，无法以列举的形式为劳动者的一言一行设定底线标准。因此，在理解与适用《中华人民共和国劳动合同法》第三十九条时，应结合《中华人民共和国劳动法》第三条，对劳动者违纪情形下用人单位享有的解除权作出兜底性规定，在劳动者的行为明显有违基本职业道德时，赋予用人单位单方解除权。

其二，司法裁判连接着法律规定与社会现实，特定案件的裁判具有示范效应，因此民事案件的裁判，应在基本层面上符合一般理性人的价值判断及公序良俗的基本认知。因此，在审理劳动争议案件，尤其是解除决定合法性的裁判方面，既应保护劳动者的合法权益，又应尊重用人单位的基本用工管理权。唯有如此，方能助力于和谐稳定劳动关系的建立与维护，最终实现提升劳动者的职业素养、推动企业健康发展的目标追求。

编写人：北京市海淀区人民法院　蔡笑

22

一定条件下用人单位可在缺少规章制度明确规定时与劳动者解除劳动合同

——第六医院诉高某劳动争议案

【案件基本信息】

1. 裁判书字号

北京市第二中级人民法院（2019）京02民终13465号民事判决书

2. 案由：劳动争议纠纷

3. 当事人

原告（上诉人）：第六医院

被告（被上诉人）：高某

【基本案情】

高某在第六医院担任电工、制冷岗位工作。2018 年 9 月，第六医院以高某严重违反规章制度为由与高某解除劳动合同。

第六医院称其单位规定中央空调配电室严禁非该部门人员进入，严禁使用小家电等家用电器，而高某违反规定安排其妻子住在该处并使用小家电，严重威胁了医患人员的生命安全，并提交了“中央空调配电室照片”“检讨书”作为证据。“中央空调配电室照片”显示，配电室悬挂了“中央空调室安全防火制度”，该制度第 2 条为“机房及配电室内非工作人员不得入内，未经批准，现场不得使用明火”，第 5 条为“不准私自使用电炉、酒精炉及小家电”。高某所写“检讨书”亦载明：“医院明文规定不得带非工作人员进入配电室，不得私自使用电炉、小家电。但我前几天带媳妇儿、孩子进入配电室，并住在值班室。且配电室和值班室有小家电使用，结果导致违反医院规章制度……”

高某则主张第六医院并未就解除劳动合同的情形进行规定，亦未向其送达相关的规章制度，故第六医院的解除行为属于违法解除，应支付其违法解除劳动合同经济赔偿金。且高某主张其存在未休年假、休息日加班及法定节假日加班情况，但第六医院未支付未休年休假工资及加班工资。故高某请求法院确认双方自 2005 年 9 月 5 日至 2018 年 10 月 8 日存在劳动关系；判决第六医院支付违法解除劳动合同赔偿金、2005 年 9 月 5 日至 2018 年 10 月 8 日未休年假工资、休息日加班工资、法定节假日加班工资；支付 2018 年 9 月 1 日至 2018 年 9 月 30 日生活费。

【案件焦点】

用人单位规章制度未作明确约定时，如劳动者存在严重违反劳动纪律或职业道德的行为，用人单位与劳动者解除劳动合同的行为是否构成违法解除。

【法院裁判要旨】

北京市东城区人民法院经审理认为：双方所签订劳动合同已明确高某于 2005

年9月5日入职第六医院，故对于高某所称2005年9月5日入职的主张予以采信。关于劳动合同解除时间，高某认可2018年10月8日第六医院口头通知解除劳动合同，第六医院不能证明2018年9月18日通知高某解除劳动合同，故认定双方于2018年10月8日解除劳动合同。

关于违法解除劳动合同赔偿金。第六医院以高某严重违反规章制度解除劳动合同，但第六医院并没有规定高某的行为属于解除劳动合同情形的规章制度。故高某主张第六医院支付违法解除劳动合同赔偿金，应予以支持。

关于未休年休假工资。根据高某的入职时间，2016年起应按每年10天休假的标准休年休假，经核算其2016年度、2017年度均应休年休假10天，2018年1月1日至2018年10月8日应休年休假7天。高某主张2005年至2015年未休年休假，应承担举证责任，其不能证明上述期间未休年假，对其该项主张不予支持。第六医院未提交证据证明高某在2016年1月1日至2018年10月8日已休年休假，应承担举证不能的不利后果。依据《职工带薪年休假条例》第五条第三款之规定，第六医院应向高某支付2016年1月1日至2018年10月8日未休年假工资15233.1元。

关于加班工资。劳动者主张加班费的，应当就加班事实的存在承担举证责任。高某提交的证据不能证明其主张的加班事实，对其该项主张不予支持。

关于生活费。第六医院出示的“对话录音”中，高某表示第六医院在2018年9月将其停职后仍前往单位，只是没有正常履行工作职责，其他对话内容也不能证明高某在9月未出勤，且第六医院未出具其他证据证明高某2018年9月出勤情况，故对于高某所称2018年9月1日至2018年9月30日正常出勤情况予以采信，故高某主张支付2018年9月1日至2018年9月30日生活费4294.88元，应予支持。

北京市东城区人民法院依照《中华人民共和国劳动合同法》第三十条、第四十六条、第四十七条，《中华人民共和国劳动争议调解仲裁法》第二十七条，《职工带薪年休假条例》第五条第三款之规定，判决如下：

一、确认高某与第六医院2005年9月5日至2018年10月8日存在劳动关系；

二、自本判决生效之日起七日内，第六医院向高某支付违法解除劳动合同赔偿金165659.9元；

三、自本判决生效之日起七日内，第六医院支付高某2016年1月1日至2018年10月8日未休年假工资15233.1元；

四、自本判决生效之日起七日内，第六医院支付高某2018年9月1日至2018年9月30日生活费4294.88元；

五、驳回高某的其他诉讼请求。

第六医院不服一审判决，提出上诉。北京市第二中级人民法院经审理认为：关于劳动关系存续时间、未休年休假工资、加班工资、生活费四项，二审法院同意一审法院裁判意见。

关于违法解除劳动合同经济赔偿金，《中华人民共和国劳动合同法》第三十九条第二项规定，严重违反用人单位的规章制度的，用人单位可以解除劳动合同。本案中，第六医院以高某严重违反规章制度为由解除劳动合同，并提供了照片、高某出具的检讨书以及高某与第六医院人事科科长付某的电话录音等予以佐证。照片显示，配电室墙壁上悬挂有中央空调室安全防火制度，制度规定机房及配电室内非工作人员不得入内，不准私自使用电炉、酒精炉及小家电。另有照片显示，配电室桌子上堆放有炒锅、碗碟，墙壁上有油烟污渍。结合高某本人出具的检讨书和电话录音内容，高某存在带妻子、孩子进入配电室，并在配电室使用小家电的情况。配电室是第六医院的特殊场所，其消防安全事关第六医院医患及全体职工的生命财产安全。严格遵守配电室安全防火制度、维护配电室正常运转是高某的基本职责。如果放任其在该场所内漠视消防安全、火灾隐患，将可能对第六医院的全体职工及就医病人等社会公众的生命安全产生巨大威胁，因此第六医院严格要求高某遵守最基本的劳动纪律并无不当。高某在明知上述安全防火制度的情况下，仍将妻子、孩子带入配电室，并在配电室使用小家电，严重违反了用人单位的规章制度，亦违背了该岗位劳动者应当遵守的最基本劳动纪律。《中华人民共和国劳动法》第三条第二款规定："劳动者应当完成劳动任务，提高职业技能，执行劳动安全卫生规程，遵守劳动纪律和职业道德。"遵守劳动纪律和职业道德是对劳动者最基本的职业要求，即便在规章制度未作出明确规定、劳动合同亦未明确约定的情况下，如劳动者存在严重违反劳动纪律或职业道德的行为，用人单位亦可以依据《中华人民共和国劳动法》的规定与劳动者解除劳动合同，故第六医院与高某解除劳动合同的行为符合《中华人民共和国劳动法》第三条第二款及《中华人民共和国劳动合同法》第三十九条第二项之规定，并不构成违法解除。一审法院对此认定不当，予以纠正。

北京市第二中级人民法院依照《中华人民共和国民事诉讼法》第一百七十条第一款第二项规定，判决如下：

一、维持一审判决第一项、第三项、第四项；

二、撤销一审判决第二项、第五项；

三、第六医院无需支付高某违法解除劳动合同赔偿金 165659.9 元；

四、驳回高某的其他诉讼请求；

五、驳回第六医院的其他诉讼请求。

【法官后语】

一般而言，用人单位因劳动者严重违反规章制度而解除劳动合同，符合实体条件及法定程序的，才属于合法解除，否则即构成违法解除。实体条件是指劳动者存在违纪事实且该事实属于用人单位规章制度规定的解除劳动合同的情形。法定程序是指用人单位的规章制度需经民主程序并符合法律规定，且需向劳动者送达或公示；在解除劳动合同前应征求工会（如有）意见。

但值得注意的是，《中华人民共和国劳动法》第三条第二款规定："劳动者应当完成劳动任务，提高职业技能，执行劳动安全卫生规程，遵守劳动纪律和职业道德。"遵守劳动纪律和职业道德是对劳动者最基本的职业要求，即便在规章制度未作出明确规定、劳动合同亦未明确约定的情况下，如劳动者存在严重违反劳动纪律或职业道德的行为，用人单位亦可以依据《中华人民共和国劳动法》的规定与劳动者解除劳动合同，不构成违法解除。

本案中，一审及二审法院在认定用人单位是否构成违法解除的焦点问题上，产生了不同的判断，由此产生了不同的判决结果。一审法院从用人单位与劳动者解除劳动关系的实体及程序条件出发，基于第六医院没有证据证明高某的行为属于解除劳动合同情形的规章制度的事实，作出了第六医院构成违法解除的认定。上述裁判思路忽视了对劳动者行为的考量，即劳动者违规行为的严重程度及潜在危害、是否属于违背职业要求的原则性错误等。正如二审法院裁判理由部分所论述的，高某所处的电工岗位，负责全院配电用电工作。其在配电室使用小家电的行为，原则性地违背了其岗位赋予他的"维护用电设备，保障医患安全"的劳动纪律与职业道德。因此，二审法院改判认定第六医院不构成违法解除。

其实，如何有效平衡用人单位与劳动者权利义务关系，一直是劳动法的核心问题。一直以来，用人单位都被认为处于两者关系中的强势一方，因此立法者在制定法律条文的过程中，为劳动者提供了倾斜性的保护措施，如未签订劳动合同的双倍工资、违法解除劳动合同经济赔偿金等。在实务中，用人单位与劳动者就是否构成违法解除经常产生争议。如前所述，用人单位与劳动者解除劳动合同，应遵循实体与程序要求，否则即构成违法解除并应支付违法解除劳动合同经济赔偿金。法律为用人单位设置较为严格的解除条件，主要是避免用人单位随意辞退劳动者，增加劳动关系的不稳定性，并为劳动者争取寻找新用人单位的周转时间。但是，劳动法并不是劳动者的"金钟罩、铁布衫"。劳动者只有在遵守劳动法法律规定的前提下，才能受到劳动法的保护。其中，劳动者应遵守的最基本的原则就是遵守劳动纪律、恪守职业道德。只有当用人单位和劳动者都遵守劳动法律法规的规定，才能够实现劳动关系的和谐稳定。

编写人：北京市第二中级人民法院　王琳琳

23

以手机定位方式统计考勤时对劳动者旷工的认定

——天下公司诉杨某劳动争议案

【案件基本信息】

1. 裁判书字号

北京市海淀区人民法院（2019）京0108民初3532号民事判决书

2. 案由：劳动争议纠纷

3. 当事人

原告：天下公司

被告：杨某

【基本案情】

杨某系天下公司推广经理，工作内容为在南京市薰城区推广公司研发的便利店定货软件。2018年8月28日，天下公司向杨某发送《解除通知》电子邮件，以杨某上报考勤不合规视为旷工等为由与其解除劳动关系。

后杨某提起劳动仲裁主张违法解除赔偿金等款项，仲裁机构裁决天下公司向杨某支付包含违法解除赔偿金在内的多项款项。天下公司因不服仲裁裁决，诉至法院。

为证明解除决定合法，天下公司提交如下材料为证：(1)《纪律管理条例》及《SFA使用管理规定》。分别载明：连续旷工3日属违反考勤制度，公司有权解除劳动合同。推广经理须下载SFA管理软件并开通定位，每天需拜访不少于10家客户门店，每次拜访都需拍摄并上传照片打卡，时间点需涵盖8小时工作时间，如仅在每日特定时间集中拜访则按旷工处理。(2)杨某2018年1月至8月期间SFA打卡记录，其中7月至8月其每日上传的拜访客户照片数量如下：

——	周一	周二	周三	周四	周五
7月2日至7月6日	0	0	13	13	13
7月9日至7月13日	13	13	13	13	0
7月16日至7月20日	0	0	0	0	0
7月23日至7月27日	1	1	1	0	1
7月30日至8月3日	0	0	0	0	0
8月6日至8月10日	1	0	0	0	1
8月13日至8月17日	1	0	1	14	13
8月20日至8月24日	14	13	12	13	13
8月27日至8月31日	14	14	13	14	13

杨某对以上证据均予以认可，但提交如下材料作为反证：(1)2018年7月至8月SFA记录详单用以证明曾“拜访门店—征询意向—拍照上传SFA打卡—去往下一家门店”。显示：7月4日至6日、9日至12日，每日早8时左右拜访13家门店，每日总用时最长为20分钟；7月23日至25日、7月27日以及8月6日、10日、13日、15日，每日仅拜访1家门店，被访门店的联系人电话相同。(2)微信截图及电子邮件打印件显示杨某曾在2018年5月7日、6月28日反映SFA系统无法正常

上传信息。天下公司对证据真实性无异议，但对证明目的不予认可。再经询问，杨某表示无其他证据提交且未能就部分期间每日上传一次信息的情况作出解释说明。

【案件焦点】

能否据杨某上传的 SFA 数据认定其存有旷工情形并以此为由与其解除劳动关系。

【法院裁判要旨】

北京市海淀区人民法院经审理认为：天下公司作为用人单位，依法享有用工管理权；杨某作为劳动者，应遵守相应的规章制度，如实提供相应劳动。本案中，杨某作为推广经理，需自行开发客户，其实际工作地点位于南京，从工作内容及工作地点而言，位于北京的天下公司确实难以在远程情况下直接监督劳动者的劳动情况。故天下公司以 SFA 打卡的形式监督异地销售岗位员工的出勤及工作情况，具有合理性。

据天下公司所提交的 SFA 打卡记录：较于杨某本人此前的打卡情况，7 月 1 日至 8 月 15 日期间的日打卡次数明显有异，部分工作日无记录、部分工作日仅打卡一次。再据杨某本人提交的 SFA 打卡详单：其一，2018 年 7 月虽部分工作日在打卡次数上满足每日 10 次以上的要求，但杨某每日完成 13 家门店拜访工作的总用时最长不超过 20 分钟，大部分仅用时 4 分钟至 5 分钟且集中于上午 8 时左右，除此时间段外，再无工作打卡记录。加之，杨某自述工作情况为“拜访门店—征询意向—拍照上传 SFA 打卡—去往下一家门店”。鉴此，该部分工作日杨某虽有 10 次以上的打卡记录，但其是否按公司的要求实质上开展了销售工作、提供了劳动存疑。其二，2018 年 7 月及 8 月的部分日期，杨某每日仅完成 1 次打卡且被拜访对象手机号相同。当庭，杨某未能就此作出合理的解释。其三，杨某虽举证主张系统故障无法正常上传信息，但其在 2018 年 5 月 7 日、6 月 28 日反映 SFA 系统无法正常上传与双方争议的 2018 年 7 月、8 月的 SFA 打卡异常间显然缺乏时间上的关联性。在杨某未能给出合理解释并举证的情况下，以上几点即指向：杨某明知相关规章制度，而确实在相当长的一段时期内未能按照公司要求上传 SFA 打卡记录，未能自证工作事实。鉴此，天下公司依照公司规章制度认定杨某旷工并以此为由作出解除决定，具有正当性、合法性，故天下公司无需向杨某支付违法解除赔偿金。

北京市海淀区人民法院依照《中华人民共和国劳动法》第七十九条、《中华人民共和国劳动合同法》第三十条之规定，判决如下：

一、天下公司于本判决生效之日起七日内向杨某支付2017年年终奖差额3939元；

二、天下公司于本判决生效之日起七日内向杨某支付2018年8月1日至2018年8月22日工资3379.31元；

三、天下公司于本判决生效之日起七日内向杨某支付2017年11月至2018年4月以及2018年6月至2018年7月工资差额共计24013.5元；

四、天下公司于本判决生效之日起七日内向杨某支付2017年9月18日至2017年9月30日以及2018年6月高温费335.63元；天下公司无需向杨某支付2018年7月1日至8月28日期间高温费632.18元；

五、天下公司无需向杨某支付违法解除劳动合同赔偿金30000元。

【法官后语】

考勤是企业对劳动者进行管理的一项基本内容，是企业敦促劳动者遵守工作时间及相关劳动纪律的重要制度手段。随着信息技术的不断发展，考勤手段及统计方式也逐渐从人工走向智能，指纹打卡、人脸识别打卡已日渐普及。再随着移动通信技术的发展，基于移动通信网络和互联网技术、依托于手机定位功能的“移动考勤”手段因其突破了固定考勤地点的束缚而被广泛应用于销售等外勤岗位。

本案中，天下公司对劳动者适用SFA软件打卡考勤即属于上述情形。以本案为例，笔者认为，在适用移动考勤（用人单位以手机定位方式统计考勤）的情形下，判定劳动者是否旷工应从如下几方面加以考量：

其一，用人单位对劳动者适用手机定位方式统计考勤有无进行公示，有无必要性、合理性。

以手机定位方式统计考勤，优点是用人单位可以有效掌握劳动者的位置所在及行动轨迹并据此判定劳动者是否在岗，但缺点是可能会涉及对公民隐私权的侵害。因此，在审理此类案件时，应考量用人单位有无就此问题对劳动者进行公示、有无必要性及合理性。本案中，天下公司以规章制度的形式将该种考勤方式对外勤进行了公示，且该种考勤方式的适用是为克服异地管理的弊端，有必要性及合理性。

其二，在对劳动者是否旷工进行认定时，应结合双方证据的证明力大小认定案件事实。

考虑到用人单位判定劳动者旷工时会对劳动者作出扣发工资（减少劳动报酬）、解除劳动关系等不同处理，故应由用人单位对此承担举证责任，但在事实认定方面应依据《最高人民法院关于适用〈中华人民共和国民事诉讼法〉的解释》第一百零八条之规定，对本证及反证适用不同的证明标准。结合本案，分析如下：

从本证的角度，即天下公司所提举的证据能否使法官确信杨某存在旷工情形，此时涉及对电子考勤证据的采信与否。曾有观点认为，考勤数据为用人单位所掌控、电子数据易篡改，故对用人单位提交的、未经劳动者书面签字确认的电子考勤数据一概不予认可。对此，笔者认为不妥。于无纸化办公日渐普及的大趋势下，电子数据证据势必在劳动争议案件中大量涌现，对于电子数据证据，不应以其“电子”形式而排除其证明力，而应从该数据的生成、存储、传输、提取是否可靠的角度对其真实性加以判定。具体判定方式可详见2019年修订的《最高人民法院关于民事诉讼证据的若干规定》第九十三条之规定。

从反证的角度，即杨某所提举的证据能否动摇法官所形成的关于其“旷工”的内心确认。通常，劳动者可能提举的反证有如下三类：(1) 既往考勤记录中的缺勤情况及工资正常发放情况，用以证明用人单位并未严格适用考勤制度或用人单位并未对其作出考勤要求；(2) 提报考勤软件故障的电子邮件等证据，用以证明未能打卡归责于软件故障；(3) 沟通记录等证据，用以证明其在“旷工日”实际提供了劳动或已履行请假手续。对于上述反证，需要法官综观全案证据，从证据本身的关联性等方面结合日常经验法则进行判定。

综上，在审理涉“移动考勤”类劳动争议纠纷案件时，应依法对电子数据类证据进行审查并结合双方证据情况对案件事实予以认定。

编写人：北京市海淀区人民法院　蔡笑

24

用人单位拒绝与符合条件劳动者签订无固定期限劳动合同不等同违法解除

——孟某诉资和信公司劳动争议案

【案件基本信息】

1. 裁判书字号

北京市第二中级人民法院（2019）京02民终10574号民事判决书

2. 案由：劳动争议纠纷

3. 当事人

原告（反诉被告、上诉人）：孟某

被告（反诉原告、被上诉人）：资和信公司

【基本案情】

孟某于2008年7月24日入职资和信公司，担任空调工，双方签订多份劳动合同书，最后一份劳动合同的终止日期为2018年9月30日。双方因续签问题发生纠纷。

资和信公司主张2018年8月20日向孟某发出《劳动合同到期前续约意向函》；10月31日向孟某的手机发送短信，内容大致为资和信公司同意与其签订无固定期限劳动合同，要求其两日内办理续签手续，逾期视为放弃；11月7日向孟某发出《告知函》，载明拒绝孟某提出的提高薪资待遇、限定岗位工作内容的要求，关于续签劳动合同一事，公司人力资源部于10月31日以短信形式通知其两日内办理续签手续，因逾期视为孟某自动放弃续签，双方劳动合同于9月30日终止，并告知孟某于三个工作日内办理离职手续、完成工作交接并领取剩余工资。孟某认可收到《劳动合同到期续约意向函》《告知函》，但表示没有收到短信，其主张已向资和信公司提出签订无固定期限劳动合同，但是资和信公司表示只能续签固定期限劳动合同，且10月19日后不再为其安排工作，不再对其开放考勤，并拒绝让其进入办公区。资和信公司表示系孟某10月19日后未再出勤，公司不再安排排班并无过错。资和信公司支付孟某的工资至9月25日。孟某2018年尚余未休年休假9天。

孟某提交银行交易明细，拟通过之前发放年终奖的记录证明资和信公司尚未支付2018年年终奖，资和信公司则认为双方并无任何关于年终奖的书面约定，用人单位有权自主决定是否发放年终奖。

2018年11月19日，孟某以资和信公司为被申请人向北京市丰台区劳动争议仲裁委员会（以下简称仲裁委员会）提起仲裁，要求资和信公司支付违法解除劳动关系赔偿金、工资、未休年休假工资及2018年年终奖、未缴纳养老保险补偿。2019年2月15日，仲裁委员会裁决部分支持了有关孟某养老保险补偿、未休年休假工资、2018年年终奖、解除劳动合同经济补偿金及工资的仲裁请求，驳回孟某的其他仲裁请求。资和信公司与孟某均不服上述裁决，起诉至法院。

【案件焦点】

1. 用人单位是否存在违法解除劳动合同行为；2. 用人单位是否需要支付年终奖。

【法院裁判要旨】

北京市丰台区人民法院经审理认为：当事人对自己的主张，有责任提供证据，没有证据或者证据不足以证明当事人的事实主张的，由负有举证责任的当事人承担不利后果。孟某主张系资和信公司于2018年10月19日提出解除劳动关系；资和信公司提交的2018年11月7日的《告知函》载明因孟某逾期未办理续签视为劳动合同于2018年9月30日终止，在庭审中又表示双方劳动关系因2018年11月孟某入职新公司解除。鉴于双方均认可劳动关系已经解除，但就解除原因各执一词，且均未提交充分证据予以证明，故视为由资和信公司提出并与孟某协商一致解除劳动关系。现经释明，孟某坚持要求资和信公司支付违法解除劳动关系赔偿金，不予支持。孟某主张其月工资标准为4350元。资和信公司虽不予认可，但其提交的工资表显示孟某2018年6月以后剔除加班工资后的工资数额亦为4350元。孟某于2018

年9月26日至2018年10月19日正常提供劳动，资和信公司同意支付该期间的工资4077.2元，经核算该金额不低于孟某此期间应得的工资数额，本院对此不持异议。双方均认可孟某仍余9天年休假未休，故资和信公司应支付孟某2018年1月1日至2018年10月19日期间未休年休假工资3757.87元。孟某未举证证明双方存在关于年终奖的约定，故对其要求资和信公司支付其2018年年终奖的诉讼请求，不予支持。孟某于庭审中表示，不再要求资和信公司支付其2008年7月至2011年6月养老保险补偿3025.67元，本院对此不持异议。

北京市丰台区人民法院依照《中华人民共和国劳动法》第五十条、《中华人民共和国劳动合同法》第四十六条、《中华人民共和国民事诉讼法》第六十四条规定，作出如下判决：

一、资和信公司于本判决生效后七日内支付孟某2018年9月26日至2018年10月19日工资4077.2元；

二、资和信公司于本判决生效后七日内支付孟某2018年1月1日至2018年10月19日未休年休假工资3757.87元；

三、资和信公司无需支付孟某2008年7月至2011年6月养老保险补偿3025.67元；

四、资和信公司无需支付孟某2018年年终奖3625元；

五、资和信公司无需支付孟某解除劳动合同经济补偿金37776.48元；

六、驳回孟某的其他诉讼请求；

七、驳回资和信公司的其他诉讼请求。

孟某不服一审判决，提起上诉。北京市第二中级人民法院经审理认为：现未有证据显示孟某与资和信公司已就年终奖的发放条件和具体标准达成约定，一审法院综合考虑在案证据情况判决资和信公司无需支付孟某2018年年终奖并无不当。一审法院根据本案实际情况比照双方协商一致解除劳动关系进行处理并无不当。鉴于一审审理期间孟某明确表示坚持违法解除劳动合同赔偿金的诉求，一审法院判决驳回其该项诉求正确。

北京市第二中级人民法院依照《中华人民共和国民事诉讼法》第一百七十条第一款第一项规定，作出如下判决：

驳回上诉，维持原判。

【法官后语】

本案系因劳动合同到期续签问题引发劳动者与用人单位矛盾，最终导致劳动关系解除的典型案例。双方最大的争议焦点为用人单位是否存在违法解除劳动合同行为。劳动者一方主张用人单位拒绝签订无固定期限劳动合同的行为与违法解除劳动合同直接相关。

《中华人民共和国劳动合同法》第十四条明确规定，连续订立二次固定期限劳动合同，且劳动者没有法律规定的例外情形，续订劳动合同的，用人单位负有与劳动者签订无固定期限劳动合同的义务。这是法律为维护劳动关系长期与稳定，对用人单位科加的强制缔约义务。用人单位违反该强制缔约义务，只同意与劳动者签订固定期限劳动合同的，劳动者可向劳动行政部门投诉，请求相关部门责令用人单位改正。但该拒绝行为不宜等同于用人单位违法解除劳动合同的行为。用人单位在两次劳动合同到期后，主张签订固定期限劳动合同，其对双方劳动关系的存续持积极态度，若执意将该行为解读为解除劳动合同，未免是对用人单位意思的误读。即使双方再次订立固定期限劳动合同，如正常履行劳动合同，于双方权益均无影响；如履行过程中，用人单位发生了违法解除行为，亦不会影响违法解除劳动赔偿金的计算；劳动合同再次到期后，基于法律的该条规定，劳动者依然享有再次要求订立无固定期限劳动合同的权利。因此，既无必要也不应当将用人单位只同意与符合签订无固定期限劳动合同的劳动者签订固定期限劳动合同的行为解释为违法解除劳动合同的行为。

是否构成违法解除，要依据解除的提出方、提出时间、提出理由等具体情形作出判断。本案中，劳动者与用人单位均认可劳动关系已然解除，但就解除的提出方及原因各执一词，且均未提交充分证据。在解除情形已无法查明的情况下，可视为由用人单位提出且经双方协商一致解除劳动合同。

实践中，用人单位与劳动者就签订固定与无固定劳动关系频发争议，往往是因为双方均对无固定期限劳动合同缺乏正确的认识。部分劳动者将之视为“铁饭碗”，一旦用人单位拒绝签订，便认为单位有意将自己炒掉，愤然拒绝出勤；而部分用人单位将之视为枷锁，认为对己方毫无用处。前者忽略了在符合法律规定的情况下，用人单位依然享有解除无固定期限劳动合同的权利；后者则忽略了签订无固定期限劳动合同带给劳动者的归属感所能对单位长远发展的益处，以及拒绝签订后可能带来的消极后果。因而，加强双方对无固定期限劳动合同的认识，有利于双方均采取更加理性的态度化解在无固定劳动合同续签过程中的纠纷。

编写人：北京市丰台区人民法院　王吟元

25

用人单位是否可以职场性骚扰为由解除劳动合同

——王某诉优比速公司劳动争议案

【案件基本信息】

1. 裁判书字号

北京市朝阳区人民法院（2019）京0105民初12673号民事判决书

2. 案由：劳动争议纠纷

3. 当事人

原告：王某

被告：优比速公司

【基本案情】

王某于2007年10月10日入职优比速公司，担任速递员组长，月工资8000元，实行不定时工作制。2018年6月20日，优比速公司以王某骚扰女同事为由与其解除劳动合同。王某认为优比速公司属于违法解除劳动合同，诉至法院要求：1. 支付2009年1月1日至2018年6月1日期间延时加班费15367.7元；2. 支付2016年1月1日至2018年6月1日期间未休年休假工资14712元；3. 支付违法解除劳动合同赔偿金160000元。优比速公司主张因该公司一名员工陈某向优比速公司投诉王某对其有性骚扰的行为，优比速公司调查后，王某也承认有这样的行为，优比速公司遂根据规章制度与王某解除劳动合同，属于合法解除与王某之间的劳动合同。

【案件焦点】

优比速公司解除劳动合同的行为是否合法。

【法院裁判要旨】

北京市朝阳区人民法院经审理认为:《最高人民法院关于民事诉讼证据的若干规定》第六条规定,在劳动争议纠纷案件中,因用人单位作出开除、除名、辞退、解除劳动合同、减少劳动报酬、计算劳动工作年限等决定而发生劳动争议的,由用人单位负举证责任。关于劳动关系解除,2018 年 6 月 19 日,优比速公司向王某送达了书面的《解除劳动合同通知》,以王某对女同事有骚扰的行为,以及引起女同事强烈不满的不适当的肢体接触为由解除与王某的劳动合同。就解除劳动合同的依据,优比速公司提交的由王某书写的《发生事情》显示:王某确实对优比速公司案外女员工陈某有亲脸等亲密行为并造成陈某的不满。陈某向优比速公司投诉了王某的上述行为,优比速公司根据陈某的投诉对王某作出了解除劳动关系的决定。根据优比速公司提交的《员工手册》,有性骚扰行为的可以立即解除劳动合同并不做任何补偿。王某签收并学习了该份《员工手册》。王某在知晓优比速公司规章制度的情况下,于工作时间、工作地点,因非工作事宜向女员工作出非必要的身体接触,从而引发女员工的不满。王某的行为已经严重违反了劳动纪律及职业道德,优比速公司基于王某的此行为与其解除劳动关系并无不妥,对王某关于要求优比速公司支付违法解除劳动关系赔偿金的诉讼请求不予支持。

北京市朝阳区人民法院依照《中华人民共和国民事诉讼法》第六十四条第一款之规定,作出如下判决:

一、被告优比速公司于本判决生效后七日内支付原告王某 2016 年未休年休假工资 7356.32 元;

二、驳回原告王某的其他诉讼请求。

【法官后语】

1. 如何界定“职场性骚扰”

随着现代社会的发展,涉“职场性骚扰”事件常引起广泛关注。但《中华人民共和国劳动合同法》及《中华人民共和国劳动法》等劳动法规却均未对“职场性骚扰”进行相关规定,使得法官在审理涉“职场性骚扰”案件时面临界限模糊的问题，对相关事件是否构成“性骚扰”行为难以认定。那么，什么是“性骚扰”呢？

性骚扰是指违背对方意愿，以含有淫秽色情内容或者性要求的语言、文字、图像、电子信息、肢体行为等骚扰对方的行为。根据上述对“性骚扰”的定义及《女职工劳动保护特别规定》第十一条的相关规定，笔者总结“职场性骚扰”的构成要件应为：（1）此行为发生在劳动场所，可导致承受人在工作场所中产生一种胁迫、敌视、羞辱性的工作环境；（2）此行为带有性色彩，包括语言、文字、图像、电子信息、肢体行为等；（3）此行为是不受承受方欢迎的，违背承受人意愿的。

2. 职场性骚扰法律责任承担

鉴于现行法律并未明确规定职场性骚扰的构成要件以及企业或施害员工针对职场性骚扰行为应承担的法律责任，企业关于职场性骚扰的防范及界定属于“灰色地带”，因此企业在应对职场性骚扰时应该更加谨慎。

（1）涉职场性骚扰案件的调查举证

涉职场性骚扰事件发生之后通常面临举证困难，证据大多是间接证据而少有直接证据。企业通常在接到相关职场性骚扰举报后，需要组织双方当事人谈话，核实相关情况并查询相关人员的个人微信聊天记录、办公场所的监控视频、个人的通话记录、行车记录等，如果被调查人员不配合，就有可能面临取证困难。企业调查取证时应谨防侵犯员工隐私权、名誉权。被侵害人应该在相关事件发生时采取必要的证据保全措施，通过录音、录像等方法保存证据。

（2）企业可否依法解除涉职场性骚扰员工

《中华人民共和国劳动合同法》第三十九条规定，用人单位以劳动者严重违反用人单位规章制度为由解除劳动合同无需支付经济补偿金。实践中，用人单位规章制度通常并不完善，很少会有企业在《员工手册》中对职场性骚扰行为进行特别规定，即使企业在《员工手册》中对职场性骚扰行为进行了规定，但《员工手册》向员工送达及签字学习的过程也不甚理想。审判实践中，应不拘泥于《员工手册》的规定。遵守劳动纪律和职业道德是对劳动者的基本要求，即便在规章制度未作出明确规定、劳动合同亦未明确约定的情况下，如劳动者存在严重违反劳动纪律或职业道德的行为，用人单位可以依据劳动法第三条第二款的规定与劳动者解除劳动合同。本案中，优比速公司的《员工手册》对“性骚扰可以解除劳动合同”进行了明确的约定，劳动者亦认可该份《员工手册》的真实性，形成了完整的证据链。

(3) 谨防员工利用职场性骚扰事件报复、陷害其他员工

审判实践中，施害者的答辩意见通常为受害者是自愿的，或者主张与受害者处于正常的恋爱关系中。本案中，王某提交了大量的与受害者陈某的微信聊天记录，以证明其与陈某之间日常就存在暧昧的谈话及举动。优比速公司的做法值得借鉴，第一时间找到王某并做了书面的谈话笔录由王某签字确认了整个事件的经过，使得事件查明容易得多。法官在审理类似案件中，用人单位通常提交了举报人的举报信、微信聊天记录，而施害人通常亦提交大量的微信聊天记录以证明其与受害人之间系正常的恋爱关系，使得整个事件暧昧不清，施害者甚至还会举证证明，举报人系出于对其的报复心理，截取相关对其不利的信息而实现报复的目的。法官在审理此类案件过程中，要全面细致地审查整个事件的经过，以查明事实，保护受害者的利益，亦要避免不必要的伤害及报复行为发生。

综上，在审理此类涉“职场性骚扰”劳动争议案件过程中，在双方证据效力等同时或者无法判断证据优势的情况下，明确将利益归于“受害者言”，能更好地体现立法的宗旨，最大限度地实现劳动争议处理中的公正与统一。

编写人：北京市朝阳区人民法院　杨晓娥

四、追索劳动报酬、经济补偿金

26

待岗生活费不应计入平均工资计算经济补偿金

——腾翔公司诉潘某劳动争议案

【案件基本信息】

1. 裁判书字号

江苏省连云港市中级人民法院（2019）苏07民终2295号民事判决书

2. 案由：劳动争议纠纷

3. 当事人

原告（上诉人）：腾翔公司

被告（被上诉人）：潘某

【基本案情】

2009年1月1日，潘某至腾翔公司工作。2017年12月，因腾翔公司进行环保整治，潘某开始待岗。2018年8月17日，腾翔公司以国家环保整治及宏观政策影响，企业生产经营出现严重困难无法继续生产经营为由，决定从2018年7月27日起解除与潘某的劳动关系，并要求潘某在一周内到公司领取经济补偿金13341元。潘某向灌云县劳动人事争议仲裁委员会申请仲裁，要求腾翔公司支付：解除劳动合同的经济补偿金45540.5元；待岗生活费13680元；未提前一个月通知解除劳动关系经济补偿金4554.5元；办理失业保险手续或支付18个月的失业金。2018年11月24日，该委作出裁决书，裁决腾翔公司向潘某支付经济补偿金45540.5元，对潘某其他仲裁请求不予支持。后腾翔公司诉至一审法院，请求不支付潘某经济补偿金，认为腾翔公司在双方解除劳动关系前的12个月内并未正常生产经营，潘某于2017年12月起就没有到公司工作，应当根据其工资实际发放情况及当地最低工资的80%（即待岗生活费）计算经济补偿金数额为20834.17元。

【案件焦点】

待岗生活费是否应计入平均工资计算经济补偿金。

【法院裁判要旨】

江苏省灌云县人民法院经审理认为：腾翔公司与潘某解除劳动关系的原因系生产经营发生严重困难，符合《中华人民共和国劳动合同法》第四十六条第四项用人单位依照本法第四十一条规定解除劳动合同，应当向劳动者支付经济补偿的规定。故腾翔公司应向潘某支付经济补偿金。潘某于2009年1月入职，2018年8月腾翔公司与其解除劳动关系，按照每满一年支付一个月工资的标准，腾翔公司应向潘某支付10个月工资的经济补偿金。因劳动者在用人单位的安排下待岗，劳动合同进入非常规履行状态，待岗生活费不能客观反映劳动者的收入水平，故不能将待岗生活费作为计算月平均工资的依据。腾翔公司主张根据潘某的工资实际发放情况及当地最低工资的80%（待岗生活费）计算经济补偿金数额，不予采纳。鉴于双方解除劳动关系前腾翔公司正常生产情况下潘某12个月的工资数额双方均未能举证，根据《江苏省工资支付条例》第五十一条规定，法院参照本单位同岗位的平均工资或者当地在岗职工平均工资，按照有利于劳动者的原则，以当地2017年度职工月平均工资4826元作为潘某月平均工资，腾翔公司应支付潘某经济补偿金48260元。因潘某对仲裁裁决的经济补偿金数额45540.5元不持异议，是对自身权利的处分，予以确认。

江苏省灌云县人民法院依照《中华人民共和国劳动合同法》第四十一条第一款、第四十六条、第四十七条，《江苏省工资支付条例》第五十一条第二款之规定，作出如下判决：

一、腾翔公司于判决生效后十日内向潘某支付经济补偿金45540.5元；

二、驳回腾翔公司诉讼请求。

腾翔公司不服一审判决，提起上诉。江苏省连云港市中级人民法院经审理认为：劳动者的合法权益受法律保护。因腾翔公司生产经营发生严重困难，提出与潘某解除劳动合同，符合用人单位支付经济补偿金的规定。因双方均不能对工资数额进行举证，且待岗生活费并非劳动者享有的正常工资收入，一审法院确定的经济补偿金数额并无不当，腾翔公司要求按照最低工资的80%计算经济补偿金没有法律依据。

江苏省连云港市中级人民法院依据《中华人民共和国民事诉讼法》第一百七十条第一款第一项之规定，判决如下：

驳回上诉，维持原判。

【法官后语】

劳动者在企业停产期间待岗，可能会领取远低于工资数额的待岗生活费。企业在劳动者待岗数月后与劳动者解除劳动关系，此时经济补偿金应如何计算？待岗生活费是否应计入平均工资计算经济补偿金是本案的焦点问题。

腾翔公司与潘某解除劳动合同时，潘某已待岗9个月。根据《江苏省工资支付条例》规定，用人单位非因劳动者原因停工、停产、歇业，超过一个工资支付周期，用人单位没有安排劳动者工作的，应当按照不低于当地最低工资标准的百分之八十支付劳动者生活费。潘某2017年12月至2018年7月待岗生活费数额为每月1520×0.8=1216元，2018年8月待岗生活费为1620×0.8=1296元。

待岗生活费是否应计入平均工资计算经济补偿金？用人单位认为，待岗生活费应计入平均工资计算经济补偿金。按照潘某3个月实发工资及9个月待岗生活费综合计算得出其经济补偿金数额为20834.17元。而潘某则主张待岗生活费不应计入平均工资计算经济补偿金，认为月工资应按实际上班期间发放工资及待岗期间灌云县在岗职工平均工资综合计算为45545元。两种计算方式得出的经济补偿金数额相差一倍多。

其实，早在1995年1月1日起施行的劳动部《违反和解除劳动合同的经济补偿办法》（以下简称《经济补偿办法》）第十一条第一款已作出相关规定："本办法中经济补偿金的工资计算标准是指企业正常生产情况下劳动者解除合同前十二个月的月平均工资。"按此规定，待岗期间，企业处于非正常生产情况，待岗生活费不计入计算经济补偿金的平均工资。但《经济补偿办法》现已被废止。而《中华人民共和国劳动合同法》第四十七条规定“本条所称月工资是指劳动者在劳动合同解除或者终止前十二个月的平均工资”，并未明确“企业正常生产情况下”。由此观之，用人单位的主张，似乎更合乎现行法律规定。

值得注意的是，2017年下半年，灌云县加大对环保问题的整治力度，因政府政策原因，化工企业全部停产整顿，进入非正常生产状态。与此同时，与化工企业相关的劳动争议案件批量进入法院，笔者所在法院2018年、2019年审结的300余件劳动争议案件中80余件涉及化工企业，占四分之一以上。可以说，解除劳动合同经济补偿金问题，不仅关系到劳动者的切身利益，也在一定程度上影响企业的后续作为。如果允许将待岗生活费计入平均工资计算经济补偿金，那么对于原本就不打算复产复工的企业来说，对工作年限长的劳动者则更可能采取“拖”字诀，因为既然已确定要与劳动者解除劳动关系，“拖”得越久，支付给劳动者的经济补偿金数额越少。但这无疑不利于劳动者合法权益的保护，且与社会经济发展无益。故不应将待岗生活费计入平均工资计算经济补偿金。

编写人：江苏省灌云县人民法院　董国经

27

对于解除劳动合同经济补偿金可约定支付条件

——中安消公司诉郭某劳动争议案

【案件基本信息】

1. 裁判书字号

北京市第二中级人民法院（2019）京02民终15280号民事判决书

2. 案由：劳动争议纠纷

3. 当事人

原告（上诉人）：中安消公司

被告（被上诉人）：郭某

【基本案情】

郭某于2004年4月5日入职中安消公司，担任副总裁。2017年8月24日，双方签订《解除劳动合同协议书》，约定："甲方：中安消公司　乙方：郭某……甲乙双方本着平等、自愿的原则，就解除劳动关系事宜，经协商一致，达成如下协议：1. 双方确认于2017年8月31日起解除劳动关系……3. 经双方协商一致，甲方支付乙方补偿金税前人民币叁拾万零伍佰叁拾肆元整（小写：300534元）。该补偿金包含但不限于解除劳动合同的代通知金、经济补偿金、赔偿金及可能的加班费、年假、社会保险费等……4. 该补偿金支付条件为：乙方在职期间负责的下述两个项目全额收回应收账款或有明确的还款计划或协议（经公证）：（1）中工工程机械成套有限公司：《智慧社区信息化集成工程项目（一期）（采购、工程、服务）合同》；（2）武桥重工集团股份有限公司：《武桥重工集团股份有限公司实验室信息化集成及厂区安防监控项目施工合同》；其中：中工工程机械成套有限公司项目需有原协议各方的项目结算报告或验收报告，致使本协议甲方不承担后续工程量及任何违约成本，武桥重工集团股份有限公司需按还款计划收到首期应收款。甲方承诺上述条件达成后的一个月内支付离职补偿金，如因乙方提供的材料或信息不完整导致败诉，甲方有权拒绝支付离职补偿金。"

2019年4月24日，郭某以中安消公司为被申请人向北京市丰台区劳动争议仲裁委员会（以下简称丰台仲裁委员会）申请仲裁，请求：中安消公司支付解除劳动合同经济补偿金300534元。2019年6月14日，丰台仲裁委员会作出裁决：中安消公司支付郭某解除劳动合同经济补偿金300534元。中安消公司不服，起诉至法院，要求判决中安消公司不支付郭某经济补偿金300534元

庭审中，中安消公司主张其公司与郭某签订的解除劳动关系协议书中约定的支付条件尚未成就。郭某主张双方签订的解除劳动关系协议书中约定的支付条件，非郭某所能控制，违反法律规定，应属无效条款；即便认定该条款有效，支付条件亦已成就。

【案件焦点】

郭某与中安消公司签订的《解除劳动合同协议书》第4条即关于为经济补偿金设定支付条件的内容是否有效。

【法院裁判要旨】

北京市丰台区人民法院经审理认为：中安消公司与郭某签订解除劳动关系协议书，双方协商一致解除劳动关系，并就经济补偿及支付条件进行了约定，其中经济补偿包含但不限于解除劳动合同的代通知金、经济补偿金、赔偿金及可能的加班费、年假、社会保险费等。根据法律规定，支付经济补偿、加班费、未休年休假工资，以及为劳动者缴纳社会保险等均是用人单位的法定义务。中安消公司与郭某协商一致解除劳动关系，符合用人单位应支付劳动者经济补偿的情形，根据《中华人民共和国劳动合同法》第五十条规定，综合上述分析，中安消公司与郭某约定的补偿金不得附条件支付。根据《中华人民共和国合同法》第五十二条规定，中安消公司与郭某签订的解除劳动关系协议书中第 4 条违反法律强制性规定，加重了劳动者的义务，该补偿金支付条件应属无效。又因合同部分无效，不影响其他部分效力的，其他部分仍然有效，故中安消公司仍应依据该解除劳动关系协议书约定支付郭某补偿金 300534 元。

北京市丰台区人民法院根据《中华人民共和国劳动合同法》第四十六条、第五十条，《中华人民共和国合同法》第五十二条、第五十六条，《最高人民法院关于审理劳动争议案件适用法律若干问题的解释（三）》第十条规定，判决如下：

一、中安消公司于判决生效后 7 日内向郭某支付补偿金 300534 元；

二、驳回中安消公司的诉讼请求。

中安消公司不服，提起上诉。北京市第二中级人民法院经审理认为：根据《最高人民法院关于审理劳动争议案件适用法律若干问题的解释（三）》第十条的规定，劳动者与用人单位就解除或者终止劳动合同办理相关手续、支付工资报酬、加班费、经济补偿或者赔偿金等达成的协议，不违反法律、行政法规的强制性规定，且不存在欺诈、胁迫或者乘人之危情形的，应当认定有效。郭某主张《解除劳动合同协议书》第 4 条违反了《中华人民共和国劳动合同法》第四十六条第二项、第五十条第二款的规定，应属无效。但是上述规定并非法律的效力性强制性规定，郭某与中安消公司自愿达成《解除劳动合同协议书》，双方对经济补偿金的支付条件进行了明确约定，该约定并未违反法律法规的强制性规定，故《解除劳动合同协议书》第 4 条应属有效，双方均应遵照执行。同时，根据在案证据情况，可以认定《解除劳动合同协议书》第 4 条约定的支付条件已经成就。一审法院判决驳回中安消公司关于不予支付解除劳动合同经济补偿金的诉求结果正确。

北京市第二中级人民法院依照《中华人民共和国民事诉讼法》第一百七十条第一款第一项规定，判决如下：

驳回上诉，维持原判。

【法官后语】

本案系一起用人单位与劳动者约定解除劳动合同经济补偿金支付条件的典型案例。郭某与中安消公司解除劳动合同时签订了协议书，明确约定了经济补偿金的具体数额并附加了支付条件。本案的争议焦点实质上是《解除劳动合同协议书》第4条的效力问题，一审法院认为经济补偿金的支付不得附条件，故该条约定无效，二审法院则认为约定有效，鉴于在诉讼过程中双方约定的条件已成就，故对本案的判决结果予以维持。

诚然，用人单位和劳动者协商解除劳动合同并达成协议的案件甚为常见。解除协议往往包含工资、奖金、加班费、经济补偿金的支付等具体问题。根据《中华人民共和国劳动合同法》第四十六条和第五十条的相关规定，用人单位向劳动者提出解除劳动合同并与劳动者协商一致解除劳动合同的应当向劳动者支付经济补偿，用人单位依照该法有关规定应当向劳动者支付经济补偿的，在办结工作交接时支付。那么，本案中《解除劳动合同协议书》第4条是否因违反法律法规的强制性规定而无效呢？

笔者认为，因涉及劳动法律关系的法律法规具有较为鲜明的公法和私法混合的性质，故在判断强制性规定的理解方面易产生混淆。首先，需明确的是，强制性规定应指效力性强制性规定，即违反效力性强制性规定的，人民法院应当认定合同无效；违反管理性强制性规定的，人民法院应当根据具体情形认定其效力。

其次，在劳动争议案件中，效力性强制性规定的识别重点在于是否存在侵害国家利益、公共利益，或是否扰乱市场管理秩序、违反公序良俗等情况；如果没有上述情形，则不应认定为效力性强制性规定。事实上，对经济补偿金附加支付条件，从本质上讲，系劳动者对自身权利的一种处理，这种处理并未损害他人或国家利益，亦不涉及扰乱市场管理秩序等情况，故该约定不应认定无效。

最后，鉴于劳动法律法规公法、私法杂糅的特性，涉及效力性强制性规定的识别应更为谨慎。在劳动法律关系中，有关社会保险的强制性规定是较为典型的效力性强制性规定，例如《中华人民共和国社会保险法》第六十条第一款规定："用人单位应当自行申报、按时足额缴纳社会保险费，非因不可抗力等法定事由不得缓缴、减免……"故如果用人单位与劳动者达成无需缴纳社会保险的协议，就会因违反效力性强制性规定而无效。

编写人：北京市第二中级人民法院　管元梓

28

人事经理未签劳动合同能否享有二倍工资补偿的认定

——郑某诉立成公司劳动合同案

【案件基本信息】

1. 裁判书字号

广东省汕头市中级人民法院（2018）粤05民终1068号民事裁定书

2. 案由：劳动合同纠纷

3. 当事人

原告（上诉人）：郑某

被告（被上诉人）：立成公司

【基本案情】

郑某于2018年3月入职立成公司处任人事行政经理，每月工资为8300元。郑某入职后，履行作为单位人事经理的职责，先后招聘了两名员工。2018年6月4日，郑某以工作不适合为由向立成公司提出辞职申请，并于2018年6月27日离职。后来，郑某向汕头市濠江区劳动争议仲裁委员会（以下简称濠江劳动仲裁委）申请劳动仲裁，要求立成公司向其支付清明节加班工资3112.5元、劳动节加班工资3112.5元、端午节加班工资3112.5元、未签订劳动合同的二倍工资差额24900元，以及补缴社保费4800元。濠江劳动仲裁委驳回了郑某的所有仲裁请求。郑某不服该仲裁裁决，向法院起诉，请求立成公司支付节假日加班费25567.5元、未签订劳动合同的二倍工资20750元、社保费4800元、经济补偿金4150元等。

【案件焦点】

作为立成公司人事经理的郑某，在公司未与其签订劳动合同的情况下，能否索要未签订劳动合同的二倍工资差额。

【法院裁判要旨】

广东省汕头市濠江区人民法院经审理认为：郑某于2018年3月入职立成公司处担任人事部门负责人，其在职期间也代表单位招聘其他员工并签订了劳动合同。上述事实证明郑某的工作职责范围包括订立劳动合同等职责，也表明其有提供劳动合同规范文本的便利。郑某作为立成公司人力资源管理部门负责人应当知悉与员工签订劳动合同是其工作职责，也应当清楚用人单位不与员工签订劳动合同的法律后果。因此，郑某在立成公司任职期间未与立成公司签订劳动合同，该责任应系郑某未履行工作职责所致，应由郑某承担相应的法律后果。郑某虽主张立成公司多次拒绝与其签订劳动合同，但未能就此提交相应的证据予以印证，不予采信。郑某要求立成公司支付未签订劳动合同的二倍工资差额，理据不足。

广东省汕头市濠江区人民法院依据《中华人民共和国民事诉讼法》第六十四条第一款及《最高人民法院关于适用〈人民共和国民事诉讼法〉的解释》第九十条之规定，判决如下：

驳回郑某的全部诉讼请求。

郑某不服，提起上诉。后郑某申请撤回上诉。广东省汕头市中级人民法院经审理认为：郑某在本案审理期间提出撤回上诉的请求，不违反法律规定，予以准许。

广东省汕头市中级人民法院依照《中华人民共和国民事诉讼法》第一百七十三条规定，裁定如下：

准许郑某撤回上诉，一审判决书自本裁定书送达之日起发生法律效力。

【法官后语】

人事经理的主要职责就是代表用人单位行使劳动人事管理，帮助用人单位合法履行劳动法律规定，避免因违法行为而导致用人单位的利益受到损害。因此，郑某作为立成公司人事行政经理，理应知道用人单位与劳动者不订立书面劳动合同将承担向劳动者支付二倍工资的法律责任，理应履行用人单位赋予的与员工签订书面劳动合同的岗位职责，故对其未签订劳动劳动合同的二倍工资差额请求理应不予支持。理由如下：

1. 二倍工资的适用应遵循诚实信用原则

《中华人民共和国劳动合同法》以二倍工资的形式督促用人单位订立书面劳动合同，是为了借助书面形式较强的证据效力来弥补市场信用的缺失，使劳动者与用人单位都能诚信履行各自的权利义务。因劳动合同法蕴含私法属性，故二倍工资适用应遵循诚实信用原则。这也决定了二倍工资的适用应有所区分，否则将成为部分恶意劳动者的套利工具，损害社会经济效率和社会公平正义。郑某是立成公司聘请的单位管理者，从其被聘任为人事部经理之时，就足以让立成公司相信其具备全面负责人事行政工作的知识和经验，否则郑某便有违背诚实信用原则之嫌。郑某作为立成公司聘用的高管人员，其在一定程度上也懂得保护自己的劳动权益，对相关法律法规也应该有一定的了解，其相对于普通的劳动者处于强势地位，故郑某只有在具有善意的情形之下才能适用二倍工资差额赔偿。

2. 人事经理等高管人员对公司负有谨慎、忠实、勤勉的义务

高管人员的劳动薪资报酬远高于普通的劳动者，自然应负有更高的谨慎、忠实、勤勉的义务。尤其是公司人事高管人员，明知道不签订劳动合同可能带来的后果而不主动与公司提出签订劳动合同，已违背其对公司所应承担的谨慎、忠实、勤勉的义务。若人事经理能证明其已督促了公司与其签订劳动合同而公司不肯签订，则让公司承担二倍工资赔偿责任才符合公平原则。郑某任职期间为立成公司招聘了两名员工并代表公司与该两名员工签订了劳动合同，故可以推定郑某对其拥有包括订立劳动合同的职责是清楚的。在立成公司未对人事经理劳动合同的签订问题另作说明的情况下，郑某本人劳动合同的签订事宜应由其自己负责。现在其没有签订劳动合同，说明他本人对本职工作履行存在失职，已违反其对立成公司负有的谨慎、忠实、勤勉的义务，故未订立书面劳动合同的责任应由其自己承担。

3. 人事经理等高管人员具有较强的职权优势

虽然公司高管也具备雇员的身份，但其对在公司日常运营过程中，掌握着大量的公司资料，其与普通劳动者相比拥有更大的自主权和更为强势的地位。因此，在

审理涉及公司高管人员的劳动争议案件时，应综合考虑其职权、岗位职责以及接受管理的程度等工作因素，并适当考虑增加高管人员的举证责任。高管人员若不能举证证明其向公司提出过签订劳动合同的请求，而公司拒绝或者公司存在其他过错的情形，高管本人对未签订劳动合同并无过错，则公司的高管人员无权请求二倍工资差额赔偿。

综上，郑某负责立成公司的人事工作，可以推定其知晓人事工作包括签订劳动合同等内容，也应该知晓不签订劳动合同的法律后果，故在其不能举证证明其曾敦促立成公司与其本人签订劳动合同的情况下，对其未签订劳动合同的二倍工资差额请求不应支持。

编写人：广东省汕头市濠江区人民法院　陈浩炳

29

海外用工加班费的支付

——中航公司诉王某劳动争议案

【案件基本信息】

1. 裁判书字号

北京市第二中级人民法院（2019）京02民终5784号民事判决书

2. 案由：劳动争议纠纷

3. 当事人

原告（被上诉人）：中航公司

被告（上诉人）：王某

【基本案情】

王某于2014年7月7日入职中航公司，岗位是综合职能管理。2014年12月11日，王某被派到海外马来西亚熟料线项目工作，岗位为项目会计，同时负责项目工作人员的工资核算。此期间王某工资分为国内薪酬与海外薪酬两部分，国内薪酬部分的月均工资为7000元。2016年7月13日，王某提出辞职，2016年8月13日回国。2016年8月31日，双方劳动关系解除。2016年12月23日，王某到开发区仲裁委申请劳动仲裁，请求：（1）中航公司支付2014年12月31日至2016年7月31日期间周六、日加班费98482.75元人民币，2791.72美元（汇率为2014年12月至2016年7月期间的平均数值）；（2）中航公司支付2015年1月1日、2月18日至20日、4月5日、5月1日、6月20日、9月27日、10月1日至3日，2016年1月1日、2月7日至9日、4月4日、5月1日期间法定节假日加班工资16413.79元人民币，2977.29美元（汇率为2014年12月至2016年7月期间的平均数值）；（3）中航公司支付2015年11月20日至12月20日期间的工资差额2234.49美元，2016年5月10日至5月29日期间工资差额1489.66美元；（4）中航公司支付2014年7月1日至2014年12月31日期间住房补贴12000元。2017年12月29日，开发区仲裁委裁决：（1）中航公司支付王某2014年12月31日至2016年7月31日周六、日（休息日）加班费93333.33元；（2）中航公司支付王某2015年1月1日、2月18日至20日、4月5日、5月1日、6月20日、9月27日、10月1日至3日，2016年1月1日、2月7日至9日、4月4日、5月1日期间法定节假日加班工资16413.79元；（3）驳回王某的其他请求。中航公司不服，遂诉至法院。

【案件焦点】

中航公司是否应当支付王某周六、日加班工资及法定节假日加班工资。

【法院裁判要旨】

北京市大兴区人民法院经审理认为：派驻境外工程项目工作，在工作内容尤其是在人员管理上具有一定的特殊性，与国内管理模式存在不同，一般实行集中统一管理，工作和生活难以截然分开。当事人双方均提交了马来西亚熟料线项目考勤记录表，但该考勤记录表以自然天数为基础，考虑到海外工程项目人员管理的特殊性，单纯的考勤记录不足以反映实际提供劳动的客观情况，不足以单独作为认定是否存在加班的依据。王某对中航公司提交的2014年12月至2016年7月期间海外月底工资、月度绩效工资发放情况统计表的真实性认可，法院对此予以采信。根据上述证据，结合中航公司提交的经过公证的2013年水泥项目人力管理办法、2015年水泥项目人力管理办法，法院认定中航公司海外薪酬按出勤的自然天数核算，是一种特殊薪酬计算方式，实际属于包干薪酬的性质，无需另行支付加班工资。王某在马来西亚熟料线项目工作期间，不再履行国内的工作和职责，以国内工资为依据核算加班工资缺乏事实依据。王某亦认可在马来西亚熟料线项目工作期间负责项目工作人员的工资核算，其在核算工资时并未核算周六、日加班工资及法定节假日加班工资，且亦未举证证明工作期间就工资向中航公司提出过异议。据此，对王某主张中航公司需支付其在马来西亚熟料线项目工作期间周六、日及法定节假日加班工资，法院不予采信。对中航公司要求无需向王某支付2014年12月31日至2016年7月31日周六、日加班费93333.33元及2015年1月1日、2月18日至20日、4月5日、5月1日、6月20日、9月27日、10月1日至3日，2016年1月1日、2月7日至9日、4月4日、5月1日期间法定节假日加班工资16413.79元的诉讼请求，法院予以支持。

北京市大兴区人民法院依照《最高人民法院关于民事诉讼证据的若干规定》第二条之规定，判决如下：

一、中航公司无需支付王某2014年12月31日至2016年7月31日周六、日加班费（休息日）93333.33元；

二、中航公司无需支付王某2015年1月1日、2月18日至20日、4月5日、5月1日、6月20日、9月27日、10月1日至3日，2016年1月1日、2月7日至9日、4月4日、5月1日期间法定节假日加班工资16413.79元。

王某不服，提起上诉。北京市第二中级人民法院经审理认为：王某与中航公司就王某驻外期间的考勤记录所反映的客观情况各执一词。中航公司称上述考勤记录显示王某驻外期间系日历日全部出勤，初衷系为了给参加海外工程的工作人员增加补助，故将王某的“驻外天数”记录为“出勤天数”，实际上王某并不存在加班事实。鉴于中航公司依据该考勤记录所显示的自然天数，向王某支付了驻外期间的海外工资，现中航公司未能提供其他充分证据证实王某的实际出勤情况，故对中航公司关于王某并不存在加班事实的主张，法院不予采信。王某称上述考勤记录上显示的“出勤天数”即代表了其所主张的周六、日加班以及法定节假日加班情况，故中航公司应依法向其支付相应的加班工资。考虑到用人单位海外工程项目人员工作和生活难以完全分开的特殊性，以及劳动者不可能长期几乎处于全年无休状态的生活常理，现王某亦未提供其他充分证据证实其实际出勤情况，对王某要求依据上述考勤记录确认其加班事实的主张，法院亦不予采信。综上所述，双方提交的考勤记录不能反映王某的实际出勤情况，导致法院无法依据上述考勤记录判断中航公司是否向王某足额支付了劳动报酬，法院亦无法排除王某在海外工作期间存在加班事实的可能性。该情况系中航公司未规范执行其管理制度所致，故中航公司就王某实际出勤情况需承担举证不能的责任，法院考虑到本案的特殊性，对王某诉请的加班费予以酌情判处。

北京市第二中级人民法院依照《中华人民共和国劳动合同法》第三十一条、《中华人民共和国民事诉讼法》第一百七十条第一款第二项规定，判决如下：

一、撤销一审判决；

二、中航公司于本判决生效之日起 7 日内支付王某 2014 年 12 月 31 日至 2016 年 7 月 31 日期间加班工资 20000 元；

三、驳回王某的其他诉讼请求。

【法官后语】

考勤，顾名思义，就是考查出勤，是为维护企业的正常工作秩序，提高办事效率，严肃企业纪律，使员工自觉遵守工作时间和劳动纪律，更重要的是企业会依据员工的出勤情况对员工的薪资及奖金给予一定的发放或扣除，体现了一个企业的管理能力及是否能够按照法律规定及时足额地向员工支付劳动报酬。

本案中，中航公司在进行海外员工管理的过程中，考勤制度及考勤管理存在一定的漏洞，在制定驻外员工的考勤制度时虽然参照了外交部驻外工作人员的相关规定，但该公司并未依据劳动法、劳动合同法等法律规定并结合公司的实际情况来制定和完善驻外员工的考勤制度。公司称以自然天数统计出勤系为了便于驻外员工的管理和增加驻外员工的收入，但此种考勤管理结果可能不符合驻外员工的客观出勤情况，也正是此种管理和记录考勤的模式导致考勤表不能反映出王某的真实出勤情况。

举证责任又称证明责任，是指当事人对自己提出的主张应当提供证据进行证明的责任。具体而言，证明责任是指在诉讼过程中，当事人为避免对自己不利的裁判，负有义务向法院提交证据对其主张加以证明；当主张的事实真伪不明时，必须承担因法院不认可该事实所产生的不利诉讼后果。劳动争议兼具公法性质与私法性质，如果劳动争议案件中仅仅适用“谁主张，谁举证”的一般举证责任分配规则，必然会导致诉讼的不公平，不利于当事人利益的正当维护。因此劳动争议案件中有特别的举证责任分配规则即举证责任倒置。《最高人民法院关于审理劳动争议案件适用法律问题的解释（一）》第四十二条规定，劳动者主张加班费的，应当就加班事实的存在承担举证责任。但劳动者有证据证明用人单位掌握加班事实存在的证据，用人单位不提供的，由用人单位承担不利后果。

本案中，王某虽然提交了考勤表，但该考勤表显示王某几乎全年无休，而根据用人单位海外工程项目人员工作和生活难以完全分开的特殊性，以及劳动者不可能长期几乎处于全年无休状态的生活常理，王某亦未提交其他证据佐证其提出的存在加班时间的事实。同样的，中航公司也未能提交有效证据证明王某不存在加班的事实。双方的举证情况导致法院无法根据上述的考勤记录判断中航公司是否已经向王某支付了足额的劳动报酬（尤其是加班费），也不能排除王某存在加班事实的可能。此种状况，是由于中航公司未能规范执行其管理制度或者可以说是未能制定和执行完善的考勤管理制度所造成的，故中航公司应当承担一定的举证不能的责任，即不利后果。

编写人：北京市第二中级人民法院　王晓云

30

加班费的微信电子记录证据认定

——宋某诉同仁堂公司劳动争议案

【案件基本信息】

1. 裁判书字号

北京市第二中级人民法院（2019）京02民终13247号民事判决书

2. 案由：劳动争议纠纷

3. 当事人

原告（被上诉人）：宋某

被告（上诉人）：同仁堂公司

【基本案情】

宋某于2018年8月1日入职同仁堂公司，双方于该日签订了期限为2018年8月1日至2021年8月1日的劳动合同。同仁堂公司与宋某在双方签订的劳动合同中约定：宋某的试用期为2018年8月1日至2019年1月31日；宋某的工作岗位为战略中心战略顾问（绩效），执行不定时工作制；宋某在试用期的月工资为21667元，加班加点工资的计算基数按照月基本工资17334元计算。同仁堂公司就宋某的工作岗位执行不定时工作制未经有关行政机关审批。宋某在同仁堂公司有固定的工位。2018年11月15日，宋某向同仁堂公司提交离职申请，以“个人原因”为由，向同仁堂公司提出辞职。2018年11月27日，宋某填写了员工离职审批表，其中载明的离职原因亦为“个人原因”，双方之间的劳动合同于该日解除。2019年1月14日，宋某到京开劳人仲委申请劳动仲裁，要求：1. 确认劳动合同中关于执行不定时工作制的条款无效；2. 同仁堂公司向宋某支付2018年8月1日至2018年11月27日期间的延时加班费58743.7元；3. 同仁堂公司向宋某支付上述期间的休息日加班费35862.6元；4. 同仁堂公司向宋某支付上述期间的法定节假日加班费8965.6元；5. 同仁堂公司向宋某支付上述期间的年终绩效奖金21666.7元；6. 同仁堂公司向宋某支付解除劳动合同经济补偿金10833元；7. 同仁堂公司向宋某支付未及时支付解除劳动合同经济补偿金的额外补偿5416.5元。2019年7月5日，京开劳人仲委作出京开劳仲字［2019］第659号裁决书，宋某不服该裁决，向法院提起诉讼。

【案件焦点】

宋某在2018年8月1日至2018年11月27日期间是否存在延时加班、休息日加班和法定节假日加班等加班事实。

【法院裁判要旨】

北京市大兴区人民法院经审理认为：宋某为证明其存在相应的加班事实，提交了自行制作的加班统计表打印件、于某发送考勤打卡记录的微信及相应的考勤打卡记录、微信聊天记录及附件、滴滴打车单和微信聊天记录等证据。微信聊天中大多或为简单的工作汇报、请示、回复或发送文档及照片，或无宋某的任何信息，上述几种内容不能显示宋某存在明确、充分且实际开展的工作内容，据此不足以认定宋某所主张的延时加班和法定节假日加班的事实，只能够证明其存在5天休息日加班。

北京市大兴区人民法院依照《中华人民共和国劳动合同法》第二十六条、第三十条第一款，《最高人民法院关于适用〈中华人民共和国民事诉讼法〉的解释》第九十条，《最高人民法院关于审理劳动争议案件适用法律若干问题的解释（三）》第九条之规定，判决如下：

一、劳动合同中的关于宋某的工作岗位执行不定时工作制的条款无效；

二、同仁堂公司向宋某支付上述期间的休息日加班费9961.8元；

三、同仁堂公司向宋某支付上述期间的年终绩效奖金20981.77元；

四、驳回宋某的其他诉讼请求。

同仁堂公司不服，提起上诉。北京市第二中级人民法院经审理认为：宋某不存在延时加班和法定节假日加班的事实，同仁堂公司无需支付加班费。理由如下：（1）关于延时加班费和法定节假日加班费，宋某虽提交自行制作的加班统计表打印件、微信记录、打卡记录、滴滴打车记录等证据，但上述证据并不能直接证明其具体的加班工作内容。（2）关于休息日加班费，宋某提交的部分证据涉及其休息日实际开展工作的情况，一审法院综合考虑本案实际情况确定之加班天数及加班费计算基数并无不当，依法判决同仁堂公司支付宋某2018年8月1日至2018年11月27日期间的休息日加班费9961.8元亦无不妥。

北京市第二中级人民法院依照《中华人民共和国民事诉讼法》第一百七十条第一款第一项规定，判决如下：

驳回上诉，维持原判。

【法官后语】

随着科技的不断发展，各种即时通信软件层出不穷。不少用人单位习惯于通过微信等即时通信软件给劳动者安排工作和进行企业管理。近年来，部分劳动者在主张加班费的案件中，提交以微信为代表的电子证据予以证明加班事实的存在，对于微信电子证据的真实性审查、是否与加班的事实存在关联关系、是否有其他证据予以佐证以及如何通过微信记录认定加班的具体时间等成为法院在审理此类案件中的难点。劳动争议案件的举证规则比较特殊，用人单位承担大部分举证责任，但关于加班工资的举证责任之规定，劳动者主张加班费的，应当就加班事实的存在承担举证责任，本案中，宋某为证明其存在加班，提交了大量微信聊天记录（含与个人、微信群、发送考勤打卡记录）电子证据，法院在对微信证据在加班争议中的适用应当注意以下几个方面：

1. 对微信记录的真实性进行审查

首先，电子证据存在易于更改的特性，在没有进行公证等有效证据保存的情况下，仅凭当事人自己制作的截屏，不能使法院充分相信截屏聊天的时间为原始记载时间；其次，加班是一种持续的工作状态，而聊天记录仅显示时间点，不能反映出工作所花费的时间。

（1）对微信记录的原始载体进行核实。《最高人民法院关于民事诉讼证据的若干规定》第十五条第二款规定，当事人以电子数据作为证据的，应当提供原件。电子数据的制作者制作的与原件一致的副本，或者直接来源于电子数据的打印件或其他可以显示、识别的输出介质，视为电子数据的原件。微信属于电子数据，在提交微信记录打印件后，法院还应核实其原始载体、信息形成的时间、信息发出人的身份是否真实。无法确定信息发出人身份的，难以认定加班事实的存在；必要时需对微信记录加以鉴定，根据案情需要，法院可能需前往腾讯公司、联通或移动等通信公司调取证据。

（2）对微信记录内容进行分析认定。在确定微信记录真实的情况下，还需对微信记录内容进行分析认定，微信记录的内容必须清楚显示劳动者实际开展了工作。若用人单位于下班后非常态化地与劳动者就工作问题沟通、交流等，难以直接认定为安排加班；若劳动者仅仅是简单进行工作汇报、请示、回复或发送文档及照片，亦难以认定加班事实的存在；在双方劳动合同约定加班需进行书面申请并经书面批准的情况下，若劳动者未提交加班申请及批准的书面材料，微信中无明确有力的加班内容及其他证据予以佐证，劳动者所主张的加班情况便缺乏依据，法院将不予支持。

2. 是否存在其他证据对微信电子证据予以佐证

本案中，宋某提供其与公司人员的微信聊天记录，结合该人员确系该公司员工、滴滴打车记录、微信支付记录、工作内容等事实，可以互相印证形成完整证据链证明其存在休息日加班情况。因此，当电子证据难以证明其加班的事实，劳动者可提交其他证据来对微信电子证据予以佐证，比如加班时完成的工作量或者工作成果、监控视频等，与其他证据形成证据链，从而提升关于加班费主张的证明力，最终获得法院的采信。

3. 通过微信记录认定加班具体时长

在初步证明存在加班事实的前提下，如何通过微信记录计算加班时长，系审判实务中的争议焦点。用人单位通过微信群或向其个人微信明确通知加班起止时间，根据其内容，用人单位的确存在要求员工抓紧进度、提高效率、进行延时工作的事实，故此，可按通知内容直接计入加班时间；若通过微信记录或其他证据，无法确定加班时长的，需结合劳动者工作特征、常识性判断，酌情认定加班时间，支持劳动者关于加班费的合理部分。

编写人：北京市大兴区人民法院　毛希彤　唐玥

31

《劳动合同书》中劳动者笔迹鉴定不能的法律后果

——恒润公司诉曹某劳动争议案

【案件基本信息】

1. 裁判书字号

北京市第二中级人民法院（2019）京02民终9787号民事判决书

2. 案由：劳动争议纠纷

3. 当事人

原告（被上诉人）：恒润公司

被告（上诉人）：曹某

【基本案情】

曹某系于2017年10月16日入职恒润公司，从事保洁岗位工作。曹某主张恒润公司于2018年7月1日以个人不适合工作岗位为由提出与其解除劳动关系。恒润公司对曹某的上述主张持有异议，主张曹某系于2018年6月26日因个人原因提出离职，并就其上述主张向法院出具辞职书加以佐证。辞职书落款处有“曹某”字样的签名，并载有“本人因个人原因，不能继续在恒润公司上班，于2018年6月26日离职”的表述。曹某对辞职书的真实性持有异议，主张辞职书落款处签名非其本人书写。曹某主张其在职期间恒润公司未与其签订劳动合同。恒润公司对曹某的上述主张持有异议，主张曹某入职时双方已签订书面劳动合同，并就其上述主张出具劳动合同书加以佐证。劳动合同书落款处有“曹某”字样的签名，并载明劳动合同期限为自2017年10月16日起至2018年10月15日止。曹某对劳动合同书的真实性持有异议，主张劳动合同书落款处签名非其本人书写并申请对该签名进行笔迹鉴定。曹某主张其2017年10月16日至2017年12月31日期间月工资标准为固定工资2600元，自2018年1月1日起其月工资标准变更为固定工资3400元，并就其上述主张出具银行交易明细加以佐证。曹某主张其2018年6月1日至2018年6月29日期间正常向恒润公司提供劳动，恒润公司未支付其上述期间的工资。恒润公司对曹某上述主张持有异议，主张曹某最后提供劳动的时间为2018年6月26日，其单位仅认可未支付曹某2018年6月1日至2018年6月26日工资的事实。

2018年9月10日，丰台仲裁委员会作出裁决：1. 曹某2017年10月16日至2018年6月29日与恒润公司存在劳动关系；2. 恒润公司于本裁决生效之日起5日内，支付曹某2018年6月1日至2018年6月29日期间的工资2657.47元；3. 恒润公司于本裁决生效之日起5日内，支付曹某自2017年11月16日至2018年6月29日期间未签订劳动合同二倍工资差额24314.94元；4. 驳回曹某的其他仲裁请求。

经法院释明，曹某对劳动合同书上的签名申请笔迹鉴定，法院摇号确定由中国人民大学物证鉴定中心进行鉴定，该中心2019年3月12日出具不予受理通知书，理由是缺乏案前自然样本，比对条件不充分，后法院又摇号确定北京华夏物证鉴定中心申请笔迹鉴定，该中心2019年4月4日出具补充样本函，要求补充与检材标称时间“2017年10月16日”前后时间相隔不超过1年，且不同时期由曹某书写签名字迹的自然样本材料原件至少5份，后法院于2019年5月14日与双方当事人谈话确认了上述样本材料，并邮寄到华夏物证鉴定中心，2019年6月6日该中心出具终止鉴定告知书，理由为现有样本材料均为案后样本，不能充分反映被鉴定人书写习惯，样本比对条件不充分。

【案件焦点】

1.《劳动合同书》中“曹某”的笔迹是否为劳动者本人笔迹；2. 笔迹鉴定不能，应当由谁承担举证不利的法律后果。

【法院裁判要旨】

北京市丰台区人民法院经审理认为：当事人应当依法主张权利，且就其主张的事实有责任出具证据加以证明。劳动者的合法权益受法律保护。双方当事人对于仲裁主文确认的第一项、第二项均无异议。曹某申请对恒润公司提供的劳动合同书上的签字进行笔迹鉴定，但因样本比对条件不充分，两次被终止鉴定，曹某应承担不利后果，且考虑未签订劳动合同二倍工资差额的惩罚性赔偿性质等因素，恒润公司无需支付曹某2017年11月16日至2018年6月29日期间未签订劳动合同二倍工资差额24314.94元。

北京市丰台区人民法院依照《中华人民共和国劳动法》第五十条、《中华人民共和国民事诉讼法》第六十四条之规定，判决如下：

一、曹某自2017年10月16日至2018年6月29日与恒润公司存在劳动关系；

二、恒润公司于本判决生效之日起七日内支付曹某2018年6月1日至2018年6月29日期间的工资2657.47元；

三、恒润公司无需支付曹某自2017年11月16日至2018年6月29日期间未签订劳动合同二倍工资差额24314.94元。

曹某不服，提起上诉。北京市第二中级人民法院经审理认为：曹某主张从未与恒润公司签订劳动合同，现恒润公司提交书面劳动合同书予以反驳，曹某对劳动合同书上“曹某”签名的真实性不予认可，并申请进行笔迹鉴定，但因样本比对条件不充分，两次被终止鉴定。一审法院考虑以上情况及未签订劳动合同二倍工资差额的惩罚性赔偿性质等因素，判决恒润公司无需支付曹某2017年11月16日至2018年6月29日期间未签订劳动合同二倍工资差额，并无不当，对此予以维持。曹某主张恒润公司支付上述期间未签订劳动合同二倍工资差额的上诉请求，依据不足，不予支持。

北京市第二中级人民法院依照《中华人民共和国民事诉讼法》第一百七十条第一款第一项规定，判决如下：

驳回上诉，维持原判。

【法官后语】

《中华人民共和国劳动合同法》第八十二条规定，用人单位自用工之日起超过一个月不满一年未与劳动者订立书面劳动合同的，应当向劳动者每月支付二倍的工资。此条立法原意系为了督促用人单位与劳动者签订书面劳动合同，以解决劳动合同签订率低的问题，保护劳动者的权益，此条具有惩罚性意味，增加一倍的工资属于惩罚性赔偿的部分，不属于劳动报酬。实践中，劳动者主张用人单位未与其签订劳动合同二倍工资，用人单位应承担举证责任，证明自用工之日起一个月内与劳动者订立书面劳动合同。

本案争议焦点有两点：一是《劳动合同书》中“曹某”的笔迹是否为劳动者本人笔迹；二是笔迹鉴定不能，应当由谁承担举证不利的法律后果。

其一，《劳动合同书》的签名是否为劳动者本人笔迹？用人单位提供《劳动合同书》以此证明双方在法定时间内已签订书面劳动合同，无需支付二倍工资。劳动者对此真实性不认可，认为签名非本人笔迹。人民法院根据劳动者的申请依法启动笔迹鉴定程序。一审法院两次摇号确定鉴定机构，两家鉴定机构均未能出具鉴定意见书，理由均为缺乏案前自然样本，样本比对条件不充分。通过笔迹鉴定不能确定签名是否为劳动者本人笔迹。此时法院应充分考虑双方提供的证据以及举证责任进行裁判。

其二，笔迹鉴定不能，应当由谁承担举证不利的法律后果？劳动者主张未签订二倍工资，用人单位应承担举证责任，其依法提交《劳动合同书》予以证明，劳动者不认可该份证据真实性，该份证据证明力被削弱，但并不当然被排除。根据“谁主张，谁举证”原则，劳动者申请对该份证据进行笔迹司法鉴定。笔迹鉴定需要提供双方均认可的比对样本，本案中，用人单位提供的样本，劳动者均不认可。根据“谁主张，谁举证”原则，劳动者应承担提供充分样本的举证责任。现因样本不充分，导致鉴定不能，劳动者应承担举证不利后果，故法院认可《劳动合同书》的真实性。

综上，法院在审查劳动者主张的未签订劳动合同二倍工资时，应当从未签订劳动合同二倍工资的立法原意出发，确定用人单位与劳动者的举证责任。用人单位自用工之日起一个月之内应当与劳动者签订《劳动合同书》，属于用人单位的法定义务。对于未签订劳动合同的法律后果，实践中，有两种不同的处理意见。一种是对未签订书面劳动合同采“结果论”，只要事实上未签订劳动合同而双方继续保持劳动关系的，用人单位均需支付二倍工资，除非终止劳动关系。另一种是“行为论”，以“过错”进行判断，即如果能举证证明未签订书面劳动合同并非用人单位的过错，而是因劳动者一方的原因引起的，则用人单位无需支付二倍工资。司法实践更倾向于第二种意见，即“行为论”。当劳动者主张未与其签订书面劳动合同时，用人单位应举证证明双方已经依法签订书面劳动合同或者存在确因不可归责于用人单位的原因导致未能签订书面劳动合同的情形。劳动者不认可劳动合同书中签名的真实性，应申请笔迹鉴定，如因比对样本不充分导致鉴定不能，劳动者应承担举证不利后果。

编写人：北京市丰台区人民法院　刘畅

32

劳动者主张年终奖应尽到初步的举证责任

——张某诉众信公司劳动争议案

【案件基本信息】

1. 裁判书字号

北京市第三中级人民法院（2019）京03民终3365号民事判决书

2. 案由：劳动争议纠纷

3. 当事人

原告（被上诉人）：张某

被告（上诉人）：众信公司

【基本案情】

张某于2015年1月16日入职众信公司，担任平面设计师职务，双方签订了期限自2015年1月16日起至2018年1月16日止的劳动合同，张某最后工作至2016年11月21日。生效判决认定张某月工资标准为10000元，双方的劳动关系于2016

年11月21日解除。

关于年终奖，张某提交了银行流水，记载2016年2月24日账户收入10088元，交易类型为奖金，张某主张公司发放年终奖一般金额为一个月工资，在过年之前发放，上述款项中有6000元为2015年的年终奖，听同事说2016年也有年终奖，主张众信公司应按照其在岗时间比例支付2016年的年终奖。众信公司对银行流水的真实性认可，称与本案无关，并主张2015年年终奖的情况不清楚，2016年没有年终奖。

【案件焦点】

离职劳动者要求用人单位支付年终奖须符合的条件及双方的举证责任。

【法院裁判要旨】

北京市朝阳区人民法院经审理认为：当事人对自己提出的诉讼请求所依据的事实有责任提供证据加以证明，没有证据或者证据不足以证明当事人的事实主张的，由负有举证责任的当事人承担不利后果。

关于年终奖，张某主张2015年的年终奖为6000元，众信公司称不清楚，但对银行流水的真实性认可，故采信张某主张的数额。张某主张2016年的年终奖为10000元，但未举证，众信公司亦对此不予认可，故对于张某主张的数额难以采信，根据2015年年终奖的数额并结合张某2016年的在岗时间予以确认2016年年终奖的数额。

北京市朝阳区人民法院依照《中华人民共和国劳动合同法》第三十条、《中华人民共和国劳动争议调解仲裁法》第六条、《最高人民法院关于民事诉讼证据的若干规定》第二条、《北京市工资支付规定》第十四条之规定，判决如下：

一、众信公司于本判决生效后七日内支付张某2015年5月至2016年11月期间的加班费10833.1元；

二、众信公司于本判决生效后七日内支付张某2016年度年终奖5344.85元；

三、驳回张某的其他诉讼请求。

众信公司不服，提起上诉。北京市第三中级人民法院经审理认为：关于年终奖的问题，众信公司虽表示该公司并无年终奖一项，但根据众信公司的陈述，张某的工资流水中未有其他显示奖金的内容，对于张某提供的2016年2月24日奖金入账，亦未能给出合理解释。众信公司存在根据公司业绩情况及员工表现等发放绩效或奖金的情况，且众信公司认可张某在职期间仅在2016年年初发放过一笔此种形式的奖金。张某在庭审中亦表示不再主张其他形式的奖金。综合以上事实情况，一审判决采信张某的主张，并结合2015年年终奖数额及张某2016年在岗时间，判令众信公司支付年终奖，该认定并无不当。综上所述，众信公司的上诉理由不能成立，应予驳回；一审法院判决认定事实清楚，适用法律正确，应予维持。

北京市第三中级人民法院依照《中华人民共和国民事诉讼法》第一百七十条第一款第一项之规定，判决如下：

驳回上诉，维持原判。

【法官后语】

本案的审理焦点在于离职劳动者要求用人单位支付年终奖须符合的条件及双方的举证责任。

离职劳动者要求用人单位支付年终奖须符合的条件有：(1) 用人单位存在发放年终奖的事实；(2) 劳动者有资格获得年终奖；(3) 能够明确劳动者应得年终奖的具体数额。劳动者需要对用人单位存在发放年终奖的事实承担举证责任；用人单位需要对劳动者有资格获得年终奖、劳动者应得年终奖的数额这两项承担举证责任。用人单位拒不提交有关年终奖发放的资料，应推定劳动者年终奖存在的主张成立。

关于是否应当支付离职劳动者年终奖，司法实践中对此问题存在三种观点。

第一种观点认为不应该支付。理由在于：首先，年终奖是公司的福利，是对在职工作满一定期限（一年）的员工一种奖励。如果员工选择提前离职，离职时员工应该能够预计到年终奖的损失，劳动者在明知或应该明知的情况下仍然选择提前离职是对自身权利的一种放弃，不应得到法院支持。其次，年终奖是否发放、发放人员范围以及发放的具体金额是公司管理层根据其经营状况和员工表现自主决定的，属于公司自主经营权的范畴，法院不宜过多干涉。最后，员工提前离职时还没有到发年终奖的时间，也不知道该年度的年终奖如何发放，即使诉至法院，具体金额等亦无法核实和计算。

第二种观点认为应该支付。理由在于：首先，年终奖是工资的一种，国家统计局《关于工资总额组成的规定》将年终奖列为工资的一种，既然是工资，用人单位就应支付，提前离职也应按工作时间折合后按比例支付。其次，无论劳动者的离职原因如何，用人单位都应该支付工资（年终奖）。

第三种观点认为应该先区分年终奖的性质，再决定是否发放。(1) 薪金类年终奖就是工资的一种，无论劳动者何时离职或者因为什么原因离职，都应该根据已工作时间折算发放。(2) 考核类年终奖属于绩效类的工资，也应该发放。如果劳动合同或者规章制度规定提前离职员工不能发放年终奖属于排除劳动者的合法权益应属无效，但是否发放和发放的金额等应该根据规章制度或者劳动合同的约定根据劳动者的工作考核表现等发放。(3) 福利类年终奖是用人单位自主决定的，尊重用人单位的自主决定权。(4) 奖励类年终奖一般伴随着评比，若员工提前离职但是已经获得了某项奖励或者称号，年底发的奖金也应该获得。(5) 提成类的年终奖是员工完成某项工作后理应获得的奖金。在具备提成的发放条件时就应该支付，不能因为提前离职而剥夺获得报酬的权利。

结合司法实践，应该对年终奖的性质及劳动者的离职原因进行区分处理。年终奖应充分尊重用人单位与劳动者之间的约定，劳动者主张年终奖，则应尽到初步举证责任。

编写人：北京市朝阳区人民法院　李静

33

离职员工的年终奖发放标准认定

——王某诉地铁一公司劳动争议案

【案件基本信息】

1. 裁判书字号

北京市第二中级人民法院（2019）京02民终10639号民事判决书

2. 案由：劳动争议纠纷

3. 当事人

原告（被上诉人）：王某

被告（上诉人）：地铁一公司

【基本案情】

王某于2012年7月23日入职地铁一公司，岗位为列车司机。王某于2018年12月3日提出辞职申请，双方劳动关系于该日解除。地铁一公司与王某于2018年7月23日签订的《劳动合同书》约定，该合同为无固定期限劳动合同，地铁一公司每月2日前以货币形式支付王某工资，月工资为2200元或按《地铁一公司工资管理制度》执行；本合同的附件包括《地铁一公司工资管理制度》等文件。《地铁一公司工资管理制度》中的年度奖项目下，对年度奖来源、年度奖计发公式、特殊贡献奖励等作出了明确规定。2018年12月27日，地铁一公司下发《关于发放2018年度员工奖励的通知》，通知中有如下内容：发放范围为2018年12月27日在岗在册人员（含本年度退休及调入集团人员）；考核统计周期是2017年12月至2018年11月；此次发放的奖励属于工资范畴，依据工资管理制度和绩效考核实施细则中最低工资保障的相关规定，2018年公司和各单位应扣未扣的考核，将在此次分配时一并进行扣减。上述通知于2018年12月27日通过地铁一公司二届二次职工代表大会第二次代表团长联席（扩大）会审议通过。

王某提交了银行流水，证明其在职期间的年终奖均作为工资发放。地铁一公司认可王某在职期间每年均向其发放年终奖，但认为该款项摘要标记为“工资”是财务标记，不能以此认定年终奖属于工资范畴。地铁一公司核算按照《关于发放2018年度员工奖励的通知》，如王某2018年12月27日仍在职，其应得年终奖数额为25031元。王某对上述年终奖数额表示认可。

本案诉讼前，北京市东城区劳动人事争议仲裁委员会于2019年4月24日对双方争议作出裁决：驳回王某的全部申请请求。

【案件焦点】

用人单位是否应向离职员工王某发放年终奖。

【法院裁判要旨】

北京市东城区人民法院经审理认为：根据法律规定，用人单位应当按照劳动合同约定和国家规定，向劳动者及时足额支付劳动报酬。本案中，根据双方签订的

《劳动合同书》约定，王某的工资按照《地铁一公司工资管理制度》执行，上述管理制度中明确将年度奖励纳入工资管理内容，且在地铁一公司2018年度员工奖励的考核统计周期内王某均在职，故地铁一公司应当按照劳动合同约定向王某给付2018年度奖励。王某的诉讼请求符合法律规定，予以支持。地铁一公司下发的《关于发放2018年度员工奖励的通知》虽经过职工代表大会审议，但因通知部分内容明显违反双方劳动合同约定，故对地铁一公司的答辩意见不予采信。

北京市东城区人民法院依照《中华人民共和国劳动合同法》第七十二条、第七十三条之规定，作出如下判决：

地铁一公司于判决生效后十日内，给付王某2018年度奖励工资25031元。

地铁一公司不服一审判决，提出上诉。北京市第二中级人民法院经审理认为：用人单位应当及时足额支付劳动报酬，不得随意克扣。本案中，地铁一分公司与王某签订的《劳动合同书》约定王某的工资按照《地铁一公司工资管理制度》执行，而上述管理制度中已经明确将年度奖励纳入工资管理；同时，王某亦提交了银行流水证明其在职期间的年终奖金系作为工资发放，一审法院据此认定地铁一分公司应按照《劳动合同书》的约定及此前惯例继续向王某支付2018年的年终奖，并无不当。王某在地铁一分公司工作至2018年12月3日，地铁一公司主张适用其公司职工代表大会于2018年12月27日审议通过的《关于发放2018年度员工奖励的通知》来考核王某是否符合发放年终奖金明显有欠妥当，一审法院对其公司该项主张未予支持，正确合理。

北京市第二中级人民法院依照《中华人民共和国民事诉讼法》第一百七十条第一款第一项之规定，作出如下判决：

驳回上诉，维持原判。

【法官后语】

近年来，公司是否应该向离职员工发放年终奖的问题一直困扰着司法审判，认识并不统一，本案具有一定典型性。对于年终奖的概念，法律并没有规定。但国家统计局《关于工资总额组成的规定》第四条规定：“工资总额由下列六个部分组成：（一）计时工资；（二）计件工资；（三）奖金；（四）津贴和补贴；（五）加班加点工资；（六）特殊情况下支付的工资。”其中，奖金一项是指支付给职工的超额劳动报酬和增收节支的劳动报酬，包括生产奖等。对于生产奖的范围，根据国家统计局《〈关于工资总额组成的规定〉若干具体范围的解释》的规定，主要包括超产奖、质量奖、年终奖（劳动分红）等。由此可见，年终奖是奖金的一种，它是工资的一部分，属于劳动报酬的范围。《中华人民共和国劳动法》第四十七条规定，用人单位根据本单位的生产经营特点和经济效益，依法自主确定本单位的工资分配方式和工资水平。故是否发放年终奖及相关事项，属于用人单位自主经营权的范围，法律并没有强制要求用人单位发放年终奖。具体来说，用人单位有权根据本单位的经营状况、劳动者的工作岗位及绩效表现等综合因素，自主确定年终奖等各类奖金是否发放、发放的条件及发放标准。

根据上述规定，本案引出了离职员工是否能得到年终奖的几点思考：

第一，用人单位和劳动者是否就年终奖问题进行约定或者规章制度是否有此规定。一旦劳动合同约定了或规章制度规定了年终奖的发放条件和发放标准，用人单位应依约或根据规定予以发放。无正当理由，不得拒绝发放年终奖，也不得以事先未约定或规定的条件拒绝发放年终奖。年终奖是否发放应遵循“约定优先”原则，本案中地铁一分公司与王某签订的《劳动合同书》约定王某的工资按照《地铁一公司工资管理制度》执行，而上述管理制度中已经明确将年度奖励纳入工资管理，按照合同约定和发放惯例，公司应该向王某发放年终奖。

第二，若没有约定或规定，年终奖本身属于工资范畴，应遵循按劳分配、同工同酬原则。即便是公司对年终奖的发放享有自主经营权，对于“不在册”或者离职的员工，只要在这一年度中为单位付出了劳动，用人单位就应按照同工同酬的原则，根据员工的相应工作时间折算，发放年终奖金。

第三，如何正确理解公司的自主经营权。公司对于年终奖的发放标准有明确规定，若劳动者未达到公司规定的考核标准，公司有权不向劳动者发放年终奖。但离职员工仅因为不“在册”，许多公司便以自主经营权为由停止向离职员工发放年终奖，有违公允。故笔者认为，劳动者与公司对年终奖有约定的从其约定，没有约定的按照“同工同酬”的原则，应按照相应工作时间折算年终奖的发放标准。

编写人：北京市东城区人民法院　刘杰

34

网络配送行业加班的认定

——刘某诉点米公司劳动争议案

【案件基本信息】

1. 裁判书字号

北京市第二中级人民法院（2019）京02民终1828号民事判决书

2. 案由：劳动争议纠纷

3. 当事人

原告（反诉被告、上诉人）：刘某

被告（反诉原告、被上诉人）：点米公司

【基本案情】

刘某于2017年2月8日到点米公司工作，工作地点为西城区西直门站点。同日，原告与点米公司签订了期限至2020年2月7日的劳动合同，在第二条工作地点与工作内容中约定刘某的岗位为服务人员/配送员。在第三条工作时间与休息休假中约定：点米公司因工作需要安排刘某加班加点的，刘某应服从统一安排；点米公司按规定支付加班加点的报酬，以保证刘某的合法权益；刘某加班工资计算基数为合同履行地的最低工资，刘某加班需填写加班申请单并获得批准，否则视为刘某同意点米公司不支付加班费；若因刘某个人原因需超时完成工作任务，不能算作加班。第四条劳动报酬约定双方协商月基本工资1890元，其他各项补贴、加班费、服务提成等根据实际工作情况支付。点米公司保证刘某工资不低于其劳动所在地的最低工资标准。2018年4月8日，点米公司向原告发出解除劳动合同通知书，通知刘某双方之间的劳动合同于该日解除。

刘某的工资构成包括基本工资、其他奖励、高温补贴、加班费、单量提成、假日三薪，奖励部分每月数额不等。加班费数额不等，点米公司主张该部分加班费为双休日跑单的提成加补贴，假日三薪为法定节假日向骑手发放的提成和补贴。

关于加班情况，刘某提交了公证书，刘某通过手机登录APP软件，登录后，显示刘某的身份为点米公司西直门站员工。在相应的界面，显示有当月应出勤天数、已出勤天数、请假天数、未出勤天数，同时，在界面下方显示有效出勤时长。刘某依此自行制作加班统计表，根据界面上显示的有效出勤时长、出勤天数主张延时加班工资、双休日加班工资及考勤表记载的法定节假日出勤天数主张法定节假日11天加班工资。刘某认可在线时长不等于工作时长，在线时间可以自行控制。同时刘某主张每月超过28天的出勤天数是其自愿加班。

【案件焦点】

1. APP上显示的在线时间是否等同于实际工作时间；2. 特殊行业如配送行业加班费的考量因素；3. 法定节假日加班的特殊性。

【法院裁判要旨】

北京市西城区人民法院经审理认为：关于刘某主张点米公司支付延时加班费及双休日加班费的请求，其所依据的是本人统计的在线时长，但是在线时长不等同于工作时长，刘某所提交的证据只能证明其本人登录APP的在线时间，而无法证明其真正的工作时间，刘某以此累加主张加班费依据不足。同时，刘某对其岗位的特殊性和工作时间的特殊性是明知的，配送员的工作时间包括外出送餐时间和待命时间，其提供的服务为餐饮产品的配送，特殊的岗位性质决定无法按照标准工作时间安排工作，其工作时间也不限于工作日，其外出送餐按照订单数量享受相应的提成，并呈阶梯式增长，送单提成是其收入的绝大部分构成。在刘某不进行外送待命的情况下，其仍然享有保底工资，其多付出的劳动通过提成的形式予以体现。对刘某要求被告点米公司支付延时加班费及双休日加班费的请求不予支持。关于法定节假日加班工资，双方均认可仲裁裁决，予以确认。

北京市西城区人民法院依据《中华人民共和国劳动法》第三十九条、《企业职工带薪年休假实施办法》第三条之规定，判决如下：

一、点米公司支付刘某2017年2月9日至2018年3月31日期间法定节假日加班工资差额2228.71元；

二、驳回刘某的其他诉讼请求。

二审法院同意一审法院裁判意见。

【法官后语】

该案例代表了以网络主播、网约车司机、外卖骑手等为代表的非典型性行业的用工模式产生的新问题。在单位集中就业的传统标准劳动关系之外，各种形式的非标准劳动关系不断涌现，为劳动关系的法律调整提出了诸多新兴课题。[①] 非典型行业依托“网联网+”时代背景，灵活就业、灵活用工，给生活带来便利、给人民增加就业机会的同时，也给现行的用工方式、用工问题及法律规定提出了新的挑战，为劳动关系的界定和法律调整开放了空间。

劳动者的休息是恢复和增强劳动力的必要时间，也是人的生存需要，劳动者休息权的发展代表着一个国家劳动者享有基本权利的深度和广度，各个国家通过制定相关法律来保护劳动者，使劳动者充分享有休息权。我国将工时制与休假制相互配合，通过对标准工作时间、特殊工作时间及周休日、法定节假日等规定，为劳动者休息权的实现提供了法律保障。工作时间和休息时间构成了劳动者的所有时间，工作时间是指雇员在雇主的指令下，将自己的劳动力与雇主的生产资料进行有机结合，在实现劳动创造中消耗的具有一定拘束力的时间。[②] 工作时间一般具有“支配性”“关联性”“目的性”三个基本特征，其中的“支配性”主要体现雇主对雇员工作时间的支配程度；“关联性”强调从事与本职工作相关的业务；“目的性”以体现雇员的利益还是雇主的利益为出发点。

1. 配送行业加班费的考量因素

上文提到工作时间的三个基本特征——“约束性”“关联性”“目的性”——在安排加班的问题上，同样应当予以考虑。配送行业的“关联性”特点必然具备，只是在“约束性”和“目的性”方面有所弱化，具体从以下几方面进行考量。

（1）配送行业工作时间的确定。工作时间是劳动者为履行劳动义务而消耗的时间和劳动报酬的计发依据，但工作时间并不完全等同于实际劳动时间。现阶段，用人单位对送餐员的考勤管理相对较为松散，大多按照上线时间与下线时间是否间隔八小时来确定，即从配送员登录APP的接单时间与其退出APP的截单时间是否满

① 谢增毅：《我国劳动关系法律调整模式的转变》，载《中国社会科学》2017年第2期。
② 常凯：《劳动法》，高等教育出版社2011年版，第385页。

足八小时判断，在八小时内平台自动派单劳动者不可拒绝，满足八小时即可领到保底工资，配送员可退出系统。但是由于就餐时间较为固定，八小时强制在线的时间也存在着等待接单的空档期和实际工作的高峰期，行业的特殊性决定了无法真正计算出配送员的实际工作时间。

（2）配送行业劳动报酬的构成及计薪方式。配送员的工资构成大多包括基本工资、补贴、服务提成几部分，基本工资即完成八小时在线即可取得的工资，一般为当地最低工资。配送员的主要收入构成是提单工资，送单量、每单价格、距离远近、天气情况都与提单工资相挂钩，在刘某待命不进行外送的情况下，其仍然享有保底工资，其多付出的劳动通过提成的形式予以体现。且晚间、双休日及法定节假日的订单计提价均高于平时，高于平时提单标准的收入也体现了对其额外工作量的补偿。

（3）配送员对于该行业工作时间、工作模式的知晓和接受程度。入职时用人单位预先明确告知配送员工时的特殊性以及由此带来的工作时间与正常行业之间的区别，首先配送员决定是否理解和接受该种特殊性，其次配送员会考虑在特殊的行业和计薪模式下如何实现自己收入的最大化，如何既考虑收入的提高又能保证自己的休息权，其自身有知晓、考虑、接受、决定、实施的过程。比如，本案的配送行业从业人员自述明确知晓提成收入是其收入的大部分构成，实行多劳多得。用人单位的告知和劳动者的接受视为对特殊工作时间和工作模式的同意。

（4）配送行业加班是否属于用人单位的生产经营需要，配送员对于工作时间是否有自主权。这是核心的判断因素。在传统的工作模式下，启动加班是用人单位的生产经营需要，与个人的发展需求等无关；决定是否加班也大多是用人单位的单方决定权，即使劳动者不情不愿，最终也会选择服从，用人单位没有给劳动者自主选择权；加班的时间、方式、地点也是由用人单位根据工作任务等进行确定，也没有赋予劳动者自主选择的空间。可以说，在传统模式下，加班的决定权和主导权都在于用人单位，劳动者本人的自主选择权几乎没有。但是，配送行业并非如此，劳动者的自主选择权体现得非常明显，用人单位对工作时间的“支配权”弱化。选择权体现在以下几个方面：第一，配送员八小时在线时间之外的工作选择权，即对于已经完成规定任务之后用人单位再额外增加工作量的选择权。八小时之外的工作时间取决于个人意愿和个人安排，用人单位对于其满足基本时间外的工作时间和工作量没有额外要求。第二，对于自己劳动报酬多少的判断和选择权，劳动者的个人需求与个人意愿起主要作用，多出于自发需要和经济利益的需求，与用人单位强行要求劳动者加班具有明显的不同，在此，工作时间“目的性”这一特征再次弱化，配送员在八小时之外仍选择不退出平台继续工作，是为了多完成工作量，进而取得相应的劳动报酬，而不是在已经完成规定任务之后用人单位再额外增加工作量。第三，对于如何实现自己休息权的选择权，从配送员自己登录的手机操作页面来看，在页面下方明确备注如需休息需要提前一周进行申请操作，是否选择休息、休息的天数很大程度掌握在劳动者手中。

2. 法定节假日加班的特殊性

法定节假日是“根据各国、各民族的风俗习惯或纪念要求，由国家法律统一规定用来庆祝及度假的休息时间的制度”①。我国法定节假日主要分为传统节日、政治性节日和特定身份和行业的纪念日。根据公民是否享有休息权，又分为全体公民均享有休息权的法定节假日、部分公民享有休息权的法定节假日及公民不享有休息权的法定节假日。

人在提供社会必要劳动时间之后，休息休假可以在较为自由的状态下享受丰富的文化生活，我国一些传统节日本身就是传统文化的重要载体，它通过周期复现的形式，强化着中华民族的文化认同意识，重视亲情的培育与表达，表达着我国人民的情感与信仰。法定节假日休息不仅保障劳动者的休息权，一定意义上也是经济价值与社会价值、文化价值与社会价值的博弈。法定节假日绝不仅仅承载了假日的功能，它还承载了一定的政治和文化功能，尤其是传统节日更寄托着一定的精神价值。也正是基于此，法定节假日加班费的标准高于延时加班和双休日加班。

试想，在万家团圆的节日，无论加班是否出于其自愿，配送员奔波在送餐路上，其内心不可能毫无波澜，这是国人情感寄托使然，也是法定节假日承载的特殊意义所在。因此，对于配送行业的法定节假日加班费问题，笔者倾向于由用人单位支付，当然，对于在法定假日额外发放的补助、高于平时和双休日的单量提成等应在计算时酌情进行考虑。

编写人：北京市西城区人民法院　李曦

---

① 夏征农：《大辞海·法学卷》，上海辞书出版社2003年版，第144页。

35

未出具离职证明造成损失的举证责任分配

——田某诉淘气公司劳动争议案

【案件基本信息】

1. 裁判书字号

北京市第三中级人民法院（2019）京03民终619号民事判决书

2. 案由：劳动争议纠纷

3. 当事人

原告（上诉人）：田某

被告（被上诉人）：淘气公司

【基本案情】

田某于2014年4月3日入职淘气公司，担任高级研发工程师，双方签有期限为2014年4月3日至2017年4月2日的劳动合同；田某的工资支付至2016年5月6日，最后出勤时间为2016年5月6日，后淘气公司与田某解除劳动合同。

田某曾就双方争议向北京市朝阳区劳动人事争议仲裁委员会（以下简称朝阳仲裁委）申请仲裁，要求继续履行双方的劳动合同，后朝阳仲裁委作出仲裁裁决书，裁决双方继续履行劳动合同。淘气公司不服，起诉至法院，审理过程中，田某仍要求继续履行劳动合同。经审理，法院于2018年2月6日作出（2017）京0105民初368号民事判决书，认定淘气公司属于违法解除劳动合同，但因劳动合同于2017年4月2日到期，淘气公司并无续签劳动合同的意思表示，故判决双方无需继续履行劳动合同。双方对该判决不服，均提起上诉，后二审法院判决驳回上诉，维持原判。

田某于2018年5月2日再次申请劳动仲裁，要求：1. 淘气公司支付2016年5月7日至2017年4月5日的工资损失；2. 淘气公司支付2017年4月6日至2017年

10月5日的竞业限制补偿金；3. 淘气公司支付劳动合同到期终止的经济补偿金；4. 开具离职证明。

田某主张其曾被其他公司录用并获取新工作，但因淘气公司未向其开具离职证明，导致其产生了工资损失。淘气公司主张2016年5月期间双方处于劳动争议诉讼仲裁阶段，田某要求开具离职证明的要求与其要求恢复劳动关系的请求相矛盾，而2017年10月时田某与公司仍处于劳动合同解除争议的仲裁期间，田某要求恢复劳动关系，而且在庭审中称其未找到新工作，田某的诉求与其在前案诉讼中的陈述自相矛盾。

后田某申请劳动仲裁，要求淘气公司交付股票、支付未开具离职证明造成的损失及补缴社会保险，朝阳仲裁委作出不予受理通知书。田某不服，提起本次诉讼，要求淘气公司支付未开具离职证明造成的损失等。

【案件焦点】

1. 淘气公司是否应当为田某出具离职证明；2. 若淘气公司应当为田某出具证明却未出具，该行为是否给田某造成了损失。

【法院裁判要旨】

北京市朝阳区人民法院经审理认为：本案中，田某关于淘气公司向其交付股票的请求，不属于法院审理劳动争议案件的范围，对此不予审理。淘气公司与田某解除劳动合同后，在（2018）京03民终5049号民事判决作出之前，双方一直处于劳动争议的仲裁及诉讼阶段，田某的诉讼请求系要求继续履行劳动合同，在此期间淘气公司无法为其出具离职证明，田某要求淘气公司支付2017年10月至2018年4月23日期间因未开具离职证明产生的工资损失的请求并无依据，不予支持。另田某关于其所获得新工作的时间均为上述诉讼过程中，其并未证明在此之后其被其他单位录用且因淘气公司未开具离职证明而受到损失，故对于田某要求支付2018年4月24日后的工资损失的请求不予支持。田某关于淘气公司返还个人物品、赔偿损失的请求，未经仲裁前置程序的审理，法院对此不予审理。

北京市朝阳区人民法院依照《最高人民法院关于民事诉讼证据的若干规定》第二条之规定，判决如下：

驳回田某的全部诉讼请求。

田某不服原审判决，提起上诉。北京市第三中级人民法院经审理认为：淘气公司与田某解除劳动合同后，田某曾于2016年5月27日向朝阳仲裁委申请仲裁，要求继续履行双方的劳动合同，仲裁裁决双方继续履行劳动合同后，淘气公司不服故起诉至法院，法院于2018年2月6日判决双方无需继续履行劳动合同，双方对该判决不服，提起上诉，后被判决驳回上诉，维持原判。至此，双方在上述期间一直处于劳动争议的仲裁及诉讼过程中，在田某要求继续履行劳动合同的请求尚未作出终审判决的情况下，田某向淘气公司主张上述期间内因未开具离职证明导致其不能就业的工资损失，缺乏事实及法律依据，不予采信。对于田某所主张的2018年4月24日后的工资损失，因其所提供证据显示其被其他单位录用及因缺少离职证明而不能就业的时间均为上述双方劳动争议期间，而其提供的2018年4月24日后的面试通知情况亦难以证明其已被录用但因缺少离职证明而导致损失，故对其该部分主张亦不予采信。综上所述，田某的上诉请求不能成立，应予驳回；一审判决认定事实清楚，适用法律正确，应予维持。

北京市第三中级人民法院依照《中华人民共和国民事诉讼法》第一百七十条第一款第一项规定，判决如下：

驳回上诉，维持原判。

【法官后语】

本案的争议焦点是用人单位是否应当为劳动者出具离职证明，若应当出具却未出具，是否应当赔偿损失。因此，本案主要涉及的是劳动者要求用人单位赔偿未出具离职证明造成的损失，双方各自应当承担的证明义务以及举证责任如何分配的问题。

1. 存在损害行为的举证责任

(1) 先决条件的证明义务

《中华人民共和国劳动合同法》第五十条规定，用人单位应当在解除或终止劳动合同时出具解除或者终止劳动合同的证明。根据该条规定，用人单位与劳动者解除劳动合同或终止劳动合同时，为劳动者出具离职证明系用人单位的法定义务。因此，劳动者若要求用人单位赔偿未出具离职证明造成的损失，首先应证明双方的劳动合同已经解除或终止，此为用人单位为劳动者出具离职证明的先决条件，也是劳动者应当完成的第一个举证责任。

(2) 离职证明出具与否的证明义务

当劳动者完成了证明其与用人单位已解除或终止劳动合同的举证责任后，用人单位往往抗辩称已经为劳动者出具了离职证明。如果用人单位以此为由进行抗辩，则其应当承担确已向劳动者出具离职证明的证明义务，若用人单位无法举证证明为劳动者出具过离职证明，则表明损害劳动者正当权益的行为已经发生。

2. 存在损害后果的举证责任

此类案件中，损害后果主要体现在劳动者从原用人单位离职后，被其他单位录用，却因为原用人单位未出具离职证明，而导致新用人单位终止录用。对此，劳动者应完成以下三项举证责任：(1) 新用人单位的招聘流程真实存在。用人单位招聘员工从发布招聘广告、简历筛选、面试再到复试，一般都有完整的招聘流程，劳动者为证明新单位的招聘流程真实存在，应当针对招聘流程的各个环节进行举证，举证责任完成得越充分，招聘流程真实的可能性就越高。(2) 劳动者被新用人单位录用，新的用人单位向劳动者发出了录用通知书，录用通知书中一般应当载明录用的岗位、职务以及薪资标准。(3) 新单位终止录用劳动者，新的用人单位在录用劳动者后，又终止了录用程序，决定不再与劳动者建立劳动关系，一般会向劳动者发出终止录用通知书。

3. 存在因果关系的举证责任

新的用人单位终止对于劳动者的录用可能是由很多原因造成，劳动者如果主张终止录用与原用人单位未出具离职证明有关，则劳动者应就二者存在因果关系进行举证，只有完成了相应的举证责任，才能形成完整的证据链推导出用人单位未出具离职证明的行为导致劳动者被新单位终止录用并产生工资损失。

本案中，劳动者与用人单位在2018年4月23日之前处于劳动关系解除纠纷中，且在该诉讼中劳动者要求继续履行劳动合同，因劳动合同解除或终止的先决条件尚未成立，法院未支持此前的工资损失。劳动者并未就招聘流程真实存在及终止录用与未开具证明的因果关系完成相应的举证责任，其关于支付2018年4月24日后的工资损失的诉求并无依据，因而败诉。

编写人：北京市朝阳区人民法院　白星晖

36

医疗期满继续病休劳动者的工资应予以支付

——王某诉玛丽公司劳动争议案

【案件基本信息】

1. 裁判书字号

北京市第三中级人民法院（2019）京 03 民终 16834 号民事判决书

2. 案由：劳动争议纠纷

3. 当事人

原告（被上诉人）：王某

被告（上诉人）：玛丽公司

【基本案情】

王某于 2016 年 10 月 11 日入职玛丽公司，工作岗位为会计，双方签订期限为 2016 年 10 月 11 日至 2018 年 10 月 10 日的劳动合同，约定试用期为 2 个月，试用期月工资标准为 4800 元，转正后月工资标准为 6000 元。

王某正常工作至 2016 年 12 月 26 日，后请休病假。2017 年 2 月 14 日至 2017 年 2 月 28 日期间，王某住院，进行左额顶开颅肿瘤切除手术、人工硬膜修补术，出院诊断为颅内占位性病变星形细胞瘤等，出院建议全休 3 个月。玛丽公司向王某发放工资至 2017 年 3 月 29 日。

2017 年 6 月 2 日，玛丽公司曾以王某自 2016 年 12 月 26 日起再未到岗为由解除与王某的劳动合同。双方因此产生纠纷，王某提出继续履行劳动合同的仲裁申请，北京市海淀区劳动人事争议仲裁委员会作出裁决，认为王某自 2016 年 12 月 27 日起请休病假，玛丽公司予以批准并依据王某的工作年限向其支付了医疗期工资，现玛丽公司未举证证明其公司曾安排王某返岗工作，亦未举证证明王某不能从事原工作，其公司曾给其另行安排过工作，王某亦对玛丽公司的解除理由不予认可，其应承担举证不能的不利后果，故玛丽公司对王某解除劳动合同的行为存在不妥，遂裁决撤销玛丽公司的解除劳动合同决定，双方继续履行劳动合同。该裁决书已经发生法律效力。

后王某称玛丽公司于2017年3月22日单方面社保减员，要求玛丽公司支付2017年3月30至2017年9月21日期间的工资，玛丽公司以王某医疗期已于2017年3月27日结束，而后其未经许可继续休病假却未到岗上班为由，不同意支付该期间的工资。王某就双方争议向北京市朝阳区劳动人事争议仲裁委员会提出仲裁申请。该仲裁委员会裁决驳回王某的仲裁请求。王某不服，诉至法院。

【案件焦点】

根据法律规定确定的医疗期满后，用人单位是否应向继续病休的劳动者支付工资报酬。

【法院裁判要旨】

北京市朝阳区人民法院经审理认为：王某于2010年参加工作，于2016年10月11日入职玛丽公司，至其开始病休即2016年12月27日时，其在玛丽公司工作年限不足1年，依照《企业职工患病或非因工负伤医疗期规定》第三条之规定，王某的医疗期应为3个月。

本案中，王某的医疗期截至2017年3月26日，但玛丽公司在其医疗期满时依法解除劳动合同，而其此后于同年6月所作解除劳动合同决定亦被生效裁决确认违法，进而被撤销。故双方的劳动关系仍然存续。王某提交的《出院诊断证明书》载明其自2017年2月28日出院后全休3个月，故其仍有权享受该期间病假工资待遇，对于王某主张的2017年3月30日至同年5月31日的病假工资予以支持。王某未就其于2017年6月1日后应继续病休举证，对于其主张的此后的病假工资不予支持。

北京市朝阳区人民法院依照《中华人民共和国劳动合同法》第三十条、《最高人民法院关于适用〈中华人民共和国民事诉讼法〉的解释》第九十条，参照《企业职工患病或非因工负伤医疗期规定》第三条之规定，判决如下：

一、玛丽公司于本判决生效后七日内支付王某2017年3月30日至2017年5月31日期间的病假工资3163.03元；

二、驳回王某的其他诉讼请求。

二审法院同意一审法院裁判意见。

【法官后语】

在劳动争议裁审实践中，涉医疗期的纠纷越发常见。医疗期纠纷往往牵涉许多具体或特殊的情形，司法处理颇为棘手。本案涉及的是劳动者医疗期满后的待遇问题，具体可从以下三个方面进行探讨。

1. 关于医疗期的性质问题

《企业职工患病或非因工负伤医疗期规定》第二条规定，医疗期是指企业职工因患病或非因工负伤停止工作治病休息不得解除劳动合同的时限。因此，医疗期在性质上属于解雇保护期限。设置医疗期的目的之一即在于保护劳动者在患病或非因工负伤情形下享受治疗的权利。医疗期并不是劳动者享受病假的最长期间。

2. 关于医疗期满后的处置问题

从用人单位的权益视角看，医疗期设置的另一目的在于保障用人单位的合法用工权利。在劳动者医疗期满后，其劳动关系及相关待遇如何处置是医疗期制度的关键。综合《中华人民共和国劳动合同法》第四十条第一项，《企业职工患病或非因工负伤医疗期规定》第六条、第七条，《劳动部关于贯彻〈企业职工患病或非因工负伤医疗期规定〉的通知》第二条等规定，劳动者医疗期满后的处置分为如下几种情形：

（1）若劳动者系患癌症、精神病、瘫痪等短时间内无法治愈的特殊疾病的，其在依法核算的医疗期满后不能返岗工作的，经企业和劳动主管部门批准，可以适当延长医疗期。

（2）若劳动者在医疗期满后能从事原工作的，双方应继续履行劳动合同。

（3）若劳动者在医疗期满后不能从事原工作的，用人单位应另行安排工作，若劳动者可以胜任的，双方继续履行劳动合同。

（4）若劳动者在医疗期满后不能从事原工作，也不能从事用人单位另行安排的工作的，用人单位应安排进行劳动能力鉴定。被鉴定为一级至四级的，应当退出劳动岗位，解除劳动关系，办理因病或非因工负伤退休退职手续，享受相应的退休退职待遇；被鉴定为五级至十级的，用人单位可以解除劳动合同，并按规定支付经济补偿金和医疗补助费。

(5) 若劳动者患病或者非因工负伤，劳动合同因届期终止的，用人单位应当依法支付经济补偿金和医疗补助费。

3. 劳动者在医疗期满后继续享受病假工资待遇的法律要件

劳动者在医疗期满后无正当理由未能返岗工作，其自然无权享受劳动报酬或病假待遇。劳动者在医疗期满后继续享受病假工资待遇应符合两项要件：其一是劳动者在医疗期满后无法从事原工作或用人单位另行安排的工作，或经医疗机构出具证明确需继续病休；其二是双方劳动关系未解除或终止，包括用人单位未行使解除劳动合同的权利或违法解除劳动合同。当然，实践中确实存在劳动者以患病为由，拖延不返岗工作以及部分医疗机构未按规定开具病休证明的情况，故一方面应当严格要求劳动者对于其医疗期后仍需休病假的情况进行举证，另一方面应当根据其所患疾病病情、用人单位调岗情况、病假审批情况等综合进行判断。

编写人：北京市朝阳区人民法院　吴克孟　姜真

37

以报销形式兑现的补助是否属于工资

——张某诉科技公司劳动争议案

【案件基本信息】

1. 裁判书字号

北京市丰台区人民法院（2019）京0106民初21333号民事判决书

2. 案由：劳动争议纠纷

3. 当事人

原告：张某

被告：科技公司

【基本案情】

张某于2010年7月1日入职科技公司，任财务部会计，2010年12月30日，其任职财务部经理。自2014年1月起其工资标准调整至20000元每月，工资构成包含基本工资、岗位工资、奖金、补助，占比分别为30%、30%、30%、10%。张某主张科技公司拖欠其2014年1月1日至2018年5月31日的补助、基本工资、岗位工资，其以上述原因为由于2018年6月1日从科技公司离职。现张某要求科技公司支付上述期间拖欠的补助、基本工资、岗位工资，共计141603元。

科技公司辩称，张某主张的拖欠工资中包含补助，双方约定自2017年11月起补助以报销形式兑现，每月支付2000元，本案前置仲裁的裁决结果中认定报销的补助不属于劳动报酬，不应当计入工资，这部分金额应当扣除，故张某主张2017年11月之后的补助是没有依据的。

本案经前置仲裁程序，由北京市丰台区劳动争议仲裁委员会作出裁决，认定双方已就劳动报酬中补助性质形成实质性变更，该项补助系以报销形式兑现，该项目不属于劳动报酬，遂驳回张某的该项仲裁请求。

张某主张科技公司应支付其2014年1月1日至2018年5月31日的补助、基本工资、岗位工资。张某就其上述主张提供个人工资变化说明、工资情况表、银行交易明细、工资表、仲裁开庭笔录等证据予以佐证。上述工资表显示张某每月基本工资为6000元、岗位工资为6000元、补助2000元，亦载明“截至2018年5月31日总共欠张某工资141603元”。上述银行交易明细中显示2017年12月7日转账记录中显示有2000元为“报销”。

科技公司对工资情况表的真实性持有异议，对其他证据的真实性均不持异议，对工资表中载明的拖欠工资141603元亦不持异议，其公司主张自2017年11月起补助系以报销形式结算，不属于劳动报酬，不应计入工资，应从141603元中扣除上述补助。

【案件焦点】

以报销形式兑现的补助是否属于工资。

【法院裁判要旨】

北京市丰台区人民法院经审理认为：关于拖欠工资，因双方均认可科技公司拖欠张某2014年1月1日至2018年5月31日工资141603元，对此法院不持异议。科技公司关于上述欠薪中应扣除2017年1月至2018年5月共17个月每月2000元补助的主张缺乏事实依据，不予采信。依据《中华人民共和国劳动法》第五十条

“工资应当以货币形式按月支付给劳动者本人。不得克扣或者无故拖欠劳动者的工资”之规定，对于张某主张科技公司支付2014年1月1日至2018年5月31日期间拖欠工资141603元的诉讼请求，予以支持。

北京市丰台区人民法院依照《中华人民共和国民事诉讼法》第六十四条规定，判决如下：

一、张某自2010年7月1日起至2018年5月31日止与科技公司存在劳动关系；

二、科技公司于本判决生效之日起7日内支付张某2014年1月1日至2018年5月31日期间拖欠工资141603元；

三、驳回张某的其他诉讼请求。

【法官后语】

本案的处理重点主要在于双方约定以报销形式兑现的补助是否应计入拖欠工资。

1. 本案中的补助是否属于工资

关于劳动者工资的组成部分，国务院发布的《关于工资总额组成的规定》第四条规定：“工资总额由下列六个部分组成：（一）计时工资；（二）计件工资；（三）奖金；（四）津贴和补贴；（五）加班加点工资；（六）特殊情况下支付的工资。”此外，劳动者的以下劳动收入不属于工资范围：（1）单位支付给劳动者个人的社会保险福利费用，如丧葬补助金、生活困难补助费、独生子女补助等；（2）劳动保护方面的费用，如用人单位支付给劳动者的工作服、解毒剂、清凉饮料费用等；（3）按规定未列入工资总额的各种劳动报酬及其他劳动收入，如根据国家规定发放的创造发明奖、国家星火奖、自然科学奖、科学技术进步奖、合理化建议和技术改进奖、中华技能大奖等，以及稿费、讲课费、翻译费等。综上，补助属于非工资范畴，并非工资六大组成部分之一。

然而，本案中张某不具有生活困难之类的情况，科技公司向张某支付的金额并非因职工生活困难而支付的费用，且该费用系以报销形式支取，金额固定为每月2000元，从庭审中双方证据判断此项金额的发放目的更多是弥补收入上的不足。补助与补贴之间的区别之一在于目的性不同，补助更多的是因职工生活困难而支付的费用，而补贴是为了保证职工工资水平不受物价上涨或变动影响而支付的费用。因此，本案中所谓的“补助”实际为补贴，应当属于工资组成范畴，应计入工资总额。

2. 报销款是否属于工资

《中华人民共和国劳动合同法实施条例》第二十七条规定：“劳动合同法第四十七条规定的经济补偿的月工资按照劳动者应得工资计算，包括计时工资或者计件工资以及奖金、津贴和补贴等货币性收入……”《劳动部关于贯彻执行〈中华人民共和国劳动法〉若干问题的意见》第五十三条规定：“劳动法中的‘工资’是指用人单位依据国家有关规定或劳动合同的约定，以货币形式直接支付给本单位劳动者的劳动报酬，一般包括计时工资、计件工资、奖金、津贴和补贴、延长工作时间的工资报酬以及特殊情况下支付的工资等……”由此可见，工资的定义是“劳动报酬”，是劳动者提供劳动所获得的直接收入，是由劳动者全额支配的净收入。如果有关补贴需要凭票报销，实际上列入了经营成本由企业承担，还有劳动者需要用于差旅的支出，因为劳动者本身并非实际支配该补贴，所以这种情形下不能视为劳动者的劳动报酬，不能认定为工资的组成部分。因此，报销款原则上不属于工资范畴，其是用人单位对劳动者因工发生的相关费用的一种补偿，通常为实报实销，数额不固定。一般情况下，如果用人单位能提供员工报销的票据，且票据金额与实际报销金额一致，报销发生时间不固定，报销款支付金额不固定，报销款不会被认定为工资。实践中，有些用人单位每月给员工一定额度的补助，但不是直接发放现金，而是要求员工提供票据报销。在工资发放过程中，应严格区分报销款和工资。

3. 以报销形式兑现的补助是否属于工资

然而，补贴的发放形式决定了其属性，有些用人单位每月固定发放报销款，以票据报销形式支付劳动者补助的行为系其公司为了逃避税收等监管而刻意为之。这种情况下的固定报销款名为报销，实为工资。具体而言，如果双方约定了每月有固定的金额作为补贴工资发放，且每月均可以凭发票领取，则可以认定该报销款并不是真的凭票报销的款项，而是以报销款项名义支付的工资。

具体到本案中张某与科技公司之间明确约定其工资构成中包含补助，且双方约定的报销形式支付的补助金额是固定的，并非根据张某工作原因实际发生的款项实报实销。此外，科技公司与张某关于工资构成中包含补助及补助金额的比例在双方签订的合同中有详细约定，且该合同系制式合同，公司员工均签订有此种合同，也就是说本案争议焦点的补助在该公司内人人有份。同时，科技公司亦认可该项补助系用人单位对劳动者的福利。故参照《国家税务总局关于生活补助费范围确定问题的通知》第二条第二项规定，从福利费和工会经费中支付给本单位职工的人人有份的补贴、补助不属于免税的福利费范围，应当并入纳税人的工资、薪金收入计征个人所得税，因此科技公司以票据报销形式支付张某补助，该项补助性质实际应为工资，应将其列为劳动者的正常工资收入。

编写人：北京市丰台区人民法院　刘钟泽

38

以非货币形式发放工资行为的法律效力

——吴某诉两极公司劳动争议案

【案件基本信息】

1. 裁判书字号

北京市第一中级人民法院（2019）京 01 民终 8364 号民事判决书

2. 案由：劳动争议纠纷

3. 当事人

原告（上诉人）：吴某

被告（被上诉人）：两极公司

【基本案情】

吴某于 2016 年 9 月入职两极公司，担任销售部总监。双方约定，吴某税前固定月薪人民币 26000 元，绩效奖金根据公司相关规定执行，主要福利包括五险一金、商业保险、带薪年假、年度体检、免费午餐、加班晚餐、通信补贴等。

两极公司主张，吴某每个月的工资均通过银行转账和关爱通积分方式分别发放，但吴某主张发放的关爱通积分并非工资组成部分，而是公司福利。双方均确认关爱通积分 1 分可折抵 1 元使用，通过网络平台可用于购买购物卡、充值缴费、偿还信用卡等。吴某主张通过关爱通积分消费需支付6%手续费。

吴某主张，2018年5月30日，两极公司人事经理通过口头方式以其泄露公司机密为由解除劳动合同。两极公司则主张2018年6月13日吴某自行提出离职，离职理由为公司经营状况不理想。两极公司提交的《员工主动离职申请及审批表》显示离职申请人处有吴某签字，离职理由处勾选选项为：管理原因——公司管理状况。吴某对其本人签字真实性认可，但主张离职原因并非本人勾选。

就十三薪一节，吴某主张每年年底存在十三薪，吴某提交了电子邮件、招聘广告予以佐证。两极公司主张该公司在成立之初的宣传中有十三薪的宣传，之后实际履行过程中均变更为年终奖，根据公司业绩和员工工作表现进行核定。

吴某起诉，请求判令两极公司支付：（1）2016年9月1日至2018年6月13日期间工资差额239011.48元及赔偿金59725.87元；（2）违法解除劳动合同赔偿金104000元；（3）2016年9月1日至2016年12月31日期间、2018年1月1日至2018年6月13日期间十三薪17300元。

【案件焦点】

1. 以关爱通积分形式发放工资是否合法，该发放行为的效力如何认定；2. 劳动合同解除的原因是什么；3. 吴某存不存在十三薪。

【法院裁判要旨】

北京市海淀区人民法院经审理认为：吴某主张两极公司发放的关爱通积分并非工资组成部分，属于公司福利，但未能就此提交相应证据。结合双方所确认的关爱通积分可通过网络平台进行消费，即关爱通积分可用于变现，依据《最高人民法院审理劳动争议案件适用法律若干问题的解释（四）》第十一条之规定，吴某在职期间长达近两年均未对其工资发放方式提出异议，有理由认为双方已就吴某工资支付方式达成一致，从而确认两极公司通过银行转账及关爱通积分方式支付工资。依据两极公司提交的工资表所载工资（除绩效奖金）、事假天数以及双方确认的绩效奖金实际发放情况核算，两极公司确存在未足额支付吴某工资之情形，经核算，两极公司应向吴某支付2016年9月1日至2018年6月13日期间工资差额4442元。

就违法解除劳动合同赔偿金一节，吴某虽主张两极公司曾口头解除劳动合同，并提交录音证据予以佐证，但该录音证据形成时间晚于吴某所主张之公司提出解除劳动合同时间，未能客观反映其所持两极公司与其解除劳动合同之事实，且其所提交的录音证据未能明确显示两极公司曾提出与吴某解除劳动合同。反而，两极公司提交的《员工主动离职申请及审批表》所载文件抬头即载有“员工主动离职”字样，离职原因处勾选理由为公司经营状况，确与两极公司所持因公司经营状况不佳吴某主动提出离职之主张相符。吴某要求两极公司支付违法解除劳动合同赔偿金，依据不足，不予支持。

就十三薪一节，吴某主张每年年底存在十三薪，然而双方签署的劳动合同明确约定工资待遇以录用通知为准，《录用通知函》中未显示两极公司与吴某存在十三薪约定，仅凭招聘广告不足以证明双方存在十三薪约定。因此，对于吴某要求两极公司支付十三薪的诉讼请求，不予支持。

北京市海淀区人民法院依据《中华人民共和国劳动合同法》第三十条第一款之规定，判决如下：

一、两极公司于判决书生效之日起七日内支付吴某 2016 年 9 月 1 日至 2018 年 6 月 13 日期间工资差额 4442 元；

二、驳回吴某的其他诉讼请求。

吴某不服一审判决，提起上诉。北京市第一中级人民法院经审理认为：《中华人民共和国劳动法》第五十条规定，工资应当以货币形式按月支付给劳动者本人。不得克扣或者无故拖欠劳动者的工资。该规定属于强制性法律规定。原中华人民共和国劳动部为配套《中华人民共和国劳动法》颁布施行而制定的《工资支付暂行规定》第五条亦强调：“工资应当以法定货币支付。不得以实物及有价证券替代货币支付。”而以非货币形式支付工资的行为，显然严重冲击了我国的财政、税收及社会保险等体系制度，应当严格禁止。故以非货币形式支付工资的行为，不发生工资支付的法律效力，一审判决适用法律有误，应予纠正。两极公司应向吴某支付 2016 年 9 月 1 日至 2018 年 6 月 13 日期间未足额发放的货币工资部分。

就劳动合同解除一节，二审法院认同一审法院的意见。

就十三薪一节，两极公司一审中认可其公司成立时存在固定十三薪的宣传，但后来变更为年终奖。而就十三薪（年终奖）的发放条件，两极公司一审中先陈述“未工作满一年按照在职时间进行核算”，后变更为“发放时候要求员工核算年度的最后一天均在职”。既然两极公司自认其公司曾实行十三薪制度，只是后来变更为年终奖，那么如果这一变更对员工不利——比如金额由原来的固定金额变成按照公司经营状况和员工表现进行核定，甚至可以不发放——两极公司应就这一关涉员工重大利益的变更提供证据，以证明员工同意相关变更，并需就变更后的年终奖的发放条件、标准、制度依据等提供证据加以证明。然而本案中，两极公司并未进行相关举证，故应承担举证不能的后果。吴某关于十三薪的请求，应予支持。

北京市第一中级人民法院依照《中华人民共和国劳动法》第五十条、《中华人民共和国民事诉讼法》第一百七十条第一款第二项规定，判决如下：

一、撤销一审判决；

二、两极公司于本判决书生效之日起七日内支付吴某2016年9月1日至2018年6月13日期间工资差额167403.03元；

三、两极公司于本判决书生效之日起七日内支付吴某2016年9月至2016年12月、2018年1月至2018年6月期间十三薪17300元；

四、驳回吴某的其他诉讼请求。

【法官后语】

本案中，诉讼双方就多个争议焦点展开了较为激烈的诉辩。抛开其他争议焦点，笔者认为，厘清以关爱通积分发放工资这一行为的法律性质和效力，对实务中时常发生的以非货币形式发放工资的现象，颇具借鉴意义。

首先，从制度层面看，《中华人民共和国劳动法》第五十条规定，工资应当以货币形式按月支付给劳动者本人。不得克扣或者无故拖欠劳动者的工资。该规定属于强制性法律规定。《工资支付暂行规定》第五条亦强调：“工资应当以法定货币支付。不得以实物及有价证券替代货币支付。”可见，从法律到行政规章，皆强制规定工资应当以货币形式支付给劳动者。因此，以非货币形式发放工资的行为有违法律和行政规章，属违法行为，有关行政部门可以依法对其进行行政处罚。

其次，在行政处罚之外，这种违法行为在民事上有没有效？换言之，有没有必要从价值评判的角度对其在民法上的效力亦予以否定？笔者认为，行政处罚仅能事后制裁用人单位的违法行为，对于劳动者利益的保护却无济于事。比如本案中，尽管通过网络平台，关爱通积分可用于购买购物卡、充值缴费、偿还信用卡等，但其一，关爱通积分仅能在指定网络平台使用，无法像法定货币那样在广大场所均能使用，这就极大地限制了劳动者本应享有的消费自由。其二，由于只能在指定平台使用，劳动者无法货比三家，没有议价能力，必将陷其于极不利的地位。其三，通过关爱通积分消费需支付一定比例的手续费，这直接降低了劳动者的购买力，变相降低了其劳动所得。最严重的是，既然关爱通积分可以用以支付工资，那么其他网络平台的虚拟货币、卡、券也可以用来发工资，进而也没有理由否定用肉、蔬菜、鞋子、书等实物抵工资的行为，这显然是荒谬的，且严重危害我国的货币、财政、税收及社会保险等诸多制度体系和经济秩序。因此，以非货币形式发放工资的行为应当被严格禁止。《中华人民共和国劳动法》第五十条应被看作强制性规定，违反该规定，即损害了国家和社会公共利益，应给予效力上的否定。以非货币形式发放工资的行为因违反了效力性规定，自然不发生工资支付的法律效果，劳动者可以主张工资差额。至于已经发放的非货币工资，由于民事行为无效，用人单位可以依据《中华人民共和国民法典》第一百五十七条向劳动者主张返还。

另外，一审判决认可两极公司这种行为的一个原因是，吴某在职期间未对其工资发放方式提出异议，故有理由认为双方已就吴某的工资支付方式达成一致，从而确认两极公司以关爱通积分方式支付工资的效力。一审判决的这种认识是欠妥当的。其一，从《中华人民共和国民法典》和现今通说来看，民事法律行为无效，本质上是因其损害了国家和社会公共利益或者是违背了公序良俗，故法律从行为效力上给予其否定评价，令其达不到民事主体所希望发生的法律效果。因此，法律并不因该行为是单方行为还是合同行为而有所区别评价。其二，为保护相对人的利益免遭不当侵害，《中华人民共和国民法典》第一百四十条明确规定，行为人可以明示或者默示作出意思表示。沉默只有在有法律规定、当事人约定或者符合当事人之间的交易习惯时，才可以视为意思表示。而本案中，吴某既没有明示其同意以关爱通积分发放工资，也没有以行为作出默示同意的意思表示；至于其使用关爱通积分购物的行为，是向网络平台和卖家作出，并非向两极公司作出，自然也不能视为同意以关爱通积分发放工资的意思表示；即使吴某在职期间未对工资发放方式提出异议，这也只是民法上的“沉默”，在没有法律规定、当事人约定或者当事人之间的交易习惯时，沉默绝不能视为意思表示。

编写人：北京市第一中级人民法院　吴博文

39

员工离职原因不明的情况下用人单位是否支付补偿应区分具体情况进行认定

——宏福公司诉杨某劳动争议案

【案件基本信息】

1. 裁判书字号

北京市第二中级人民法院（2019）京02民终1784号民事判决书

2. 案由：劳动争议纠纷

3. 当事人

原告（上诉人）：宏福公司

被告（被上诉人）：杨某

【基本案情】

杨某为宏福公司员工，岗位为司机，月平均工资4000元。杨某与宏福公司的劳动合同于2017年12月31日到期。宏福公司于2017年12月1日向杨某发送终止（解除）续订劳动合同通知书。此后，双方对续订合同内容存在异议，未能签订合同。杨某的工资发放至2018年1月31日。双方均认可劳动关系已解除。

关于入职时间，杨某主张为2011年9月20日，但未能举证。双方均认可的外部应聘人员登记表、员工履历表、员工录用审批表、薪酬调查表、专业面试评价表显示杨某的入职时间为2011年10月30日。

关于劳动关系的解除时间及原因，宏福公司主张双方在2018年1月一直协商续签事宜，杨某实际工作至2018年1月30日。杨某认可双方未能达成一致的续签意见，其本人在2018年1月30日之后仍正常出车，出车单均在宏福公司保存，2018年3月7日被宏福公司经理口头辞退。一审法院审理中曾向杨某释明如无法认定违法解除，是否同意变更诉讼请求为主张解除劳动合同经济补偿金，杨某表示同意。

关于工资，杨某主张其2016年3月7日至2018年3月7日期间存在延时加班工资、周六日加班工资及法定节假日加班，宏福公司克扣其2017年10月1日至2018年1月31日期间工资，但未能提交证据，宏福公司对此不予认可。杨某未就入职宏福公司之前的工作年限举证。宏福公司主张春节期间统一安排休年假，提交了2016年2月、2017年1月和2017年2月考勤表。杨某不予认可。

【案件焦点】

1. 本案劳动关系解除时间的认定；2. 本案劳动关系解除原因的认定；3. 劳动者主张赔偿金，法院根据查明的事实能否改判经济补偿。

【法院裁判要旨】

北京市大兴区人民法院经审理认为：宏福公司提交的终止（解除）续订劳动合同通知书不足以证明杨某离职时间为2018年1月31日，故采信杨某于2018年3月7日离职的主张，确认双方自2011年10月30日至2018年3月7日存在劳动关系。宏福公司应当支付杨某2018年2月1日至2018年2月28日期间工资。

杨某主张宏福公司无故违法辞退，未提交证据，宏福公司虽不予认可，但亦未就离职原因举证，故法院比照协商一致解除劳动关系情形，判令宏福公司支付解除劳动关系经济补偿金。

杨某就克扣工资及存在加班的情况未能举证，故对其主张工资差额和加班工资的诉讼请求不予支持。宏福公司提交的考勤表不足以证明已安排杨某休带薪年休假，故应当支付杨某2016年3月10日至2018年3月7日期间未休年休假工资。杨某的工作岗位为司机，故其要求支付高温津贴，没有事实依据，不予支持。杨某未举证证明其与公司就冬季取暖补贴支付标准有约定，对其要求支付冬季取暖补贴的诉请，不予支持。

北京市大兴区人民法院依据《中华人民共和国劳动合同法》第七条、第三十条、第四十七条第一款、第三款，《职工带薪年休假条例》第三条、第五条之规定，判决如下：

一、确认杨某与宏福公司自2011年10月30日至2018年3月7日期间存在劳动关系；

二、宏福公司支付杨某解除劳动关系的经济补偿金 28000 元；

三、宏福公司支付杨某 2018 年 2 月 1 日至 2018 年 2 月 28 日期间工资 4000 元；

四、宏福公司支付杨某 2016 年 3 月 10 日至 2018 年 3 月 7 日期间未休年休假工资 3678.16 元；

五、驳回杨某的其他诉讼请求；

六、驳回宏福公司的其他诉讼请求。

宏福公司不服一审判决，提出上诉。北京市第二中级人民经审理认为：宏福公司于劳动合同到期前向杨某发送终止（解除）续订劳动合同通知书，如杨某不同意续签劳动合同，宏福公司应当在劳动合同到期之日终止双方劳动关系。但宏福公司未与杨某终止劳动合同，杨某在 2017 年 12 月 31 日以后仍在该公司工作。宏福公司主张杨某工作至 2018 年 1 月 30 日离职，但未能提交证据予以证明。杨某主张此后仍然正常工作至 2018 年 3 月 7 日，出车单均由宏福公司保存。综合双方举证能力及举证情况，一审法院采信杨某的主张，认定其正常工作至 2018 年 3 月 7 日，确认杨某与宏福公司在 2011 年 10 月 30 日至 2018 年 3 月 7 日期间存在劳动关系，并无不当。中建宏福应当支付杨某 2018 年 2 月 1 日至 2018 年 2 月 28 日期间的工资。

杨某与宏福公司就劳动关系解除原因均未能提交证据，同时，考虑到双方一直在协商续签事宜但未能达成一致的实际情况，一审法院比照协商一致解除劳动关系，判令宏福公司支付杨某解除劳动关系经济补偿金，并无不当，予以维持。

宏福公司上诉主张春节期间统一安排休年假，不同意支付未休年休假工资，但该公司提交的考勤表不足以证明已安排杨某休带薪年休假，亦未能提交证据证明已告知杨某超出法定节假日的休息天数为年假。一审法院判令宏福公司支付 2016 年 3 月 10 日至 2018 年 3 月 7 日期间未休年休假工资，并无不当，予以维持。

北京市第二中级人民法院依照《中华人民共和国民事诉讼法》第一百七十条第一款第一项之规定，作出如下判决：

驳回上诉，维持原判。

【法官后语】

劳动合同的解除存在多种情况，用人单位提出解除、双方协商解除、劳动者自行离职等各种情形均存在可能。对于用人单位来说，根据解除原因的不同存在支付违法解除劳动合同赔偿金、支付解除劳动合同经济补偿金，或者无需支付任何款项三种情形。劳动合同解除原因的认定对于劳动双方影响甚大，法院应当结合双方的主张及证据尽可能查明劳动者离职的真实原因。

但在实践中，往往有部分案件无法查明员工劳动者离职的真实原因。比如，本案劳动者杨某与用人单位宏福公司均认可劳动关系已经解除，但对于解除原因则各执一词。劳动者主张被违法辞退，用人单位则主张劳动者自行离职。此种情况下应该如何分配举证责任，从目前的法律规定看并没有具体的规范。司法实践中，对于此类问题，多认定为视为双方协商一致解除劳动合同，判令用人单位支付解除劳动关系经济补偿金。

关于离职真伪不明的案件，多数情况下，系因用人单位口头辞退，劳动者离开后无法证明劳动关系已经解除及解除原因。考虑到劳动者在劳动关系中的弱势地位，客观上无法获得与案件相关的证据，基于劳动法的倾斜保护原则，采取折中方式，比照协商一致解除判令用人单位支付解除劳动关系经济补偿金，有利于实现公平，保护劳动者合法权益。但不排除少数劳动者主动离开用人单位，事后却主张用人单位违法解除。此种情况一律比照协商一致解除劳动关系，超出合理限度，将会导致用人单位的合法权益受到侵害。

综上，劳动者离职原因不明是否可以直接视为双方协商一致、劳动者是否能够获得经济补偿，是法官自由裁量权的一种具体体现，应结合双方主张、证据，运用逻辑经验区别对待，不宜一律比照协商一致解除进行认定。

本案中，劳动者主张违法解除劳动合同赔偿金，首先应适用“谁主张，谁举证”的基本原则，由劳动者证明系用人单位解除劳动合同，在此基础上，由用人单位举证证明解除劳动合同的合法合理性。杨某与宏福公司均认可双方劳动关系已解除，因此需要法院结合双方当事人主张及举证就解除原因进行查明。考虑到双方一直在协商续签事宜但未能达成一致的实际情况，法院推论双方基于该事实，均无劳动关系继续存续的本意，最终比照协商一致解除判令解除劳动关系经济补偿金。但如果根据查明的事实，劳动者存在严重违反规章制度的事实在先，或者此前有辞职的主观意愿，对于离职原因不能自圆其说或不符合逻辑，此种情况下，不排除劳动者在解除事实必然来临之前以提起仲裁的方式“先下手为强”。此种情况，则需要法院综合已查明的事实，根据日常经验法则作出合理的认定，以切实维护劳动者和用人单位的合法权益。

此外，违法解除劳动合同赔偿金与解除劳动关系经济补偿金均是基于劳动合同解除的事实支付给劳动者的补偿。如法院在审理中发现劳动者主张违法解除劳动合同赔偿金的诉请无法支持，可释明其是否同意变更为解除劳动关系经济补偿金，如劳动者同意变更，可直接予以处理。此种做法既维护了当事人的实体权利，又能节约司法资源，避免当事人诉累。

编写人：北京市第二中级人民法院　易晶晶

五、竞业限制

40

竞业限制协议“通知履行”条款的效力认定

——张某诉更美公司劳动争议案

【案件基本信息】

1. 裁判书字号

北京市第一中级人民法院（2019）京01民终4975号民事判决书

2. 案由：劳动争议纠纷

3. 当事人

原告（上诉人）：张某

被告（被上诉人）：更美公司

【基本案情】

张某于2016年10月10日入职更美公司，担任高级副总裁，月基本工资为80000元。张某工作至2017年2月28日，双方劳动关系于当日解除，解除原因为张某因个人原因提出辞职。更美公司（甲方）与张某（乙方）签订的劳动合同第三十八条、第三十九条分别约定张某在职期间，劳动合同无论因任何原因终止或解除后24个月内，负有竞业限制义务；第四十一条约定“乙方自从甲方离职时，甲方将在离职日开始的3个月内通知乙方是否需要履行竞业限制义务，如果届时未通知，则视为无效”；第四十六条约定“……2. 若乙方违反本协议项下之保密义务或第三十八条和第三十九条的任何约定，则甲方有权视情况单方决定要求乙方支付人民币100万元的违约金。3. 若乙方违反本协议项下之竞业限制义务，甲方有权不支付或立即停止支付竞业限制补偿金，要求乙方返还甲方已支付的全部竞业限制补偿金及利息，同时有权要求乙方一次性支付违约金”。

更富公司成立后法定代表人为柴某（张某之妻），2017年2月22日变更为张某。更美公司与更富公司的经营范围均包括医美机构在互联网平台的策划推广业务。更美公司在双方劳动合同解除之日起三个月内，通过向张某在劳动合同中提供的地址邮寄快递、发送手机短信与电子邮件的多种途径，通知张某履行竞业限制义务。更美公司已向张某支付2017年3月1日至2017年5月31日期间竞业限制补偿金72000元

更美公司主张张某违反竞业限制义务的行为给其公司造成损失，主要包括：（一）直接损失为：客户流失的损失，包括丽姿公司及其他客户，估算为70万元。（二）间接损失为：1. 员工人力成本的流失损失，每月为183068元。更美公司主张因张某离职后雇用了8名其公司员工，导致上述员工离职而给其公司造成该项损失；2. 潜在客户的流失损失，估算为20万元。

【案件焦点】

1. 竞业限制协议中“通知履行”条款的法律效力；2. 违反竞业限制义务违约金数额的确立。

【法院裁判要旨】

北京市海淀区人民法院经审理认为：双方劳动合同中第三十九条约定劳动合同解除后24个月内张某负有竞业限制义务，又于第四十一条中约定，更美公司将在张某离职后三个月内通知其是否需要履行竞业限制义务，如果届时未通知，则视为无效。就此，在双方关于履行竞业限制义务的约定已经发生法律效力的情形下，是否无效并非通过约定途径即可实现，加之从维护合同稳定性及保护守约者权益角度考虑，此处“无效”实际应作“解除”的解释。更美公司通过上述第四十一条的约定，意在赋予自身在竞业限制期开始之后的解除权而未载明自身的法律义务，则相应的法律后果应依法予以填平，以保障劳动者的合法权益，但尚不足以推翻双方劳动合同第三十九条关于竞业限制约定的法律效力。进而，更美公司已在双方劳动合同解除之日起三个月内，通知张某履行竞业限制义务，故对张某所持其无需履行

竞业限制义务的主张不予采纳。

张某在职更美公司期间即已担任更富公司的法定代表人，离职后亦在更富公司开展竞争业务，其两项行为均已违反了双方劳动合同关于竞业限制的约定，故依据双方劳动合同第四十六条的约定，张某应向更美公司支付违反竞业限制义务违约金。至于违约金数额，张某提出了约定过高的意见，就此考虑到其担任更美公司高级副总裁期间，掌握有该公司的客户资源、市场报价等核心商业秘密，从事竞争业务势必给更美公司造成损失，以此为基础，兼顾竞业限制约定的履行情况、张某在更美公司的多名团队成员亦入职更富公司的情况、张某的过错程度、预期利益等综合因素，根据公平原则和诚实信用原则，酌定张某应向更美公司支付违反竞业限制义务违约金 500000 元。

北京市海淀区人民法院依据《中华人民共和国劳动合同法》第二十三条之规定，判决如下：

一、张某于本判决生效之日起十日内，向更美公司返还竞业限制补偿金 72000 元并支付利息 504 元；

二、张某于本判决生效之日起十日内，向更美公司支付违反竞业限制义务违约金 500000 元；

三、张某继续与更美公司履行双方劳动合同中约定的竞业限制义务、保密义务及不招揽义务。

二审法院同意一审法院裁判意见。

【法官后语】

从竞业限制的立法本意上思考，一方面，对用人单位而言：商业秘密对企业的生存、发展至关重要。近年来，因员工跳槽而引发的商业泄密事件层出不穷，尤其是客户资料、技术技艺、产品配方等核心机密的泄露，会给企业造成重大损害，导致企业竞争力的严重下降。另一方面，对劳动者角度而言：自由择业权、生存权同样应获得法律保障。故竞业限制制度的立法设计，是对劳动双方合法权益的充分平衡，即劳动者经同意，让渡部分就业权作为相应的对价，用人单位应当向劳动者支付一定数额的补偿，以弥补就业权首先而给劳动者造成的损失。

随着用人单位对于商业秘密重视程度的不断提升，与劳动者签订的竞业限制协议的内容也不断丰富。笔者注意到，部分用人单位尤其是互联网企业，为了使自身利益最大化，在与劳动者明确约定了竞业限制期限的前提下，同时又加以约定“通知履行”条款，即如未在约定期限内通知履行竞业限制义务的，则劳动者无需履行。此种情形下，应当从以下方面进行审查认定：

第一，用人单位与劳动者约定了劳动合同解除后的竞业限制义务，该约定不违反法律法规的强制性规定，应属合法有效。

第二，在劳动合同解除后劳动者是否需履行竞业限制义务不应处于待定状态。用人单位与劳动者在劳动合同中约定了竞业限制条款，用人单位如在此后认为劳动者不必履行竞业限制约定的，应当明确告知劳动者。在用人单位告知前劳动者已按约定履行了义务，可以要求用人单位支付履行期间的经济补偿。

用人单位通常在竞业限制协议中约定违约金条款，多数劳动者会提出抗辩认为违约金数额约定过高，造成双方权利失衡。违反竞业限制义务的违约金数额如何酌定，有赖于以下案件事实的查明：（1）用人单位实际损失情况，包括已产生的损失、可预见的合理范围内的可得利益损失；（2）劳动者在用人单位的岗位、掌握商业秘密的范围、程度；（3）劳动者的过错程度；（4）竞业限制协议的履行情况；（5）劳动者在职期间的薪资水平、工作年限、竞业限制补偿金的数额；（6）其他与争议相关的案件事实。

在查明以上案件事实的基础之上，《最高人民法院第八次全国法院民事商事审判工作会议纪要》给出了酌定违约金数额的思路：用人单位和劳动者在竞业限制协议中约定的违约金过分高于或者低于实际损失，当事人请求调整违约金数额的，人民法院可以以实际损失为基础，兼顾合同的履行情况、当事人的过错程度以及预期利益等综合因素，根据公平原则和诚实信用原则予以衡量，并作出裁决。

编写人：北京市海淀区人民法院　王琰

41

竞争关系的认定与竞业限制违约金畸高的酌减

——刘某诉安迅公司劳动争议案

【案件基本信息】

1. 裁判书字号

北京市第三中级人民法院（2019）京03民终2100号号民事判决书

2. 案由：劳动争议纠纷

3. 当事人

原告（上诉人）：刘某

被告（上诉人）：安迅公司

【基本案情】

刘某于2015年12月31日与安迅公司建立劳动关系，岗位为总裁，工作内容为负责安迅公司的全面管理，双方签订了期限为三年的《劳动合同书》及期限为两年的《保密与竞业限制协议》。

《保密与竞业限制协议》中列举的竞争企业未包括宅急送公司，但表述为“包括但不限于”；竞业限制补偿金标准为离职前十二个月平均月工资的30%；竞业限制违约金为竞业限制期内应支付的竞业限制补偿金总额的3倍。诉讼中，该协议到期。

刘某于2016年9月29日向安迅公司提出辞职，最后出勤日为2016年11月4日。刘某离职前12个月的月平均工资为15万元。刘某于2016年11月入职宅急送公司，担任总裁。在入职安迅公司前，刘某曾在宅急送公司工作17年，最后职务为副总裁。

宅急送公司与安迅公司营业执照上的经营范围均包括普通货运、仓储、国际航空货物运输。安迅公司主营业务为大宗货物物流，宅急送公司主营业务为小件物流。安迅公司曾经将自身过量的电器货物运输业务委托给宅急送公司承担。刘某在安迅公司担任总裁期间，曾参与安迅公司收购宅急送公司的相关事宜。

安迅公司曾向北京市朝阳区劳动仲裁委提出仲裁申请，要求裁决：刘某支付违反竞业限制义务的违约金。该仲裁委裁决：刘某支付安迅公司违反竞业限制义务的违约金337万元。刘某不服，诉至法院。

【案件焦点】

1. 宅急送公司与安迅公司是否存在竞争关系；2. 安迅公司要求刘某支付的竞业限制违约金是否畸高。

【法院裁判要旨】

北京市朝阳区人民法院经审理认为：

1. 关于宅急送公司是否为安迅公司的竞争企业。从经营范围看，两公司的业务范围存在一定的重合；从实际运营看，两公司存在经营同类或类似业务的行为。故两公司应属竞争企业。从刘某的职务看，其在两公司均担任总裁，负责两公司的全面运营管理，对于经营同类或类似业务存在竞争风险。安迅公司与宅急送公司的主营业务方向虽不一致，但主营业务方向不同不能直接排除存在竞争关系。双方协议中虽未列举宅急送公司，但竞争关系的判断应以实际是否存在竞争为准，不应苛求列举穷尽，且该条文亦表述为“包括但不限于”。对安迅公司关于宅急送公司为该公司的竞争企业的主张，予以采信。

2. 关于竞业限制违约金是否畸高，显失公平。竞业限制违约金兼具补偿性及惩罚性，其目的在于预防商业秘密被泄露的可能性，并不以用人单位遭受实际损失为前提。但根据公平原则和诚实信用原则，竞业限制违约金不能畸高，不能造成劳动者生活陷入困窘，导致双方权利义务严重失衡。故，综合考量劳动者给用人单位造成的损害、劳动者的主观过错程度、收入水平、职务、在职时间、违约期间、竞业限制经济补偿数额等案件具体情况，双方约定的违反竞业限制违约金数额失衡。

北京市朝阳区人民法院依据《中华人民共和国劳动合同法》第二十三条、第二十四条，《最高人民法院关于审理劳动争议案件适用法律若干问题的解释（四）》第十条，《最高人民法院关于适用〈中华人民共和国合同法〉若干问题的解释

(二)》第二十九条，《中华人民共和国民事诉讼法》第六十四条之规定，判决如下：

一、刘某于本判决生效之日起十日内支付安迅公司违反竞业限制义务违约金220万元；

二、驳回刘某的其他诉讼请求。

二审法院同意一审法院裁判意见。

【法官后语】

竞业限制是用人单位对高级管理人员、高级技术人员和其他负有保密义务的人员所做出的择业限制。法律在衡量用人单位的商业利益与劳动者的择业自由后，允许用人单位与负有保密义务的劳动者约定竞业限制条款，劳动者违反该约定的，需向用人单位支付违约金，其主要目的在于保护用人单位的商业秘密。

竞业限制违约金类案件的争议焦点往往集中在以下两点：一是劳动者的新单位是否属与原单位存在竞争关系；二是用人单位要求劳动者支付的竞业限制违约金是否畸高。

1. 竞争关系应根据双方约定、经营范围、实际运营以及是否存在竞争风险予以认定

首先，应根据双方的约定判断是否构成竞争关系，尤其要看是否属于列举的竞争对手。但需注意的是，不应苛求列举穷尽，未列举不代表不存在竞争关系，竞争关系的判断仍应以实际情况为准。

其次，应审查两家单位的经营范围。经营范围是企业在设立登记时依据国家相关规定在营业执照上刊载的经营活动内容。若两家企业的经营范围存在重合，那么实际运营中极有可能与本单位生产或者经营同类产品、从事同类业务，构成竞争关系。主营业务是指企业为完成其经营目标而从事的主要活动，可根据企业营业执照上规定的主要业务范围确定。但主营业务方向不同不能直接排除存在竞争关系，非主营业务也可构成竞争关系。

再次，应审查两家单位的实际运营情况。实际运营中存在经营同类或类似业务的，显然构成竞争关系。即使营业执照上未能体现经营范围的重合，用人单位超出经营范围但实际经营该业务，也可以与劳动者就该业务的竞业限制进行约定，该约

定合法有效。用人单位应就其实际经营该业务承担举证责任。

最后，还应审查两单位是否存在竞争风险。可以通过劳动者的职务以及作用进行判断。如本案中，刘某在安迅公司和宅急送公司均属负责公司运营管理的高级管理人员，从事的工作关乎两单位在行业中的核心竞争力；刘某在安迅公司担任总裁期间，亦曾参与安迅公司收购宅急送公司的相关事宜；刘某的职务和作用导致其入职宅急送公司后对于安迅公司来说具有经营同类或类似业务的竞争风险。

2. 竞业限制违约金的畸高与酌减，应当综合考量实际损害、主观过错、收入水平、职务特点、违约期间等具体情况，根据公平原则和诚实信用原则予以确定

竞业限制违约金兼具补偿性及惩罚性功能，其目的在于防止企业的商业秘密被人为泄露，维护企业的竞争优势。劳动者违反竞业限制义务可能会给用人单位带来有形或无形的损失，其经济损失难以进行准确量化，故竞业限制违约金的确定并不以用人单位遭受实际损失为前提。但在确定具体的竞业限制违约金时，亦应当遵循公平原则和诚实信用原则，在用人单位的损失与劳动者的赔偿责任之间进行衡量，不能因承担过高竞业限制违约金导致劳动者陷入困窘，致使双方权利义务严重失衡。

实践中，可以综合考量劳动者给用人单位造成的损害、劳动者的主观过错程度、工资收入水平、职务特点、在职时间、违约期间、用人单位应支付的经济补偿数额以及当地的经济发展水平等案件具体情况，具体判断竞业限制违约金是否畸高以及可调整的数额。

综上，本案提出的“竞争关系应根据双方约定、经营范围、实际运营以及是否存在竞争风险，予以认定；竞业限制违约金的畸高与酌减，应当综合考量实际损害、主观过错、收入水平、职务特点、违约期间等具体情况，根据公平和诚实信用原则，予以确定”的裁判规则，可为竞业限制违约金类案件裁判标准的完善提供有益的借鉴，具有一定参考价值。

编写人：北京市朝阳区人民法院　肖唯

42

未约定经济补偿的竞业限制协议的效力和解除权规则

——姜某诉博恩公司劳动争议案

【案件基本信息】

1. 裁判书字号

北京市第一中级人民法院（2019）京01民终2016号民事判决书

2. 案由：劳动争议纠纷

3. 当事人

原告（上诉人）：姜某

被告（被上诉人）：博恩公司

【基本案情】

博恩公司是一家教育培训机构，2015年4月1日姜某于入职该公司，担任教学部门讲师，工作内容包括教师资格证培训等。2015年7月24日，博恩公司与姜某签订了《竞业禁止协议书》，约定姜某在职期间及离职后两年之内不得以任何形式从事与其公司业务类型相同或相似、存在竞争关系的业务，但未约定博恩公司支付竞业限制补偿金。2018年6月12日，姜某于以个人原因离职。离职后，博恩公司未向姜某支付竞业限制补偿金，亦未明示要求姜某履行或者不履行竞业限制协议。2018年8月8日姜某向博恩公司送达《解除竞业限制协议书》，载明“依法解除公司与本人的竞业（协议）限制的约定”。博恩公司收到《解除竞业限制协议书》后，立即于2018年8月10日向姜某的银行账户转账支付了12998元，载明用途为7月至8月的竞业限制补偿金。2018年8月14日，该公司工作人员通过微信向姜某发送《保密、竞业禁止义务告知书》的图片，告知姜某“向公司发出的《解除竞业限制协议书》无效，公司不同意解除该协议”。

2018年8月2日，姜某以要求解除竞业（协议）限制的约定为由向北京市海淀区劳动人事争议仲裁委员会提出劳动仲裁申请，当日，仲裁委以仲裁申请不属于受案范围为由决定不予受理。姜某于2018年8月6日向法院提起诉讼，请求判令解除姜某与博恩公司于2015年7月24日签订的《竞业禁止协议书》。

【案件焦点】

1. 未约定经济补偿的竞业限制对劳动者是否具有法律拘束力；2. 未约定经济补偿的竞业限制的解除权规则。

【法院裁判要旨】

北京市海淀区人民法院经审理认为：根据《最高人民法院关于审理劳动争议案件适用法律若干问题的解释（四）》第六条的规定，用人单位与劳动者之间约定了竞业限制条款，但未约定解除或者终止劳动合同后给予劳动者经济补偿，劳动者履行了竞业限制义务，仍可要求用人单位按月支付经济补偿。故竞业限制协议出现未约定或者明确约定竞业限制补偿金的情况时，并不影响合同本身的效力，未约定竞业限制补偿金的给付及具体金额亦不能成为免责的事由。

当事人在劳动合同或者保密协议中约定了竞业限制和经济补偿，劳动合同解除或者终止后，因用人单位的原因导致三个月未支付经济补偿，劳动者请求解除竞业限制约定的，人民法院应予支持。姜某于2018年6月12日因个人原因离职，博恩公司于2018年8月10日向其支付两个月的竞业限制补偿金，故姜某所持因博恩公司未支付竞业限制补偿金而解除双方竞业禁止协议书之主张，不予支持。

北京市海淀区人民法院依照《中华人民共和国劳动合同法》第二十三条、第二十四条，《最高人民法院关于审理劳动争议案件适用法律若干问题的解释（四）》第八条之规定，判决如下：

驳回姜某的全部诉讼请求。

姜某不服一审判决，提起上诉。北京市第一中级人民法院经审理认为：就双方《竞业禁止协议书》的效力，双方签订的《竞业禁止协议书》约定了劳动者的竞业限制义务，但未约定用人单位支付经济补偿。《中华人民共和国劳动合同法》第二十三条第二款规定：“对负有保密义务的劳动者，用人单位可以在劳动合同或者保密协议中与劳动者约定竞业限制条款，并约定在解除或者终止劳动合同后，在竞业限制期限内按月给予劳动者经济补偿……”据此，在约定竞业限制的前提下，经济补偿的给付具有强制性。未约定经济补偿的竞业限制条款，为欠缺合同必备条款，应当进行补充。而《最高人民法院关于审理劳动争议案件适用法律若干问题的解释（四）》第六条为未约定经济补偿的竞业限制规定了补偿金标准，上述规定以法定形式对欠缺的竞业限制条款作出了补充，故竞业限制约定对双方当事人仍具有约束力。

就姜某对竞业限制约定解除行为的效力，《中华人民共和国合同法》第九十四条规定：“有下列情形之一的，当事人可以解除合同……（三）当事人一方迟延履行主要债务，经催告后在合理期限内仍未履行……”而合理期限和解除方式的认定应适用《最高人民法院关于审理劳动争议案件适用法律若干问题的解释（四）》第八条规定。也就是说，因用人单位的原因导致三个月未支付经济补偿，劳动者可不经催告程序径行解除竞业限制约定。而本案中，姜某在双方解除劳动合同后未达三个月即行使解除权，且博恩公司在收到姜某通知后及时按法律规定的标准补充支付了竞业限制经济补偿金，故姜某的解除行为缺乏法律依据，法院对其解除《竞业禁止协议书》的上诉请求不予支持。

北京市第一中级人民法院依照《中华人民共和国民事诉讼法》第一百七十条第一款第一项规定，判决如下：

驳回上诉，维持原判。

【法官后语】

竞业限制不仅涉及用人单位商业秘密权，同时也涉及劳动者的自由择业权。现行成文法未明确规定当事人约定了竞业限制但未约定经济补偿，双方劳动关系解除或终止后用人单位未支付竞业限制经济补偿，劳动者要求解除竞业限制约定的情况下如何裁处。对此，学界和司法实务界有不同认识。

第一种观点认为，此类竞业限制约定无效。理由在于：竞业限制对劳动者而言极大程度让渡了自由择业权，进一步直接关系其生存权。那么在对劳动者课以竞业限制义务的情形下，作为对价，用人单位未作出经济补偿金的约定或承诺，属于免除自己的法定责任，双方权利义务显失公平。这属于劳动合同法第二十六条“用人单位免除自己的法定责任、排除劳动者权利的”情形，竞业限制约定应当认定无效。

第二种观点认为，未约定经济补偿金的竞业限制条款对劳动者不发生效力。例如，2015年7月发布的《广东省高级人民法院、劳动争议仲裁委员会关于适用〈劳动争议调解仲裁法〉、〈劳动合同法〉的指导意见》第二十六条第一款规定："用人单位与劳动者约定竞业限制的，应当在竞业限制期限内依法给予劳动者经济补偿，用人单位未按约定支付经济补偿的，劳动者可要求用人单位履行竞业限制协议。至工作交接完成时，用人单位尚未承诺给予劳动者经济补偿的，竞业限制条款对劳动者不具有约束力。”此类观点以用人单位不作为的行为推定其自认对要求劳动者遵循竞业限制义务的放弃。

第三种观点认为，未约定经济补偿金的竞业限制条款应当认定有效并对劳动者具有法律拘束力，并应当适用现行成文法中对竞业限制补偿金、解除权规则等的规定。理由主要有三。

第一，从意思自治原则和信赖利益保护原则角度分析。竞业限制协议的缔约双方均为具有完全民事行为能力的主体，应当对己方签署的合同以及对己方权利的处分具有客观、清醒的认知，司法权应当在此基础上进行审查，并保护合同效力的稳定性；且现在越来越多用人单位在劳动关系存续期间即与劳动者签署离职后的竞业限制协议，用人单位对劳动者进行商业秘密的开示一定程度上基于确信劳动者离职后仍具有竞业限制义务，肯定竞业限制约定的效力有利于对信赖利益的保护和对客观形成的权利义务关系的尊重。

第二，从保护营商环境的大背景和商业利益保护的现实困境角度分析。在现今的市场环境中，确实有个别劳动者违反竞业限制义务、损害原用人单位竞争优势，而在此情形下原用人单位知悉劳动者离职后的就业去向本身就非常困难，举证证明劳动者违反竞业限制义务则更加困难；此外，劳动者还存在诸如利用家人、朋友的身份从事竞业限制行为等在取证和法律认定方面更为困难的障碍。为保护公平竞争、诚实守信的营商环境，司法权不应当轻易否定既有的竞业限制效力，在此基础上深化、细化竞业限制权利义务的平衡保护问题。

第三，从成文法适用和法律解释角度分析。就《最高人民法院关于审理劳动争议案件适用法律问题的解释（一）》第三十六条进行法律解释，审查未约定经济补偿的竞业限制协议对劳动者是否具有拘束力。首先，从体系解释的角度分析，竞业限制协议作为合同的一种，可以参照适用民法典合同编的规定进行合同补充。在劳动合同约定劳动者负有竞业限制义务的前提下，双方分别负有对待给付义务，用人单位的经济补偿支付义务具有强制性。即便双方未明确约定经济补偿，经济补偿的支付仍具有效力，应作为默示条款补充进竞业限制协议。同理，该条以司法解释的形式对未作出约定时的补偿标准进行了强制性规定。至此，根据合同补充原理，对于未约定经济补偿的竞业限制协议，“用人单位按照劳动者在劳动合同解除或者终止前十二个月平均工资的30%按月支付经济补偿”的内容应当作为默示条款补充进竞业限制协议，竞业限制的核心权利义务至此相对完备，当事人不履行合同缺乏正当性。其次，从利益衡量的角度分析，用人单位的商业秘密权本身有独立的价值，不依托于经济补偿而存在，欠缺对价条款不意味着这些利益不值得保护。当然，缺乏经济补偿的对价条款会在权利义务上产生利益的不平衡，补足对价条款，就可以在双方利益之间重新达成平衡，实现立法目的。

就《最高人民法院关于审理劳动争议案件适用法律问题的解释（一）》第三十八条进行法律解释，审查劳动者对未约定经济补偿的竞业限制的解除权规则。首先，从文义解释的角度分析，前已论及，根据合同补充原理，即便未约定经济补偿，经济补偿条款也应作为默示条款补充到竞业限制约定中，故未约定经济补偿金的竞业限制协议在进行合同补充后就形成了具有经济补偿条款的竞业限制协议，从而符合了该条的适用条件。其次，从体系解释角度分析，用人单位未及时支付竞业限制经济补偿金，构成民法典第五百六十三条“当事人一方迟延履行主要债务”的情形，此时需满足两个条件方能解除合同：一是履行催告程序，二是经合理期限仍未履行。而《最高人民法院关于审理劳动争议案件适用法律问题的解释（一）》第三十八条不仅免除了催告程序，而且将“迟延履行”的期限和经催告仍未履行的“合理期限”整合明确为“三个月”，这种安排既不违背合同解除的一般规定，亦对劳动者行权更具制度便利性。按照举重以明轻的原理，《最高人民法院关于审理劳动争议案件适用法律问题的解释（一）》为竞业限制法律关系中的劳动者提供了现行法框架内的、更为具体可行的解除权规则，适用这一规则不会加重劳动者的不利后果。最后，从利益衡量的角度分析，竞业限制制度是强调平等保护劳动双方权利的劳动法律制度。所谓平等保护，对合同双方来讲，权利人对自身权利进行保护的作为程度都应当和法律对其权利进行的肯定性评价呈正相关关系。法律在这一制度设计上减少了对劳动者的侧重保护，正是鼓励劳动者作为保护自身利益的第一责任人，积极参与权利义务配置。而负有竞业限制义务的劳动者也因为蕴含人力资本价值，本身更具有博弈能力，更能对保护自身权益有所作为。经济补偿金是劳动者在竞业限制对待给付中的核心权利，未约定经济补偿，劳动者也存在注意义务的欠缺，对此，法律不设置更倾斜保护劳动者的解除权规则，是对平等保护原则的贯彻。

在本案的判决中，合议庭选择了第三种观点。笔者建议，在劳动者的就业权、生存权与用人单位商业利益权之间，立法权和司法权均应当进一步向精细化方向迈进，并在价值选择上进一步实现双方权利之间的二元保护和平衡共赢。

编写人：北京市第一中级人民法院　王丽蕊

43

未足额支付竞业限制补偿金应认定竞业限制条款对当事人不具有约束力

——夏某诉基金公司劳动合同案

【案件基本信息】

1. 裁判书字号

江苏省扬州市中级人民法院（2019）苏10民终1758号民事判决书

2. 案由：劳动合同纠纷

3. 当事人

原告（被上诉人）：夏某

被告（上诉人）：基金公司

【基本案情】

2016 年 6 月 30 日，夏某与基金公司签订劳动合同一份。2017 年 4 月 1 日，夏某、基金公司又签订劳动合同一份，约定基金公司聘用夏某在营销事业部从事总经理职务，同日夏某、基金公司又签订竞业限制协议一份，约定夏某任职期间及自劳动合同期满或解除后两年内，不得受聘于与基金公司有竞争关系的经济组织；若由于基金公司原因导致其未向夏某支付经济补偿金达三个月或以上，夏某有权立即解除竞业限制协议，在协议解除后夏某有权拒绝履行协议项下的竞业限制义务。协议签订后，基金公司聘用夏某在营销事业部从事总经理职务，工作地点在扬州。该公司自 2017 年 8 月至 2018 年 1 月每月通过第三方账户向夏某发放工资 26400 元，自 2017 年 10 月至 2018 年 2 月基金公司又通过银行转账方式向夏某支付代发工资五笔，金额分别为 36572.07 元、44556.27 元、20618.82 元、82563.95 元和 3978.99 元。2018 年 1 月双方协商解除劳动合同，夏某离职，基金公司于 2018 年 2 月支付夏某经济补偿金 288733.50 元。此后基金公司于 2018 年 3 月 9 日支付夏某竞业限制补偿金 7655 元，2018 年 4 月后每月支付夏某竞业限制补偿金 3985 元。后因双方产生劳动争议纠纷，夏某诉至法院。

另查明，2018 年 1 月 8 日，基金公司（甲方）与夏某（乙方）签订《解除劳动雇佣关系协议书》，该协议书约定了“甲方同意在乙方妥善办理完成所有工作移交手续后以转账形式支付乙方离职工资。其中包含以下内容：乙方 2018 年 1 月 1 日至 1 月 8 日应发放的工资（以实际出勤为准）。根据相关规定，甲方应支付给乙方的提成奖金，共计人民币 264187 元。具体发放日期 2018 年 2 月”等内容。

2018 年 4 月至 11 月，基金公司每月向夏某支付上月竞业限制补偿金 3985 元，从 2018 年 12 月至 2019 年 2 月，基金公司每月向夏某支付上月竞业限制补偿金 4000 元，之后未再支付。

2019 年 4 月 8 日，夏某向扬州市劳动人事争议仲裁委员会申请仲裁，请求确认竞业限制协议中的竞业限制条款对夏某不具有约束力。扬州市劳动人事争议仲裁委员会以夏某提供的证明其请求事项相关的证据不足为由，决定不予受理，遂成讼。

【案件焦点】

基金公司是否存在未足额向夏某支付经济补偿金的情形。

【法院裁判要旨】

江苏省扬州市邗江区人民法院经审理认为：夏某、基金公司之间签订的劳动合同及签订竞业限制协议，并不违反法律法规的强制性规定，应当认定有效。双方均应当按照合同和协议的约定履行。基金公司每月支付夏某的竞业限制补偿金一直未达到夏某工资的20%，夏某以行为解除竞业限制协议拒绝履行协议项下的竞业限制义务，并不违反双方竞业限制协议的约定。同时夏某的工作地点在江苏，《江苏省劳动合同条例》第二十八条也规定，用人单位对处于竞业限制期限内的离职劳动者应当按月给予经济补偿，月经济补偿额不得低于该劳动者离开用人单位前十二个月的月平均工资的三分之一。用人单位未按照约定给予劳动者经济补偿的，劳动者可以不履行竞业限制义务，但劳动者已经履行的，有权要求用人单位给予经济补偿。因此对于夏某的诉讼请求，法院应予支持。

江苏省扬州市邗江区人民法院依照《中华人民共和国劳动合同法》第二条和《最高人民法院关于审理劳动争议案件适用法律若干问题的解释（四）》第八条的规定，判决如下：

确认夏某、基金公司之间于2017年4月1日签订的竞业限制协议中的竞业限制条款对夏某不具有约束力。

基金公司不服一审判决，提出上诉。江苏省扬州市中级人民法院经审理认为：第一，诉权是当事人请求法院行使审判权保护其民事权益的权利，当事人行使诉权需要具备当事人之间存在现实争议和诉的利益两个要件。本案中，双方当事人就夏某是否应当履行案涉竞业限制协议所约定义务的争议已经存在，而且夏某存在通过诉讼明确其是否应按约履行的确认利益，由此避免争议导致的不确定性。因此，夏某提出确认案涉竞业限制协议中竞业限制条款对其不具有约束力的主张，不违反法律规定。

第二，关于本案应适用的地方性法规的确定问题。已生效的（2018）苏10民辖终225号民事裁定书认定，根据夏某提供的证据，可以证实其工作地点隶属于扬州市邗江区，并由此确认一审法院对本案具有管辖权，因此本案审理中适用江苏省相关地方性法规的规定并无不当。

第三，夏某主张案涉竞业限制协议中竞业限制条款对其不具有约束力，系由于认为基金公司并未足额支付竞业限制补偿金。对此，根据《最高人民法院关于审理劳动争议案件适用法律若干问题的解释（四）》以及《江苏省劳动合同条例》的相关规定，基金公司向夏某支付竞业限制补偿金的计算基础应为夏某的实际月平均工资。本案中，夏某所主张的工资数额包括基金公司向其支付的月工资和提成奖金以及孙某慧向其的汇款。鉴于二审中，基金公司对其与夏某签订的《解除劳动雇佣关系协议书》约定的264187元为夏某的提成奖金予以认可，根据《江苏省工资支付条例》第六十二条规定，该部分应计入夏某的工资。即使第三方账户向夏某的汇款性质不足以认定为基金公司支付的工资，但是上述收入与基金公司已经认可的向夏某支付的工资总数相加，再平均计算夏某的月工资数额，已经明显超过基金公司主张的月工资2万元。因此，基金公司实际每月向夏某支付的补偿金并未达到夏某的月平均工资的20%，也即基金公司未能按约足额支付竞业限制补偿金，且其支付的标准也不符合《江苏省劳动合同条例》有关“月经济补偿额不得低于该劳动者离开用人单位前十二个月的月平均工资的三分之一”的规定。在这种情况下，夏某认为己方可以不履行案涉竞业限制协议约定义务，主张竞业限制协议中竞业限制条款对其不具有约束力可以成立。

江苏省扬州市中级人民法院依照《中华人民共和国民事诉讼法》第一百七十条第一款第一项之规定，判决如下：

驳回上诉，维持原判。

【法官后语】

当前，用人单位为确保在行业中的发展优势，在与掌握商业秘密的劳动者建立劳动关系的同时，会与劳动者签订竞业限制协议或者在劳动合同中添加竞业限制条款，确保劳动者在离职后并在一定期限内不会对用人单位自身发展产生冲击。但在当前司法实践中，劳动者在履行竞业限制约定义务时，存在用人单位未能及时向劳动者支付竞业限制补偿金的情形，遂引发纠纷。

一是劳动者可就用人单位未足额支付竞业限制补偿金提起诉讼。诉权是当事人请求法院行使审判权保护其民事权益的权利，当事人行使诉权需要具备当事人之间存在现实争议和诉的利益两个要件。本案中，双方当事人就夏某是否应当履行案涉《竞业限制协议》所约定义务的争议已经存在，而且夏某存在通过诉讼明确其是否应按约履行的确认利益，由此避免由于争议导致的不确定性。因此，夏某提出确认案涉

《竞业限制协议》中竞业限制条款对其不具有约束力的主张，不违反法律规定。

二是竞业限制经济补偿金计算标准。首先，确定竞业限制经济补偿金的计算基数。按照《最高人民法院关于审理劳动争议案件适用法律问题的解释（一）》第三十六条之规定，经济补偿金的标准确定为劳动合同解除或终止前12个月平均工资的30%且不低于合同履行地最低工资标准。而此处的工资应当包括基本工资、生活补贴、津贴、奖金、加班费等各项收入。其次，确定竞业限制经济补偿金的计算比例。在用人单位与劳动者有约定时，应当适用约定的标准，没有约定应当依照法定标准。最后，依据管辖法院确立适用的地方标准。本案中，夏某的工作地点在扬州市邗江区，一审法院具有管辖权，因此本案适用江苏省相关地方性法规的规定。与此同时，依据基金公司现支付给夏某的工资总额，夏某月平均工资明显高于基金公司主张的月工资2万元，因此，基金公司实际每月向夏某支付的补偿金并未达到夏某的月平均工资的20%，也未达到《江苏省劳动合同条例》第二十八条第一款规定的月平均工作的三分之一，即基金公司未能按约向夏某足额支付竞业限制补偿金。

三是未足额支付的竞业限制补偿金属于“未支付经济补偿金”范畴。一方面，劳动者因竞业限制可能在一定时间内无法就业获得收入，相应地，用人单位的经济补偿可能成为劳动者维持生活的唯一收入来源。如果用人单位未足额支付经济补偿，可能危及劳动者的生存权益；另一方面，《最高人民法院关于审理劳动争议案件适用法律问题的解释（一）》第三十八条给了用人单位长达三个月的时间补足少付的经济补偿，用人单位如非恶意拖欠，完全可以在此期间补足该差额以避免劳动者解除竞业限制。如果用人单位在此期间届满之日仍未支付该差额，可推断其为严重违约，此时支持劳动者有关解除竞业限制的主张，不会造成双方利益的失衡。本案中，从双方解除合同起，基金公司一直未能足额支付夏某竞业限制经济补偿金，当属“未支付经济补偿金”范畴。

编写人：江苏省扬州市中级人民法院　韩冰　王兵

44

用人单位不得仅以劳动者自行填写的择业去向选择是否要求劳动者履行竞业限制义务

——蔡某诉麒麟公司劳动争议案

【案件基本信息】

1. 裁判书字号

北京市海淀区人民法院（2019）京0108民初47531号民事判决书

2. 案由：劳动争议纠纷

3. 当事人

原告：蔡某

被告：麒麟公司

【基本案情】

蔡某于2017年10月12日入职麒麟公司，双方签订有期限至2020年10月31日的劳动合同，并于入职当日签订了《保密及竞业禁止协议》，其中第5.11条约定："甲方可在劳动关系解除或者终止后缩短或放弃竞业限制剩余期限；在双方劳动关系解除或终止时，若甲方要求乙方按照约定继续履行竞业限制义务的，甲方应在劳动关系解除或终止后30日内书面通知乙方（或甲方在劳动关系解除或终止后30日内向乙方支付第一个月的竞业限制补偿金的，视为甲方通知乙方继续按照约定履行竞业限制义务）；甲方未在规定时间内通知且未支付劳动关系解除或终止后第一个月竞业限制补偿金的，乙方才可以不继续履行竞业限制义务……甲方视自身需要，有权缩短或放弃剩余竞业限制期限……"蔡某于2018年11月21日申请离职，其OA系统中的离职申请及审批表显示蔡某因个人原因申请离职，离职后去向为"回南京"，审批表中"是否需要填写《保密协议》"及"是否涉及竞业禁止"

一栏均为“No（否）”，竞业禁止的日期及竞业禁止的公司一栏均为空白，审批表中载明“如员工工作内容涉及公司核心商业秘密，需启动《保密及竞业禁止协议》”。麒麟公司于2018年12月5日通过电子邮件及快递的方式向蔡某送达竞业限制通知书，其中载明“本公司通知并要求您从即日开始，即于2018年11月22日起至2019年2月21日止，履行《保密及竞业禁止协议》及其他法律要求的竞业限制义务”。蔡某主张在其办理离职手续时，公司已明确其离职后不涉及竞业限制，故无需履行竞业限制义务；麒麟公司则主张其于2018年12月5日送达了竞业限制通知书，缩短了竞业限制期限，并未与蔡某解除竞业限制协议。另经当庭核实蔡某手机微信记录，显示蔡某在麒麟公司的直接主管罗某于2018年11月23日下午三点向其发送微信称“我听说你今天去××入职了，是什么情况”，麒麟公司当庭表示需进一步核实，但未在指定期限内提交书面意见。

【案件焦点】

蔡某的竞业限制义务是否已在离职审批时免除。

【法院裁判要旨】

北京市海淀区人民法院经审理认为：在蔡某入职时，麒麟公司与其签订了《保密及竞业禁止协议》，根据该协议，双方劳动关系解除或终止时，若麒麟公司继续要求蔡某按照约定继续履行竞业限制义务，应在劳动关系解除或终止后30日内书面通知。但在蔡某离职时，麒麟公司在相关审批表上对是否涉及竞业禁止作了否定的意思表示。麒麟公司对此主张因双方事先已约定有竞业限制协议，故不需要在离职时再次填写相关情况。但该“离职申请及审批表”是麒麟公司在处理职工离职时的重要审批文件，公司管理人员对于审批表中相关事项的处理应当是审慎的。在该审批表中已明确表示蔡某并不涉及竞业禁止，不需要履行《保密及竞业禁止协议》。麒麟公司还主张因蔡某在离职时自称父母生病、返回南京，却在离职后两天即入职与公司有竞争关系的瑞地公司，对其有欺骗行为。但劳动者离职后的去向不应作为用人单位解除竞业限制协议的依据。若允许用人单位依据劳动者的去向判断是否履行竞业限制协议，则用人单位会规避自己应承担的给付经济补偿金之义务。本案证据表明，麒麟公司在蔡某离职时，得知其将“回南京”时，表明不需履行竞业限制协议；在得知蔡某入职瑞地公司后，则立即向其发送竞业限制通知。对其规避义务、滥用权利的行为，法院不予认可。根据在案证据，认定在蔡某办理离职手续时，双方已明确解除竞业限制协议。麒麟公司在此之后又向蔡某发送竞业限制通知书，未取得蔡某的同意，对其不产生法律上的约束力。同理，麒麟公司向蔡某的账户支付竞业限制补偿金亦不能证明蔡某同意继续履行竞业限制协议。综上所述，蔡某请求判令无需支付违反竞业限制义务违约金理由正当，予以支持。对于麒麟公司已支付的竞业限制补偿金，蔡某应予返还。

北京市海淀区人民法院依据《中华人民共和国劳动法》第三条及《中华人民共和国劳动合同法》第三条之规定，判决如下：

一、蔡某于本判决生效之日起七日内返还麒麟公司竞业限制补偿金 11505 元；

二、蔡某无需支付麒麟公司违反竞业限制义务违约金 306830 元。

【法官后语】

依据《中华人民共和国劳动合同法》第二十三条之规定，对负有保密义务的劳动者，用人单位可以在劳动合同或者保密协议中与劳动者约定竞业限制条款，并约定在解除或者终止劳动合同后，在竞业限制期限内按月给予劳动者经济补偿。由于竞业限制条款会限制劳动者的择业自由、影响劳动者的收入，因而法律规定约定竞业限制义务需符合一定条件，如竞业限制的人员仅限于用人单位的高级管理人员、高级技术人员和其他负有保密义务的人员，竞业限制的期限不得超过两年等。竞业限制规则的根本目的，亦是旨在保护用人单位商业秘密而非限制劳动者的择业自由，因此在适用竞业限制相关规定时，应注意平衡保护企业的商业秘密与劳动者的择业自由。如劳动者确实负有保密义务并签订有竞业限制协议，用人单位应当于解除或终止劳动关系的同时告知劳动者应当依约履行竞业限制义务，并按约定支付劳动者竞业限制补偿金，而不应在劳动者已经离职后，根据劳动者实际的择业去向来判断是否要求劳动者履行竞业限制义务。

在劳动关系中，劳动者作为被管理一方，在签订相关协议时往往无法与用人单位处于平等地位，且大多竞业限制协议均系用人单位一方提供的格式合同，而非双方实际协商的结果。近年来，审判实践中，多见用人单位滥用竞业限制的情形，严重背离了竞业限制制度的设置初衷，如一些用人单位不区分劳动者是否系法律规定之负有保密义务的人员，一律要求签订竞业限制协议；在竞业限制协议中约定用人单位有权在劳动离职后一定期限内明确其是否需要履行竞业限制义务，使劳动者在离职后无法明确知晓自己的择业范围；与劳动者约定较低的竞业限制补偿金和高额的违反竞业限制义务违约金，使得双方权利义务明显失衡；等等。因此，在审理涉竞业限制劳动争议纠纷案件时，需要对竞业限制协议约定的合法性及合理性进行审慎审查，既要在协议内容不违反法律法规等强制性规定的情况下尊重意思自治，也要注意防止用人单位排除劳动者权利、免除自身责任，在对用人单位提供的格式合同理解发生争议时，作出不利于用人单位一方的解释。

本案中的麒麟公司，在蔡某提出离职回南京时告知其不涉及竞业禁止，即无需履行竞业限制义务；得知其入职瑞地公司后则又向其发出竞业限制通知书，要求其履行《保密及竞业禁止协议》。这种根据劳动者离职后的就业去向来决定是否需要履行竞业限制协议的行为明显规避了用人单位一方支付竞业限制补偿金的义务，亦是对竞业限制规则的一种滥用。蔡某在离职时即已被免除竞业限制义务，麒麟公司主张其违反竞业限制义务、要求支付违约金的请求不能得到支持。

编写人：北京市海淀区人民法院　张弓

六、工伤保险和社会保险

45

工伤保险报销外的合理费用应由用人单位承担

——杨某诉蒂森公司劳动争议案

【案件基本信息】

1. 裁判书字号

北京市第三中级人民法院（2018）京03民终2903号民事判决书

2. 案由：劳动争议纠纷

3. 当事人

原告（上诉人、再审申请人）：杨某

被告（被上诉人、再审被申请人）：蒂森公司

【基本案情】

杨某自2003年2月入职蒂森公司，先后担任电梯调试员、质量安全项目经理等职。蒂森公司为杨某缴纳了工伤保险，并购买了一款商业保险。2007年7月13日，杨某因工受伤。2008年5月7日，杨某被认定构成工伤。2009年11月27日，杨某经鉴定为工伤致残等级标准一级，护理依赖程度为完全护理依赖。2009年12月23日，杨某被核准工伤待遇，伤残津贴及护理费起付日期为2009年12月。工伤保险报销了杨某大部分费用，但报销范围外的医疗费、护理费数额仍然巨大。现杨某仍在持续治疗和康复过程中，工伤保险未报销的费用仍在不断累积。杨某起诉要求蒂森公司支付：1. 2007年7月13日至2015年12月31日保险未报销的医疗费

（含辅助器具费）123万元；2. 2010年1月1日至2016年4月25日保险未报销的护理费45万元。蒂森公司认为：保险报销范围外的医疗费（含辅助器具费）、护理费属于经审核后应自费的部分，没有法律规定应由用人单位承担，故不同意杨某的诉讼请求。

【案件焦点】

蒂森公司作为用人单位是否应当承担杨某工伤保险报销范围外的医疗费（含辅助器具费）、护理费。

【法院裁判要旨】

北京市朝阳区人民法院经审理认为：工伤保险报销范围外的医疗费（含辅助器具费）、护理费应由谁承担，当前法律法规未作直接明确的规定，应依据工伤保险立法精神、相关法律、司法解释以及法理进行综合、体系考量。

第一，工伤保险制度的首要目的在于及时救治、补偿工伤职工，同时通过社会化方式分散用人单位的工伤风险，但分散风险并不代表免除全部损害赔偿责任。

第二，相关法律规定：职业病病人和因生产安全事故受到损害的从业人员，除依法享有工伤保险外，依照有关民事法律，尚有获得赔偿权利的，有权向用人单位提出赔偿要求。据此可知，对劳动者在工伤保险外主张民事赔偿的权利，立法持肯定态度。

第三，《最高人民法院关于审理人身损害赔偿案件适用法律若干问题的解释》①第十一条第三款宜理解为工伤保险范围内不适用雇主责任。该解释第十二条第一款宜理解为劳动者就工伤赔偿在程序上应先主张工伤保险责任。上述规定均未否定劳动者在享受工伤保险待遇后，还享有就其他损失向用人单位主张赔偿的实体权利。

第四，根据举重以明轻的法理，雇主对雇员从事雇佣活动所受人身损害系承担无过错赔偿责任。法律关于用人单位应支付劳动者停工留薪期的工资福利待遇的规定，即说明用人单位在工伤保险报销范围外，应承担劳动者的部分间接损失。若因

---

① 配合《中华人民共和国民法典》的施行，最高人民法院于2020年12月对大量司法解释进行了修正。本书收录的案例均裁判于相关司法解释修正之前，适用的是当时有效的司法解释，条文序号、内容可能与现行有效的司法解释存在出入，下文将不再对此进行提示。

工伤产生更为严重的直接损失，却由受害职工自行承担，有悖法律体系的内在逻辑。

故，工伤保险报销范围外的医疗费，应由用人单位按无过错原则承担。同理，工伤职工生活不能自理，接受护理是其基本人权的体现，呼吸机、咳痰机等辅助器具属维持生命所需，故工伤保险报销范围外合理的护理费、工伤辅助器具费亦应由用人单位承担。具体承担费用由法院综合案情予以核算或酌定。

北京市朝阳区人民法院依照《中华人民共和国侵权责任法》第三十五条，《中华人民共和国职业病防治法》第五十九条，《中华人民共和国安全生产法》第五十三条，《工伤保险条例》第一条、第十七条、第三十三条、第三十五条，《最高人民法院关于审理人身损害赔偿案件适用法律若干问题的解释》第十一条、第十二条之规定，判决如下：

一、蒂森公司于本判决生效之日起三日内支付杨某2007年7月13日至2015年12月31日社会保险及商业保险未予报销的医疗费用（含辅助器具费）共计110万元；

二、蒂森公司于本判决生效之日起三日内支付杨某2010年1月1日至2016年4月25日期间社会保险未予报销的护理费用共计42万元；

三、驳回杨某的其他诉讼请求。

二审法院、再审法院同意一审法院裁判意见。

【法官后语】

《工伤保险条例》对工伤保险诊疗项目目录、工伤保险药品目录、工伤保险住院服务标准目录（以下简称“三个目录”）有明确规定，工伤职工应在规定的目录和标准范围内治疗，工伤保险仅报销属于“三个目录”内的费用。工伤保险报销范围外的费用应由谁承担，现行法律没有明确规定，理论与实务均有争议。

反对工伤保险报销范围外的费用由用人单位负担一方，所持主要理由如下：

1. 法律法规没有明确规定工伤保险报销范围外的费用由用人单位承担，判决用人单位承担缺乏法律依据。法官是法律的执行者，不应超越法律进行裁判。

2. 工伤职工应在规定的目录和标准范围内治疗，认定工伤保险报销范围外的费用由用人单位承担，易引发道德风险，如容易诱发过度医疗、骗取工伤保险等情况发生。

3. 有地方意见不予支持的范例。如《浙江省高级人民法院关于审理劳动争议案件若干问题的解读（二）》中的“十六、用人单位已依法为劳动者缴纳了工伤保险，劳动者工伤医疗费超出社保基金报销目录范围的费用，如何承担？答：用人单位已依法为劳动者缴纳了工伤保险，劳动者工伤医疗费超出社保基金报销目录范围的费用原则上不应由用人单位承担，但超出目录范围的费用经用人单位同意或认可的除外”。

对比本案支持意见与反对意见所论述的理由，笔者认为支持意见所持理由更为充分，更有利于解决受害职工因工伤陷入生活困境的实际困难，符合法律公平和公正的价值追求。

第一，法律法规无直接的文字表述不代表未包含本意。《工伤保险条例》是有关权利保障的行政法规，在行政法规本身规定不明确的条件下，应尽可能朝着有利于劳动者利益的角度进行解释。支持意见通过探究立法目的、分析请求权性质、类比制度规范、分析法律内在逻辑，作体系性综合解释，选择由用人单位承担，更符合法律本意。

第二，反对意见关于容易引发道德风险的担忧不应影响责任承担的判断。以重伤职工为例，工伤保险报销范围外的费用占实际发生费用的比例并不高，但金额巨大且绝大多数费用由工伤职工自行支付，产生过度医疗、骗取工伤保险的可能性并不大。而支持观点亦非毫不考虑花费的合理性、必要性，即使对抢救和维持生命所必须的合理费用予以支持，实际也并未覆盖工伤职工的全部损失。工伤事故和职业病对劳动者及其家庭造成的除了身体上的伤痛，还有无尽的精神痛苦。不可再生的劳动力会造成巨大经济压力，生活陷入难以为继的窘境时，再由受害的职工自行承担巨额费用，显失公平，甚至会引发严重的社会危机和社会问题。

第三，仅某一地方的意见，样本不充分。且浙江省的意见表达为“原则上不应由用人单位承担”，设定了除外情形即“经用人单位同意或认可的除外”，留有余地。劳动保障类法律法规常常授权地方作出相应具体实施政策，具有很强的政策性，各省市地区有关劳动保障的政策具有自身特点，存在地区差异，但这种具体差异的前提应该是不与上位法相冲突。

第四，支持意见符合国际主流做法。民法和劳动法各自从人身损害和社会保险的角度对工伤事故加以规范，从而使工伤事故具有民事侵权赔偿和社会保险赔偿双重性质。基于此，工伤职工存在两个请求权：一个是基于工伤保险关系而享有的工伤保险待遇请求权，另一个是基于人身损害而享有的民事侵权损害赔偿请求权。世界各国在工伤保险赔偿制度方面形成了不同的救济模式：(1) 取代模式，即只能请求工伤保险待遇。(2) 选择模式，即两种救济任选其一。(3) 双重模式，即同时获得两种救济。(4) 补充模式，即可以同时请求，但不得超过其所受损失的总额。补充模式既分散了用人单位的风险，减轻了用人单位的负担，避免受害人获得双份利益，同时又保证了受害人获得完全赔偿，从而得到较多的运用。支持意见实则选择了补充模式。反对意见更接近取代模式。

如何处理好工伤保险报销范围外费用的承担问题，事关劳动者与用人单位的利益平衡，甚至关乎法律制度惩戒和预防功能的实现以及社会的安定与和谐。本案在现行法律未明文规定对工伤保险报销范围外费用如何处理的背景下，运用了文义解释、体系解释、社会学解释等方法，从立法目的、立法精神、请求权基础等角度进行说理，其所确立的“工伤保险报销外的合理费用应由用人单位承担”的裁判规制，对从司法层面加强工伤职工权益保护具有一定意义，对指导审判实践、解决疑难问题亦具有借鉴意义。

编写人：北京市朝阳区人民法院　肖唯

46

劳动者声明免除用人单位法定义务又反悔的效力认定

——安龙公司诉陈某劳动争议案

【案件基本信息】

1. 裁判书字号

北京市第二中级人民法院（2019）京 02 民终 7192 号民事裁定书

2. 案由：劳动争议纠纷

3. 当事人

原告（上诉人）：安龙公司

被告（被上诉人）：陈某

【基本案情】

2015年11月3日，陈某入职安龙公司，岗位为钣焊工。2017年6月30日，陈某于工作中受伤；2017年7月25日，陈某所受伤害经北京市大兴区人力资源和社会保障局认定为工伤；2017年12月19日，陈某经北京市大兴区劳动能力鉴定委员会鉴定为职工工伤与职业病致残等级标准十级。2018年7月26日，陈某与安龙公司间劳动关系解除。陈某于当日签署声明一份，载有："本人因个人原因自动要求辞职，自即日起与公司解除劳动关系，工资将于公司正常发薪日发放，其他一切费用（包括但不限于加班费用、年休假工资、补偿金、赔偿金）都已结清！双方再无其他纠纷！"陈某认可其应当享受的一次性伤残补助金及一次性医疗补助金业已经由社保机构发放。

2018年11月7日，陈某以安龙公司为被申请人向北京市房山区劳动人事争议仲裁委员会（以下简称房山仲裁委）申请仲裁，要求安龙公司支付一次性伤残就业补助金25401元。2019年1月10日，房山仲裁委裁决安龙公司支付陈某一次性伤残就业补助金25401元。安龙公司不服该仲裁裁决结果，于法定期限内诉至法院。

【案件焦点】

劳动者遭遇工伤后解除劳动合同时，声明免除用人单位支付一次性伤残就业补助金后又反悔，该免责声明的效力如何认定。

【法院裁判要旨】

北京市房山区人民法院经审理认为：当事人对自己提出的诉讼请求所依据的事实或者反驳对方诉讼请求所依据的事实，应当提供证据加以证明，当事人未能提供证据或者证据不足以证明其事实主张的，由负有举证证明责任的当事人承担不利后果。用人单位为劳动者缴纳社会保险属于法定义务，劳动者在遭受工伤事故伤害以后享受工伤保险待遇属于其法定权利。《工伤保险条例》第三十七条规定，职工因工致残被鉴定为七级至十级伤残的，劳动、聘用合同期满终止，或者职工本人提出解除劳动、聘用合同的，由用人单位支付一次性伤残就业补助金。陈某于离职时签署声明表示与安龙公司再无其他纠纷，该声明免除了安龙公司支付一次性伤残就业补助金的法定义务，限制了陈某的权利，导致陈某已领取的工伤保险待遇远低于法定标准；故而安龙公司基于该声明主张无需支付陈某一次性伤残就业补助金的陈述不予采纳。十级工伤职工在终止或者解除劳动关系时，用人单位应当支付的一次性伤残就业补助金具体标准为解除或者终止劳动关系时 3 个月的本市上年度职工月平均工资。经核算，安龙公司应支付陈某一次性伤残就业补助金 25401 元。安龙公司要求无需支付该款项的诉讼请求，不予支持。

北京市房山区人民法院依据《工伤保险条例》第三十七条规定，作出如下判决：

安龙公司于本判决生效后十日内支付陈某一次性伤残就业补助金 25401 元。

安龙公司不服，提起上诉，后申请撤回上诉。北京市第二中级人民法院依照《中华人民共和国民事诉讼法》第一百七十三条规定，裁定如下：

准许安龙公司撤回上诉。一审判决自本裁定书送达之日起发生法律效力。

【法官后语】

在司法实践中，纠纷双方就赔偿问题签订和解协议或一次性解决协议较为常见。但鉴于劳动争议的特殊性，在劳动争议纠纷中，双方当事人针对免除用人单位全部或部分责任所作的法律行为需要谨慎分析。

1. 本案中“免责声明”的性质

本案中的劳动者在解除劳动合同时签署的声明免除了安龙公司的法定义务，双方纠纷一次性了结。对该免责声明的性质，有三种不同的意见。

第一种意见认为是合同关系中的免责声明。在这一理解中，免责声明是指行为主体对于自己从事的民事活动或者与自己有关的民事活动，声明自己权利义务或者立场的公示行为。通常，免责声明主要用于合同关系中，即在合同中明确法律明文规定的当事人对其不履行合同不承担违约责任的条件。法律明文规定的免责条件主要有不可抗力、货物本身的自然性质、货物的合理损耗及债权人的过错。

第二种意见认为是劳动者免除用人单位义务的单方法律行为。本案中的声明并未有用人单位盖章或签名，劳动者仅以个人名义，以明示的方式免除了用人单位的支付义务，放弃了自己的合法权益，可以认定为劳动者的单方法律行为，无须用人单位同意即可成立。

第三种意见认为该声明本质上是劳动者与用人单位间达成的和解协议。实践中，劳动者在遭遇工伤、解除劳动合同时必然会与用人单位进行沟通协商，双方要想协商一致解除劳动合同，那么劳动者作出的任何处分行为都应是用人单位以明示或默认的形式许可的。现双方在劳动合同解除时，重新就双方的权利义务进行协商并达成一致，故这一声明应为民事合同的一种，即和解协议。

笔者同意第三种意见。本案中所谓的免责声明并非字面意义的免责声明，不涉及合同法中规定的免责条款。基于司法实践及普通人的一般理解，劳动者未经用人单位同意而自行作出免除用人单位责任，并对己不利的单方法律行为的可能性也很小，故而认为该声明为用人单位与劳动者之间自愿签订的和解协议。至于该协议是否有效，劳动者在签订后又反悔是否构成违约，则需进一步考量。

2. 劳动争议中免除法定义务的和解协议是否有效

民事合同是否生效取决于三点：一是行为人是否具有民事行为能力；二是当事人的意思表示是否真实；三是法律行为内容是否违反法律和社会公共利益。劳动合同关系不同于一般的合同关系，劳动关系主体之间既有法律上的平等性，又具有客观上的隶属性。调整劳动关系的劳动法的基本价值取向是侧重保护劳动者的，其中强制性规范与任意性规范相结合，且大多为强制性规范。这些强制性规范对用人单位设定了明确的义务，用人单位必须严格遵守。

用人单位为劳动者缴纳社会保险就是法律为用人单位设定的法定义务，劳动者在遭受工伤事故伤害后享受工伤保险待遇属于劳动者的法定权利。所以，即使用人单位与劳动者之间就用人单位对劳动者工伤如何赔偿协商一致，自愿签订和解协议，该协议也可能违反了法律规定，损害了劳动者的正当权益，不论从合同的生效条件来看还是从劳动法的强制性规定来看，该免责声明（协议）都不能生效。

至于一方当事人能否反悔，在和解协议无效的情况下，当事人当然可以反悔。如用人单位与劳动者自愿签订和解协议且不违反法律和行政法规的，履行完毕后，一方当事人反悔，主张双方约定无效的，则不予支持。但协议中双方的权利义务明显失衡、显失公平的，仲裁委或人民法院可予以适当调整。用人单位与劳动者就工伤保险待遇达成协议，劳动者又在履行完毕后以双方约定的给付标准低于法定标准为由，在仲裁时效内要求用人单位按法定标准补足差额部分的，应予支持。

编写人：北京市房山区人民法院　郭艳茹　吴奕晗

47

劳动者以用人单位医疗保险险种选择不当为由要求用人单位赔偿损失的，不属于劳动争议案件受理范围

——李某诉公交客运公司劳动争议案

【案件基本信息】

1. 裁判书字号

北京市东城区人民法院（2019）京0101民初22483号民事裁定书

2. 案由：劳动争议纠纷

3. 当事人

原告：李某

被告：公交客运公司

【基本案情】

李某于2003年7月26日入职公交客运公司工作，2018年7月23日在公交客运公司处办理退休手续。李某提交的其本人的社会保险个人权益记录显示：2005年1月至2010年1月期间的社保缴费单位为八方达公司农合工，2010年2月至2018年7月期间的缴费单位为公交客运公司。其中，2005年1月至2010年12月期间，李某的医疗实际缴费部分为空白，2011年1月至2011年12月期间的医疗实际缴费月份为1个月。李某认为，2005年4月至2011年11月期间，公交客运公司未为李某缴纳农村劳动力医疗保险，致使李某办理退休手续时因缴费年数不满足北京市基本医疗保险规定，无法享受退休人员的基本医疗保险待遇。李某退休时按基本

医疗保险相关规定，一次性补缴了50216元。北京市西城区社会保险基金管理中心向李某出具了项目为工龄补偿的北京市社会保险基金专用票据，付款单位为公交客运公司。

李某认为，自己以北京市农村劳动力转移的身份来公交客运公司处工作，公交客运公司没有选择国家承认的、可以累计年限计算工龄的、劳动者能够享受退休待遇的农村劳动力保险，给其造成一定的经济损失。后李某向北京市东城区劳动人事争议仲裁委员会提起仲裁，该委以申请人主体不适格为由于2019年9月5日作出不予受理通知书。现李某不服，向法院提起诉讼，诉如所请。

公交客运公司辩称，公交客运公司已按照北京市医疗保险相关政策要求，依法依规为职工办理医疗保险相关手续，为李某缴纳了诉争期间的基本医疗保险和大额医疗互助险；如存在应缴费而未交费的情况，应由社会保险相关机构责令公交客运公司进行补缴。现李某要求公交客运公司补偿2005年至2011年在职期间由公交客运公司承担的医疗保险费用，缺乏政策依据，故请求法院予以驳回。

【案件焦点】

因医疗保险险种选择问题产生的劳动争议案件是否属于人民法院受理劳动争议案件的范围。

【法院裁判要旨】

北京市东城区人民法院经审理认为：劳动者与用人单位之间发生的下列纠纷，属于劳动法第二条规定的劳动争议，当事人不服劳动争议仲裁委员会作出的裁决，依法向人民法院起诉的，人民法院应当受理：（一）劳动者与用人单位在履行劳动合同过程中发生的纠纷；（二）劳动者与用人单位之间没有订立书面劳动合同，但已形成劳动关系后发生的纠纷；（三）劳动者退休后，与尚未参加社会保险统筹的原用人单位因追索养老金、医疗费、工伤保险待遇和其他社会保险费而发生的纠纷。本案中，李某已于2018年7月办理了退休手续，并经社保机构核算了基本养老保险待遇，现李某因就公交客运公司为其缴纳的医疗保险险种产生异议并要求公交客运公司补偿2005年4月至2011年11月在职期间本应由单位承担的10%的医疗保险费用，不符合劳动争议案件的受理范围，应予驳回。

北京市东城区人民法院根据《最高人民法院关于审理劳动争议案件适用法律若

干问题的解释》第一条,《中华人民共和国民事诉讼法》第一百一十九条、第一百五十四条第一款第三项之规定,裁定如下:

驳回李某的起诉。

【法官后语】

本案是北京市范围内第一起因医疗保险险种选择问题引发的劳动争议纠纷,具有一定的新颖性。司法实践中较为常见的是,用人单位未为劳动者缴纳医疗保险,而劳动者发生医疗费,要求用人单位承担相应的医疗费的案件。本案的特别之处在于,公交客运公司按照当时的政策为李某交纳了医疗保险,但却不计入劳动者的缴费年限,李某在办理退休手续时发现自己无法享受基本医疗保险待遇进而要求赔偿损失。

本案的发生与我国多险种并存的医疗保险制度密切相关,也是将农民工纳入医疗保险缴费范围后历史性、政策性的结果。2004 年,原劳动和社会保障部出台《关于推进混合所有制企业和非公有制经济组织从业人员参加医疗保险的意见》,明确要求各地劳动保障部门,把与用人单位形成劳动关系的农村进城务工人员纳入医疗保险范围。2005 年,北京市劳动和社会保障局出台相关通知,明确用人单位必须为本市农民工办理参加基本医疗保险手续,并根据农村进城务工人员流动性大的特点和医疗需求,在缴费率的确定和保障方式上也与职工基本医疗保险有所区别。按照当时的政策,缴纳医疗保险费用,不建个人账户,不计缴费年限,缴费当期享受待遇。直至 2011 年《中华人民共和国社会保险法》施行后,为农民工缴纳医疗保险才成为用人单位的强制性义务。

本案中,李某要求赔偿损失的缘由在于其认为在办理退休手续时一次性趸交 5 万余元费用包括用人单位即公交客运公司和个人缴纳的基本医疗保险费。那么,如何理解"由本人一次性补足应当由用人单位和个人缴纳的基本医疗保险费"呢?这涉及社会保险法领域中非常重要的一个概念——工龄。工龄是我国职工退休的一个条件。对计算社会保险待遇有法律意义的只是连续工龄和缴费工龄。本案中,李某的缴费工龄远未达到职工退休时的工作年限。在办理这起案件时,笔者向人力资源和社会保障局的工作人员了解到,劳动者退休后能否享受医疗保险待遇及享受何种医疗保险待遇受多种因素影响,即便李某不选择一次性补缴工龄补偿,其也并非在退休后无法享受任何医疗保险待遇，其可以选择新型农村合作医疗或者城镇居民医疗保险，当然，这两种医疗保险的待遇较职工基本医疗保险待遇相差甚远。因此，李某在办理退休手续时自行缴纳的工龄补偿系其利益衡量后的自行处分行为。

本案反映出涉社会保险的劳动争议案件大多包含社保制度变革或施行时间节点、政策性强，且相关申领手续需要通过劳动行政部门审批处理。因此，人民法院需查明是否应当由劳动行政部门处理，劳动行政部门是否能够处理解决，若是，则不属于法院处理范围。值得注意的是，大多数老年劳动者起诉的劳动争议纠纷均涉及社保损失类诉请。在排除用人单位有未尽义务或者有过错的行为后，大多数案件中，老年劳动者并非无法从社会保险基金领取或享受相应的社会保险待遇，而是政策变化、档案残损等历史性原因导致劳动者退休时实际享受的社会保险待遇与其预期的社会保险待遇有所差别，其主张损失的数额有高度的意定性。大量的案件中，劳动者并未穷尽除诉讼外的救济措施，导致案件并未触及法院受理此类纠纷的范围，故老年劳动者在此类案件中败诉率较高。

编写人：北京市东城区人民法院　游煜聪　景琪

48

劳动者主张工伤保险待遇降低的差额部分如何认定

——曾某诉新三洲公司工伤保险待遇案

【案件基本信息】

1. 裁判书字号

江苏省无锡市中级人民法院（2019）苏02民终4971号民事判决书

2. 案由：工伤保险待遇纠纷

3. 当事人

原告（被上诉人）：曾某

被告（上诉人）：新三洲公司

【基本案情】

曾某于2015年8月9日进入新三洲公司从事转炉炉长工作，双方签订了劳动合同。2016年12月7日，曾某在工作中受伤。受伤前，新三洲公司未为曾某缴纳社会保险。受伤后，新三洲公司为曾某补缴社会保险，缴费时间自2016年12月至2018年10月。2016年12月至2017年7月的社保缴费基数为2678元/月。双方一致确认曾某受伤前的平均工资为12900元/月。

2017年1月9日，曾某所受事故伤害认定为工伤。2018年1月12日，经鉴定致残程度为九级。后新三洲公司为曾某办理了工伤保险待遇理赔手续，经无锡市社会保险基金管理中心核定，一次性伤残补助金为25596元、一次性医疗补助金为50000元，上述款项已由社保机构核发至新三洲公司，新三洲公司已将相应理赔款项支付给曾某。

2019年1月，曾某至惠山仲裁委申请仲裁，要求新三洲公司支付一次性伤残补助金差额损失90191元。惠山仲裁委对曾某的仲裁请求，不予支持。曾某不服仲裁裁决，于2019年2月起诉至本院。

2019年4月4日，曾某向劳动保障监察部门投诉，要求单位为其补缴2015年8月至2016年11月的社会保险费和补足2016年12月至2017年3月社保基数差额部分，因投诉的违法行为距投诉之日起已超过2年，劳动保障监察不再受理。

因新三洲公司未足额缴纳社保，导致曾某本应享受到的工伤保险待遇降低，曾某就降低的差额部分起诉至法院。

【案件焦点】

曾某主张一次性伤残补助金差额是否属于法院受诉范围。

【法院裁判要旨】

江苏省无锡市惠山区人民法院经审理认为：曾某的诉讼请求并非要求补交社会保险费，其主张的一次性伤残补助金差额属工伤保险待遇范畴。《无锡市工伤保险实施办法》第二十二条第二款规定，因用人单位的过错，造成工伤职工享受的工伤保险待遇降低的，差额部分由用人单位承担。曾某于2015年8月9日进入新三洲公司工作，新三洲公司一直未为曾某缴纳社保，直至曾某于2016年12月7日发生工伤事故后，新三洲公司才为曾某缴纳社保，且缴纳社保的时间是从2016年12月开始，社保缴费基数为2678元/月，远低于曾某受伤前的月平均工资12900元。新三洲公司具有过错，其过错直接导致曾某不能按照12900元/月×9个月=116100元领取一次性伤残补助金，曾某所能领取的工伤保险待遇显著降低。

在目前的情况下，即使新三洲公司为曾某按正常标准补足社保，由于系用人单位的原因造成工伤职工享受的工伤保险待遇降低，曾某也无法再从社会保险基金管理中心领取一次性伤残补助金差额部分，故该差额部分90504元（116100元－25596元）应由新三洲公司赔偿给曾某。对新三洲公司认为曾某的诉讼请求不属法院受诉范围的意见不予采纳。

关于一次性伤残补助金差额90504元中，是否要考虑扣除曾某个人需缴纳和承担的相关款项。工伤保险金均应由单位缴纳，故90504元中无需扣除曾某个人需缴纳和承担的款项。

关于新三洲公司辩称曾某对社会保险费一直未提出异议，视为曾某对实际缴费情况予以认可，曾某无权再主张一次性伤残补助金差额，该意见无事实和法律依据，本院不予采信。

江苏省无锡市惠山区人民法院依照《中华人民共和国民事诉讼法》第六十四条第一款、《最高人民法院关于适用〈中华人民共和国民事诉讼法〉的解释》第九十条之规定，判决如下：

新三洲公司于本判决生效之日起十日内支付曾某一次性伤残补助金差额90504元。

二审法院同意一审法院裁判意见。

【法官后语】

随着工业化进程的推进，在生产效率不断提高的同时，劳动工具的复杂化、生产方式的危险化也导致工伤事故频发。为了保障劳动者的生存权益、分散用人单位的用工风险，工伤保险应运而生。然而在施行的过程中，资本的趋利性、用人单位在劳动关系中的强势地位以及较低的违法成本，导致了制度实施的偏差。有的用人单位心怀侥幸，不交或少交工伤保险，使得工伤员工无法获得应得的赔偿，有的用人单位甚至利用工伤程序的烦琐性，在工伤认定、劳动能力鉴定、劳动仲裁或诉讼、工伤保险待遇核算等程序中无所不用其极地拖延、阻碍，迟迟不赔偿。法院有必要在此类案件中树立明确的价值导向，充分保护劳动者的合法权益，不让违法者获益，从而保障工伤保险制度充分发挥其功能。

本案的争议焦点在于：一是劳动者主张因用人单位降低工伤保险费率导致其本应享受到的一次性伤残补助金降低，降低的差额部分是否属于法院的受理范围；二是用人单位是否应当承担一次性伤残补助金的差额部分。

关于争议焦点一，法院是否受理该类案件，首先要考察劳动者是否能够通过劳动监察等方式由用人单位补足社会保险，由社保经办机构发放足额的社会保险待遇，如果可以通过此种方式补足劳动者的待遇，应当告知劳动者通过行政机关处理。工伤保险是“历史妥协”的产物：工人放弃起诉雇主的权利，而换来获得无过错法定赔偿的优惠；而雇主则出资成立工伤保险基金对工伤和职业病伤害提供无过错赔偿，换来免受工人起诉的优惠。作为劳动者与用人单位之间的一种利益交换，工伤保险已经成为一种国家强制保险，因此法院应充分尊重工伤保险制度，可以通过工伤保险解决的，仍应由社会保险部门处理。但对于社会保险部门确定无法通过补缴社会保险处理，而劳动者又确实存在社会保险待遇降低的情形的，人民法院应当受理。根据《劳动和社会保障部关于实施〈劳动保障监察条例〉若干规定》第十八条规定，劳动监察部门只对发生在两年之内的违反劳动保障法律的行为予以查处，而很多劳动者在此前往往已经花了很长时间去维权，投诉之日早已超过工伤发生之日的两年，导致用人单位无法为劳动者补足工伤保险，也不需要再补足，劳动者的权益最后只能落空。在此种情况下，法院应当受理案件，保护劳动者的合法权益。

关于争议焦点二，用人单位是否承担补足差额的责任，应当考察用人单位的过错。具体可以从以下几方面考察：用人单位少缴的社会保险费用于何处、少缴社会保险的时间长短、劳动者是否知情或同意等。如果用人单位将少缴的社会保险转入单位私库，那么实际上是一种变相地减少劳动者劳动报酬的行为，该部分少缴的社保属于单位的不当得利，由此引发的劳动者的社会保险待遇降低也应由单位负责。如果用人单位虽然长期以来少缴了部分社会保险费，但该部分少缴的费用用于发放给劳动者，劳动者对此也是知晓的，那么用人单位没有过错，也就无需承担补足的责任。

编写人：江苏省无锡市惠山区人民法院　邹迪凡

49

劳动者主张违法解除劳动合同赔偿金后还能否主张生育津贴差额损失

——朱某诉康洲公司劳动争议案

【案件基本信息】

1. 裁判书字号

重庆市第五中级人民法院（2019）渝05民终1730号民事判决书

2. 案由：劳动争议纠纷

3. 当事人

原告（被上诉人）：朱某

被告（上诉人）：康洲公司

【基本案情】

2016年5月3日，朱某入职康洲公司，从事营销工作，工资标准为6041.89元/月。双方签订有固定期限的劳动合同，期限至2022年5月2日。2017年10月9日朱某通过钉钉软件向康洲公司请假，请假类型为病假，请假事由为过敏性鼻炎，请假时间5天，并上传2017年9月30日重庆医科大学附属第一医院出具的诊疗证明书，具体内容为朱某早孕，休假半个月。该钉钉截图显示审批拒绝。2017年11月1日朱某通过钉钉软件向康洲公司请假，请假类型为病假，请假事由：疱疹病毒引起的免疫力低下，现在又有点低烧，请假时间30天，并上传2017年10月27日重庆医科大学附属第一医院出具的诊疗证明书，皮肤照片及药品照片，诊疗证明书具体内容为朱某早孕（先兆流产），休假一个月。该钉钉截图显示审批拒绝。康洲公司对两份截图真实性表示认可，但认为康洲公司拒绝的原因是朱某请假时的理由与提交的病历资料不一致，朱某也未进一步履行书面请假手续。康洲公司以钉钉系统打卡考核员工的考勤。康洲公司举示的钉钉系统考勤记录显示缺卡时间除2017年10月30日、31日外，其余与朱某请假时间一致。朱某认可该考勤的真实性，但认为缺卡时间与请假时间相一致，并非旷工。康洲公司于2017年11月3日向同在康洲公司上班的朱某丈夫李某送达《上班通知书》，要求朱某自收到通知3日内到公司上班，否则将按公司相关规定追究违约责任直至解除劳动关系。2017年11月8日，康洲公司再次以同样方式同样内容向朱某发出《上班通知书》，朱某丈夫李某签署并在该《上班通知书》上载明：已阅，朱某目前医院治疗，请勿打扰，朱某事务由我负责转告和代办。2017年11月16日，康洲公司向朱某发出《解除劳动合同通知书》，以朱某至今旷工18天，已经严重违反公司规章制度为由解除与朱某签订的《劳动合同》。2017年11月16日起，朱某未再到康洲公司上班。2018年7月24日，重庆市南岸区社会保障局工伤生育科出具《情况说明》一份，认为朱某应享受顺产产假128天，因朱某所在单位于2018年4月18日对朱某办理了五险减少，减少原因为解除合同，朱某应享受的生育生活津贴为25600元。朱某领取了44天的生育生活津贴8800元。

【案件焦点】

康洲公司违法解除劳动合同并停止为朱某缴纳生育保险，朱某主张违法解除赔偿金后还能否主张生育津贴差额损失。

【法院裁判要旨】

重庆市南岸区人民法院经审理认为：康洲公司违法解除劳动合同，导致朱某未能全额领取生育津贴25600元，依法应由康洲公司向朱某补足差额部分25600元－8800元＝16800元。

重庆市南岸区人民法院依照《中华人民共和国劳动法》第三条，《中华人民共和国劳动合同法》第三十条第一款、第三十九条、第四十七条、第八十七条，《最高人民法院关于审理劳动争议案件适用法律若干问题的解释》第十三条、第十九条，《中华人民共和国民事诉讼法》第六十四条第一款的规定，作出如下判决：

一、康洲公司于判决生效之日起十日内支付朱某违法解除劳动合同的赔偿金24167.56元；

二、康洲公司于判决生效之日起十日内朱某2017年9月提成工资4905元、

2017年10月工资2500元、11月工资1250元；

三、康洲公司于判决生效之日起十日内支付朱某生育津贴16800元；

四、驳回朱某其他诉讼请求。

康洲公司不服一审判决，提起上诉。重庆市第五中级人民法院经审理认为：关于康洲公司是否应当对朱某未享有的生育津贴承担赔偿责任的问题。用人单位在劳动关系存续期间为劳动者缴纳基本养老保险、基本医疗保险、工伤保险、失业保险、生育保险系其法定义务。康洲公司与朱某在劳动关系存续期间，康洲公司已经按照法律规定为朱某缴纳了各项社会保险，并不存在未缴纳或未按时足额缴纳的情形。二审中，双方均确认劳动关系解除的时间为2017年11月16日，在双方劳动关系已经解除的情况下，用人单位已不具有为劳动者缴纳社会保险的法定义务，现朱某选择以康洲公司违法解除双方的劳动合同，要求康洲公司承担违法解除劳动合同的赔偿金后，又要求康洲公司赔偿因违法解除劳动合同而未能申领的生育津贴差额，缺乏法律依据，不予支持。一审判决认定事实清楚，但适用法律不当，应予纠正。

重庆市第五中级人民法院依照《中华人民共和国民事诉讼法》第一百七十条第一款第二项之规定，作出如下判决：

一、维持一审判决第一项、第二项；

二、撤销一审判决第三项、第四项；

三、驳回朱某的其他诉讼请求。

【法官后语】

本案处理重点在于用人单位违法解除劳动合同并停止为劳动者缴纳生育保险，劳动者主张违法解除赔偿金的同时，能否再向用人单位主张生育津贴差额损失。笔者认为，无论用人单位解除劳动关系是否合法，只要用人单位和劳动者均确认劳动关系已经解除，在解除之后用人单位就不具有为劳动者缴纳社会保险包括生育保险的法定义务。劳动者要求康洲公司承担违法解除劳动合同的赔偿金后，又要求用人单位赔偿因违法解除劳动合同而未能足期缴纳生育保险导致的生育津贴差额损失的主张不能成立。

1. 生育保险制度的立法思考

我国的生育保险制度是国家通过立法，对怀孕、分娩女职工给予生活保障和物质帮助的一项社会政策。其宗旨在于通过向职业妇女提供生育津贴、医疗服务和产假，帮助她们恢复劳动能力，重返工作岗位。目前立法规定，享有生育津贴的前提是用人单位已为职工缴纳了生育保险，所需资金从生育保险基金中支付。立法强调用人单位为职工缴纳生育保险是法定义务。职工应是指与用人单位存在劳动关系的劳动者，如果存在解除劳动关系情形的，劳动者在劳动关系解除前是用人单位的职工。缴纳生育保险的主体只能是用人单位，劳动者个人无法缴纳，享受生育津贴的情形如下：(1) 女职工生育享受产假；(2) 享受计划生育手术休假；(3) 法律、法规规定的其他情形。未依法为职工缴纳生育保险的用人单位，应按相关规定向劳动者支付生育津贴。

2. 用人单位违法解除劳动合同并停止为劳动者缴纳生育保险的责任承担问题

用人单位违法解除劳动合同时，劳动者尚不具备享受生育津贴条件的，劳动者需就主张违法解除赔偿金或者全额生育津贴作出选择。《中华人民共和国劳动合同法》第四十八条规定，用人单位违反本法规定解除或者终止劳动合同，劳动者要求继续履行劳动合同的，用人单位应当继续履行；劳动者不要求继续履行劳动合同或者劳动合同已经不能继续履行的，用人单位应当依照本法第八十七条规定支付赔偿金。具体到本案，朱某在康洲公司出现违法解除劳动合同行为时，其认可违法解除行为并主张赔偿金，这是朱某在康洲公司违法解除劳动合同后，在要求用人单位继续履行或不要求继续履行，要求支付赔偿金之间作出的选择。作出选择的同时，双方劳动合同解除，朱某不再是康洲公司的职工，康洲公司没有再为其缴纳生育保险的义务。而此时朱某仍处于怀孕期间，还没有生育或可以享受产假，其只能按用人单位缴纳生育保险期间领取相应的生育津贴，对用人单位停止缴纳生育保险后未能领取到的生育津贴损失，只能由朱某自己承担。

值得注意的是，根据《中华人民共和国劳动合同法》第四十八条规定，用人单位违反本法规定解除或者终止劳动合同时，劳动者可以作另一种选择，即要求继续履行劳动合同的，这时用人单位应当继续履行。具体到本案，朱某如果出于领取足额生育津贴的考虑，可以不认可康洲公司的违法解除行为，要求康洲公司继续履行劳动合同，康洲公司应当为朱某持续缴纳生育保险，但是相应地，朱某就不能获得违法解除赔偿金。在劳动者尚未生育或休完产假的情形下，用人单位有违法解除劳动合同行为时，劳动者要从自身利益最大化的角度考虑，作出对自己最有利的选择。但是，并不是说违法解除赔偿金与生育津贴损失就不能同时兼得，用人单位自始从未给劳动者缴纳生育保险，劳动者生育、休完产假后，用人单位又违法解除劳动合同的，劳动者主张违法解除赔偿金和生育津贴损失均应得到支持。

编写人：重庆市第五中级人民法院　周媛媛

50

用人单位分立、合并、转让的，承继单位应当承担原用人单位的工伤保险责任

——李某诉腾丰公司劳动争议案

【案件基本信息】

1. 裁判书字号

新疆维吾尔自治区阿克苏地区中级人民法院（2019）新29民终659号民事判决书

2. 案由：劳动争议纠纷

3. 当事人

原告（上诉人）：李某

被告（上诉人）：腾丰公司

第三人（被上诉人）：棉麻公司

【基本案情】

1994年9月，李某开始在棉麻公司上班。2016年10月18日，李某在上下班途中发生交通事故。李某此次受到的伤害经阿克苏地区人力资源和社会保障局认定为工伤。2017年8月21日，阿克苏地区劳动能力鉴定委员会认定李某的工伤为八级，无护理依赖。

2018年6月11日，经库车县委常委会研究同意，腾丰公司与棉麻公司签订

《棉麻公司轧花厂转让协议》，约定：棉麻公司将其所属的轧花一厂、轧花五厂、轧花九厂经资产评估后，在评估价格的基础上优惠10%转让给腾丰公司；棉麻公司在收到腾丰公司全部合同款后办理资产过户手续，但腾丰公司不得将配置的轧花厂对外出租或转让，必须自己经营管理；职工安置方案：（1）对现有转让资产中所涉及的职工被告必须全部接收，妥善安置，继续履行原厂与职工的劳动合同关系，已退休职工未缴纳缴足医疗保险费用的，由腾丰公司按相应规定补足；（2）如腾丰公司对轧花厂职工未按本合同约定接收并妥善安置，则所涉轧花厂不予转让，同时腾丰公司须承担违约责任；（3）对因工致伤残的职工提出解除合同，则须进行伤残鉴定，按照因工伤残的有关规定给予妥善安置。合同并约定了违约责任等其他内容。从2018年8月起，李某正式在腾丰公司工作，工作岗位为门卫，每月工资为3400元。庭审中，腾丰公司及棉麻公司对工伤认定及劳动能力鉴定均未提出异议。

李某因个人身体原因于2019年2月向腾丰公司提出解除劳动合同关系，腾丰公司未予同意，并计划安排李某去轧花一厂工作或者在腾丰公司担任办公室主任，李某称无法胜任，故从2019年3月1日起未再去公司上班。

【案件焦点】

李某的经济补偿金和工伤赔偿应当由谁承担。

【法院裁判要旨】

新疆维吾尔自治区库车县人民法院经审理认为：《工伤保险条例》第四十三条第一款规定，用人单位分立、合并、转让的，承继单位应当承担原用人单位的工伤保险责任。腾丰公司与棉麻公司签订的《棉麻公司轧花厂转让协议》约定，因工致伤残的职工由腾丰公司给予妥善安置。腾丰公司作为承继单位，应当承担工伤赔偿责任。李某离开腾丰公司系自身身体原因主动离开，其主张棉麻公司支付经济补偿金，无事实及法律依据，应不予支持。

新疆维吾尔自治区库车县人民法院依照《中华人民共和国劳动合同法》第四十六条、第五十条，《工伤保险条例》第三十七条、第四十三条第一款，《新疆维吾尔自治区实施〈工伤保险条例〉办法》第二十九条，《中华人民共和国民事诉讼法》第六十四条第一款规定，作出如下判决：

一、腾丰公司于本判决生效后十日内向李某支付一次性伤残就业补助金

100206元；

二、驳回李某的其他诉讼请求。

李某、腾丰公司不服一审判决，提出上诉。新疆维吾尔自治区阿克苏地区中级人民法院经审理认为：劳动合同法规定用人单位发生合并或者分立等情况，原劳动合同继续有效，劳动合同由承继其权利和义务的用人单位继续履行。腾丰公司与棉麻公司签订转让协议属于法律规定之情形，李某的劳动合同权利和义务由承继其权利和义务的腾丰公司继续履行。根据转让协议约定：对因工致伤残的职工由腾丰公司给予妥善安置。工伤保险条例规定：用人单位分立、合并、转让的，承继单位应当承担原用人单位的工伤保险责任。腾丰公司作为用人单位，理应承担原用人单位的工伤保险责任。李某未提前30日以书面形式通知用人单位解除合同，而是主动提出辞职，并非腾丰公司提出解除劳动合同，非因用人单位法律规定的情形，用人单位无需支付经济补偿，故对李某主张棉麻公司支付经济补偿不予支持。

新疆维吾尔自治区阿克苏地区中级人民法院依照《中华人民共和国民事诉讼法》第一百七十条第一款第一项规定，作出如下判决：

驳回上诉，维持原判。

【法官后语】

企业的分立、合并和转让在现代市场经济中是一种常见的现象。作为市场经济的主体，为谋求利益的最大化，企业常常借助分立、合并等形式分散经营风险，变更经营范围，最终实现资源的优化配置。为了在追求效率与保障利益相关者的合法权益间达到平衡，无论是企业的合并还是企业的分立，都不能以损害第三人的利益为代价，特别是不能损害弱势群体的利益。《中华人民共和国民法典》第六十七条规定，法人合并的，其权利和义务由合并后的法人享有和承担。法人分立的，其权利和义务由分立后的法人享有连带债权，承担连带债务，但是债权人和债务人另有约定的除外。保障职工的基本权益，使其不因用人单位的合并、分立和转让而受到不利的影响，对于形成良好的市场经济秩序，规范企业形式变更有着重要的意义。

用人单位发生合并或者分立等情况，原劳动合同继续有效，劳动合同由承继其权利和义务的用人单位继续履行。《工伤保险条例》第四十三条第一款规定，用人单位分立、合并、转让的，承继单位应当承担原用人单位的工伤保险责任；原用人单位已经参加工伤保险的，承继单位应当到当地经办机构办理工伤保险变更登记。腾丰公司作为用人单位，理应承担原用人单位即棉麻公司的工伤保险责任。另外，根据腾丰公司与棉麻公司签订的《棉麻公司轧花厂转让协议》第六条职工安置方案中“对因工致残的职工提出解除劳动合同，则须进行伤残鉴定，按照因工伤残的有关规定给予妥善安置”的约定，应由腾丰公司对因工致伤残的职工给予妥善安置。本案中，腾丰公司向李某赔偿一次性伤残就业补助金符合规定，亦符合双方约定，李某的该请求应予得到支持。

李某离开单位系因自身原因主动离开，其向棉麻公司主张经济补偿金，根据《中华人民共和国劳动合同法》第四十六条的规定，李某未提前30日告知用人单位解除劳动合同，不属于用人单位有法律规定的情形从而劳动者解除合同、用人单位需支付经济补偿的情形；且李某的劳动合同权利和义务因腾丰公司与棉麻公司签订的《棉麻公司轧花厂转让协议》而由承继其权利和义务的腾丰公司继续履行，其基于此自愿在腾丰公司继续工作，并领取工资，现又主张棉麻公司支付经济补偿，无事实及法律依据，不予支持。

编写人：新疆维吾尔自治区库车县人民法院　罗玉

七、劳动争议仲裁

51

养老保险待遇损失纠纷的仲裁时效与计算方法

——陈某诉××中专劳动争议案

【案件基本信息】

1. 裁判书字号

江苏省南通市中级人民法院（2019）苏06民终2808号民事判决书

2. 案由：劳动争议纠纷

3. 当事人

原告（被上诉人）：陈某

被告（上诉人）：××中专

【基本案情】

陈某自2006年9月起至××中专工作，双方未签订书面劳动合同。2011年2月9日，陈某年满五十周岁，达到法定退休年龄，但继续在××中专工作。后××中专通知陈某对其不再继续聘用，陈某在××中专工作至2019年1月29日。陈某工作期间，××中专未为陈某缴纳社会保险。

2018年12月24日，启东市社会保险事业管理处出具《证明》一份，主要内容为陈某未在启东参加企业职工养老保险，未缴纳养老保险费。

2019年1月18日，就××中专未缴纳社会保险事宜，陈某向劳动仲裁委申请仲裁。劳动仲裁委以原告已达到法定退休年龄，主张的劳动争议不属于劳动法调整的范围为由不予受理。陈某遂以诉称的事实和理由诉至法院。

2019年3月19日，启东市社会保险事业管理处出具《证明》一份，主要内容为陈某现未按月享受启东市企业职工基本养老保险待遇。

2010年南通市全市在岗职工月平均工资为3287元。

【案件焦点】

1. 陈某养老保险待遇损失的核定及有无超过仲裁时效；2. 如未超过仲裁时效，对于陈某的养老保险待遇损失应如何计算；3. 陈某诉请违法解除劳动关系赔偿金有无法律依据。

【法院裁判要旨】

江苏省启东市人民法院经审理认为：《最高人民法院关于审理劳动争议案件适用法律若干问题的解释（三）》第一条规定，劳动者以用人单位未为其办理社会保险手续，且社会保险经办机构不能补办导致其无法享受社会保险待遇为由，要求用人单位赔偿损失而发生争议的，人民法院应予受理。本案中，××中专未为陈某办理社会保险手续，陈某已达法定退休年龄，无法补办，且未能享受社会保险待遇，故陈某要求××中专赔偿养老保险待遇损失，于法有据，法院予以支持。关于陈某的入职时间，陈某提供了2019年1月17日的《证明》、银行流水明细并对其工资发放方式、发放人员进行了详细陈述。因××中专未提供任何证据证实其主张，故陈某2006年9月入职的事实具有高度可能性。

根据《江苏省高级人民法院、江苏省劳动人事争议仲裁委员会关于审理劳动人事争议案件的指导意见（二）》第二十条规定之精神，劳动者达到退休年龄时，因用人单位应缴未缴养老保险致使劳动者养老保险缴费年限未达到按月领取退休金条件的，如果劳动者在同一用人单位连续工作年限未满十五年的，自用人单位依法应当为劳动者办理社会保险之日起，按照每满一年发给相当于一个月当地上一年度职工月平均工资标准一次性支付劳动者养老保险待遇赔偿。陈某2006年9月至2019年1月29日在××中专工作，××中专应从2006年9月起依法为陈某办理社会保险，直至2011年2月9日陈某达到法定退休年龄之日。然而××中专未为陈某办理，故应按照每满一年发给一个月南通市2010年度在岗职工月平均工资3287元的标准，一次性支付陈某养老保险待遇损失，计13148元（3287元/月×4个月）。对于陈某主张的达到法定退休年龄后继续在××中专的工作时间，因在实践操作中，对于达到法定退休年龄前未缴纳过社会保险的劳动者，在达到法定退休年龄时用人单位无法为其补缴社会保险，亦无法律、行政法规强制性规定要求用人单位在法定退休年龄后继续为劳动者缴纳社会保险，故陈某达到法定退休年龄后继续在××中专的工作年限不能计入其养老保险待遇赔偿的连续工作年限。

××中专辩称陈某诉请养老保险待遇损失已经超过仲裁时效。《中华人民共和国劳动争议调解仲裁法》第二十七条第一款规定，劳动争议申请仲裁的时效期间为一年，仲裁时效期间从当事人知道或者应当知道其权利被侵害之日起计算。对于因用人单位未为劳动者依法缴纳社会保险费，劳动者主张达到法定退休年龄后养老保险待遇损失赔偿的，仲裁时效自达到退休年龄之日起开始计算；达到退休年龄后仍继续用工的，则从双方解除劳动关系之日起开始计算。本案中，陈某于2011年2月9日达到法定退休年龄后，继续在××中专工作至2019年1月29日，陈某于2019年1月18日就养老保险待遇损失申请劳动仲裁，未超过一年仲裁时效。

用人单位与其招用的已达退休年龄但未享受养老保险待遇或领取退休金的人员，双方之间用工情形符合劳动关系特征的，应认定双方形成特殊劳动关系，双方之间关于试用期、工作时间、休息休假、劳动保护、最低工资的争议，适用劳动合同法的规定予以处理。此系对已达法定退休年龄继续就业者群体的特殊保护，但双方当事人中任何一方都可以随时通知对方终止用工，且用人单位无须支付劳动者经济补偿。本案中，陈某达到法定退休年龄后在××中专继续工作，双方形成特殊劳动关系，××中专可以随时终止用工，且无须支付经济补偿，更谈不上违法解除，故陈某主张违法解除劳动关系的经济赔偿金，无法律依据，不予支持。

综上所述，陈某诉请养老保险待遇损失，未超过一年仲裁时效，××中专应赔偿陈某养老保险待遇损失13148元。陈某诉请违法解除劳动关系的经济赔偿金，无法律依据，不予支持。

江苏省启东市人民法院依照《中华人民共和国劳动争议调解仲裁法》第二十七条第一款、《最高人民法院关于审理劳动争议案件适用法律若干问题的解释（三）》第一条规定，判决如下：

××中专于判决发生法律效力之日起十日内支付原告陈某养老保险待遇损失13148元。

××中专不服一审判决，提起上诉。江苏省南通市中级人民法院经审理认为：诉讼当事人有义务就其主张提供证据，如果不能提供相应证据或者所提供证据不足以证明其主张的，将承担不利的诉讼后果。××中专作为用人单位应当保存被上诉人陈某的考勤记录、工资发放记录及劳动用工合同等证明材料，以证明陈某的工作起始时间，但该单位未能提供。一审根据陈某本人陈述及其提供的银行流水明细，结合证人证言等情况，认定陈某于2006年9月入职××中专并无不当。用人单位未依法为劳动者缴纳社会保险，应当依照规定向劳动者支付养老保险待遇赔偿。一审法院依照《江苏省高级人民法院、江苏省劳动人事争议仲裁委员会关于审理劳动人事争议案件的指导意见（二）》第二十条之规定，判令××中专向陈某支付2006年9月至2011年2月期间的养老保险待遇赔偿，赔偿标准为南通市2010年度在岗职工月平均工资3287元，合情合理合法。××中专认为应当以陈某实际月工资为计算标准，没有法律依据。

江苏省南通市中级人民法院依照《中华人民共和国民事诉讼法》第一百七十条第一款第一项之规定，判决如下：

驳回上诉，维持原判。

【法官后语】

随着人们物质生活条件及自身健康水平的不断提高，越来越多达到退休年龄的劳动者选择继续在原单位工作或另行到新的用人单位就业。达到或超过退休年龄的劳动者在工作中积累并掌握了一定的劳动技能，其继续就业有利于节约成本、提高效率，我国法律并未禁止达到退休年龄的劳动者继续就业。现实中这一群体人数日益增多，对其相关劳动权益的保护就显得尤为重要。

《中华人民共和国劳动合同法实施条例》第二十一条规定，劳动者达到退休年龄，劳动合同终止。通常情况下，劳动者达到退休年龄后办理退休手续，开始享受基本养老保险待遇，其与用人单位之间的劳动关系即行终止。达到退休年龄的劳动者继续在原单位工作而未终止劳动合同履行的，视为双方当事人同意按照原劳动合同约定的除合同期限外的各项条件继续履行合同。对于用人单位与其招用的已达到或超过退休年龄但未享受基本养老保险待遇或领取退休金的员工发生用工争议，因双方法律关系并未发生实质性的变更，若双方之间用工情形符合劳动关系特征的，应当按照劳动关系的特殊情形处理，即双方之间构成特殊劳动关系。在此情形下，劳动双方任何一方都有权随时终止劳动合同的履行，用人单位无需支付经济补偿金或赔偿金。但劳动者请求享受《中华人民共和国劳动法》《中华人民共和国劳动合同法》规定的劳动报酬、劳动保护、劳动条件、工作时间、休息休假、职业危害防护、福利待遇的，应予支持。

《中华人民共和国劳动争议调解仲裁法》第二十七条第一款规定，劳动争议申请仲裁的时效期间为一年，仲裁时效期间从当事人知道或者应当知道其权利被侵害之日起计算。该条第四款规定，劳动关系存续期间因拖欠劳动报酬发生争议的，劳动者申请仲裁不受本条第一款规定的仲裁时效期间的限制；但是，劳动关系终止的，应当自劳动关系终止之日起一年内提出。陈某达到法定退休年龄后继续在××中专工作，双方当事人并未终止彼此之间的法律关系，而是形成一种特殊的劳动关系。用人单位未依法缴纳社会保险费造成劳动者达到法定退休年龄后无法享受养老保险待遇，双方在劳动者退休之时终止劳动关系的，劳动者主张养老保险待遇损失赔偿的仲裁时效自达到退休年龄之日起开始计算；达到退休年龄后仍继续用工的，则从双方解除劳动关系之日起开始计算。因××中专并未与陈某解除劳动关系，依照我国劳动争议调解仲裁法第二十七条第三款的规定，关于养老保险待遇损失的仲裁时效应从双方终止劳动关系之日起计算。陈某达到退休年龄后继续在××中专工作至2019年1月29日，此后未再到单位上班，应视为双方自此终止劳动关系，陈某于2019年1月18日提出仲裁申请并未未超过一年的法定时效。

对养老保险待遇损失的计算方法，如果劳动者在同一用人单位连续工作年限满十五年的，则应由用人单位按照同等条件的正常退休职工的养老保险待遇按月支付给劳动者。如果劳动者在同一用人单位连续工作年限未满十五年的，因用人单位在劳动者达到法定退休年龄时客观上已无法继续为劳动者缴纳社会保险，其责任并不完全在于用人单位。审判实践中各地的损失计算方法不同，多地采取用人单位按照每满一年发给相当于一个月当地上一年度职工月平均工资标准一次性支付劳动者养老保险待遇赔偿。对于养老保险待遇损失的计算期间，因劳动者达到退休年龄时其养老保险待遇损失业已固定，故对于达到法定退休年龄后继续在原用人单位工作的时间，不能计入其养老保险待遇损失的赔偿年限。

本案认定陈某与××中专之间构成特殊情形劳动关系，从仲裁时效上解决了困扰审判实践的认识误区，依法维护了达到或超过退休年龄劳动者的正当权益。对于在同一用人单位连续工作未满十五年的劳动者养老保险待遇损失的计算期间，本案在法理上坚持了平等保护的基本原则，其界定方法对于同类案件的审判具有借鉴意义。

编写人：江苏省南通市中级人民法院　郭相领

八、其他

52

《安全承诺书》能否成为用人单位要求劳动者赔偿的依据

——群星公司诉董某劳动争议案

【案件基本信息】

1. 裁判书字号

湖北省武汉市黄陂区人民法院（2019）鄂0116民初5811号民事判决书

2. 案由：劳动争议纠纷

3. 当事人

原告：群星公司

被告：董某

【基本案情】

董某原系群星公司的职工，2015年2月到群星公司工作，岗位司机，双方未签订书面的劳动合同，但在入职时董某与该公司签订的《安全承诺书》约定：其在日常工作中因违反有关规定而造成安全生产责任事故，其责任完全由本人承担。触犯法律法规或给公司造成经济损失，一切后果由个人自负。2017年2月27日，董某驾驶A车沿福银高速公路自东向西行驶，与前方由吕某驾驶的B车发生碰撞，造成A车驾驶员董某、乘车人屈某受伤及两车不同程度受损的道路交通事故。湖北省公安厅高速警察总队四支队十堰大队出具道路交通事故认定书，认定董某负此次事故全部责任，吕某、屈某不承担此次事故责任。董某具备驾驶相关车辆的资格，事故是董某驾驶机动车未与同车道行驶的前车保持足以采取紧急制动措施的安全距离所致。事故发生后，群星公司依法向受害人进行了赔偿。2019 年 6 月 18 日，群星公司申请劳动仲裁，请求裁决董某赔偿群星公司车辆停运损失 556612 元。仲裁裁决驳回群星公司的仲裁请求。现群星公司认为，事故车辆停运 183 天，停运期间的损失 540582 元应由董某予以赔偿。董某认为，群星公司的诉讼请求没有事实和法律依据。董某在履职过程中没有严重失职行为，否则董某受伤不会被认定为工伤，群星公司所谓的停运损失由劳动者进行赔偿没有事实和法律依据，故请求法院依法驳回群星公司的诉讼请求。

【案件焦点】

劳动者签订《安全承诺书》是否能成为用人单位要求劳动者赔偿的依据。

【法院裁判要旨】

湖北省武汉市黄陂区人民法院经审理认为：劳动者和用人单位之间的关系并非平等的民事主体之间的关系，双方具有权利义务上的非对等性。劳动者执行职务时，用人单位既是劳动者职务行为的获益方，同时又可能是劳动者职务行为受损害方；劳动者履行职务行为受用人单位指派和管理，其履行职务行为并无独立的意志和利益；劳动者的工资与劳动者的职务行为对用人单位所创造的价值不平等；企业经营本身存在着经营风险；劳动者履行职务行为亦不是其单独的个体行为，而需要管理层和其他劳动者的配合。因此，在劳动者履行职务行为对用人单位造成损失时，不能简单地适用平等民事主体之间的过错责任原则。通常情况下，只有在劳动者在履行职务行为时存在故意或重大过失，给用人单位造成经济损失的情况下，且在劳动合同中约定损失的处理办法，劳动者才负赔偿责任。

群星公司应证明董某在履行职务行为时存在故意或重大过失以及在劳动合同中约定损失的处理方法。交通事故中的责任是发生交通事故的双方或多方之间的责任分配，劳动者在交通事故中的责任分配与劳动者在执行职务时是否存在故意或重大过失并无必然联系。虽然交通部门认定董某对交通事故负全责，但是交通事故责任方面的全责不能简单等同于董某在履行职务行为时存在故意或重大过失。即便董某对交通事故负全责，群星公司亦负有对董某管理不当之责任。关于群星公司的损失。群星公司主张车辆停运183天，但并无证据证实停运，且停运损失系群星公司自行按照公司的司机出车的费用计量方式计算，并无其他证据佐证或者鉴定结论定论，即使该损失存在，也系间接损失。《工资支付暂行规定》第十六条规定，因劳动者本人原因给用人单位造成经济损失的，用人单位可按照劳动合同的约定要求其赔偿经济损失。该损失在双方未签订书面劳动合同约定的前提下，不能按照《安全承诺书》不公平的约定转移该损失而由董某承担。综上，法院不能确信董某在履行职务行为时存在故意或重大过失。因此，群星公司要求董某赔偿其因交通事故造成的车辆停运损失无事实和法律依据，不予支持。

湖北省武汉市黄陂区人民法院依照《中华人民共和国民事诉讼法》第六十四条之规定，判决如下：

驳回群星公司的诉讼请求。

【法官后语】

随着市场经济的不断发展以及劳动双方法律意识的增强，用人单位要求劳动者承担赔偿责任的案件越来越多。在现实生活中，很多企业为了规避自身责任，在员工入职时就要求员工签订《安全承诺书》，承诺其在日常工作中因违反规定而造成安全生产责任事故，其责任完全由本人承担。《安全承诺书》能否作为用人单位要求劳动者赔偿的依据？

《安全承诺书》是不能作为用人单位要求劳动者过错赔偿的依据的。首先，从劳动者和用人单位的地位来看，用人单位与劳动者之间的权利义务关系并不对等，劳动者受用人单位的支配和命令，由用人单位向其支付劳动报酬。用人单位要求员工签订《安全承诺书》时，本身是处于一种强势地位，员工并非在完全自愿的情形下签订《安全承诺书》，用人单位利用自身强势地位，免除自己的法定责任，排除劳动者权利的，违反了法律法规的强制性规定，应认定该安全承诺书无效或部分无效。其次，企业经营本身就存在风险，劳动者仅仅通过自身劳动从用人单位获取一定报酬，用人单位通过签订《安全承诺书》来转移经营风险，使劳动者承担的风险远远超出其获取的劳动报酬，对劳动者是显失公平的。最后，《安全承诺书》多为格式条款，其中有很多的免责条款，而格式条款加重对方责任、排除对方主要权利的，该条款无效。

劳动者过错赔偿是指劳动者在劳动过程中出现过错，使用人单位的财产受到损失，劳动者对其过错造成的损害承担民事赔偿。劳动者虽为弱势群体，但为了平衡用人单位和劳动者之间的利益，相关法律也规定了劳动者过错赔偿责任。《中华人民共和国劳动法》第三条规定，劳动者应当完成劳动任务，提高职业技能，执行劳动安全卫生规程，遵守劳动纪律和职业道德。第一百零二条规定，劳动者违反本法规定的条件接触劳动合同或违反劳动合同中约定的保密事项，对用人单位造成经济损失的，应当依法承担赔偿责任。根据《工资支付暂行规定》第十六条规定，因劳动者本人原因给用人单位造成经济损失的，用人单位可按照劳动合同的约定要求其赔偿经济损失。但劳动者过错赔偿责任应区别于民事侵权归责原则，在法律、法规缺乏明文规定的情况下，对劳动者的赔偿责任应严格限制。用人单位应举证证明劳动者履行职务行为时存在故意或重大过失，在给用人单位造成经济损失的情况下，且在劳动合同中约定损失的处理方法，劳动者才负赔偿责任。否则，用人单位不应要求员工承担赔偿责任。结合本案，董某因交通事故造成车辆受损，给用人单位造成了一定的经济损失。根据《交通事故认定书》，董某承担全部责任。但交通事故中的责任是发生交通事故的双方或多方之间的责任分配，劳动者在交通事故中的责任分配与劳动者在执行职务时是否存在故意或重大过失并无必然联系，用人单位不能证明董某在履行职务行为时存在故意或者重大过失，因此用人单位要求董某承担过错赔偿责任的诉请，不应得到支持。

用人单位要求劳动者签订《安全承诺书》，并以此作为要求劳动者承担过错赔偿责任的依据，是不符合相关法律法规的规定的。用人单位防范安全事故应加强对公司安全规章制度的制定，完善安全措施，加强对员工安全教育和培训，提高员工的安全意识。仅凭一纸《安全承诺书》不能规避和免除自身法定责任，不应得到支持。

编写人：湖北省武汉市黄陂区人民法院　陈师师

53

被派遣员工权益费用分担约定不明时原则上应由派遣单位负担

——九方公司诉华堂公司合同案

【案件基本信息】

1. 裁判书字号

北京市朝阳区人民法院（2019）京0105民初2549号民事判决书

2. 案由：合同纠纷

3. 当事人

原告：九方公司

被告：华堂公司

【基本案情】

九方公司和华堂公司于2012年12月28日签订期限为2013年1月1日至2014年12月31日的《劳务派遣协议》，就九方公司向华堂公司提供劳务派遣事宜进行了约定。双方在该协议中未就派遣员工的住房公积金问题进行约定。

2013年9月4日，九方公司与案外人侯某签订《劳动合同书》，约定九方公司派遣侯某至华堂公司工作。

2018年4月28日，北京住房公积金管理中心（以下简称公积金中心）作出责令限期缴存通知书，责令九方公司为侯某缴纳2013年9月至2015年3月的住房公积金4826元。2018年11月28日，九方公司向公积金中心一次性补缴4826元。

九方公司和华堂公司此前曾就派遣员工的住房公积金问题产生纠纷并已有（2015）朝民初字第31547号民事判决书。根据该判决查明的事实，2003年9月1日至2015年12月31日期间九方公司与华堂公司陆续签订有8份劳务派遣协议。上述判决认为九方公司与华堂公司于2003年首次签订《劳务派遣协议》时，《住房公积金管理条例》业已实施，而《劳务派遣协议》中未对员工住房公积金缴纳事项进行约定。双方合作多年，且2011年为员工补缴住房公积金后，双方均未就《劳务派遣协议》进行补充和修改，是对国家法律法规的故意规避，损害了劳动者的合法权益。综合考虑双方过错，双方应共同承担派遣员工住房公积金补缴费用。上述判决遂按50%比例判令华堂公司向九方公司支付员工的住房公积金费用。判决作出后，双方不服，均提起上诉。北京市第三中级人民法院于2016年4月8日作出(2016)京03民终1204号民事判决书，判决驳回上诉、维持原判。

现九方公司起诉要求华堂公司支付为劳务派遣员工缴纳的住房公积金费用4826元。华堂公司不同意九方公司的诉讼请求。

【案件焦点】

在劳务派遣法律关系下，当派遣单位和用工单位未就派遣员工的权益费用负担问题进行明确约定时，用工单位应否分担派遣单位为派遣员工支付的权益费用问题。

【法院裁判要旨】

北京市朝阳区人民法院经审理认为：首先，在派遣单位、用工单位、劳动者的三方劳务派遣法律关系中，派遣单位和用工单位之间系平等主体之间的民事合同法律关系，派遣单位和劳动者之间是劳动法律关系。涉及劳动法律关系履行事项和基于劳动法律关系而产生的行政法律关系履行事项时，派遣单位应依法承担相应的法定义务。

其次，在派遣单位依照劳动法规范承担相应法定义务之后，就其与用工单位之间如何分担的问题，在法律规范没有明确规定之时，应属于派遣单位和用工单位基于意思自治原则平等进行协商之范畴。就本案所涉住房公积金费用问题，法律规范并没有就派遣单位和用工单位的内部分担进行明确规定，则该问题应属于派遣单位和用工单位自由协商之范畴。

最后，当派遣单位和用工单位未就费用分担达成明确约定时，应依据《中华人民共和国合同法》第六十一条、第六十二条之规定进行处理。本案中，九方公司和华堂公司未在《劳务派遣协议》中就派遣员工住房公积金费用的分担进行明确约定。而在公积金中心针对涉案员工向九方公司作出责令限期缴存通知之前，九方公司和华堂公司曾就派遣员工的住房公积金费用分担问题产生争议，北京市第三中级人民法院作出（2016）京03民终1204号民事判决书，确认由二者各按50%的比例分担派遣员工的住房公积金费用。该判决作出后，未有证据显示九方公司和华堂公司就派遣员工的住房公积金缴纳以及费用的最终分担问题进行补充约定，则可以视为双方认可（2016）京03民终1204号民事判决书所确认的50%分担比例。本院据此以该标准对本案予以处理。

北京市朝阳区人民法院依照《中华人民共和国合同法》第六十一条之规定，判决如下：

一、华堂公司于本判决生效后七日内支付九方公司住房公积金费用2413元；

二、驳回九方公司的其他诉讼请求。

【法官后语】

劳务派遣用工因具有灵活性强、用工成本低等优势而为许多用工单位所青睐。它最显著的特征是劳动者的雇佣和使用发生了分离。然而，也正是基于这种分离，派遣单位与用工单位相互推诿，损害被派遣劳动者合法权益的情形时有发生。

在劳务派遣关系中，派遣单位是用人单位，与劳动者建立劳动关系，应当履行用人单位对劳动者的义务。劳动者的合法权益受到损害时，派遣单位应依法承担相应责任。用工单位给劳动者造成损害的，派遣单位作为用人单位亦应承担连带赔偿责任。本案中，九方公司是涉案员工的用人单位，在公积金中心责令其为涉案员工缴存住房公积金时，九方公司应按责令要求缴存。

被派遣劳动者的合法权益得以保障之后，相关费用在派遣单位和用工单位之间具体由谁负担的问题，应从如下四个方面予以明确：

第一，法律对于派遣单位和用工单位的费用负担有明确规定的，应以法律规定处理。例如，依照《中华人民共和国劳动合同法》第六十二条第一款第三项之规定，用工单位应负担支付加班费的法定义务。

第二，派遣单位和用工单位对于相关费用负担有约定的，依双方约定处理。例如，若本案中九方公司和华堂公司约定被派遣员工的住房公积金由九方公司缴存，但费用由华堂公司最终负担的，则对于九方公司的本案诉求应全部予以支持。

第三，派遣单位和用工单位对于相关费用的负担没有约定或约定不明的，应依据《中华人民共和国民法典》第五百一十条之规定进行处理。先考察双方能否补充约定，若无法补充约定的，则应审查双方是否存在默示条款或交易习惯。劳务派遣协议往往会持续一段时间，双方签订合同之时对于风险分配的考虑可能并不周全。基于派遣单位和用工单位派遣劳动者的长期合作关系，若有充分证据证明存在相对稳定、明确的惯例或习惯做法，则可以作为劳务派遣协议的默示条款或交易习惯来填补合同漏洞，明确双方的责任范围。本案中，此前生效判决判定九方公司和华堂公司各按50%的比例分担派遣员工的住房公积金费用，双方已实际执行判决，且未有证据显示双方就该分担方式进行过变更，则可以认为二者就被派遣员工的住房公积金费用负担达成了各按50%比例分担的默示条款，故本案最终采纳该标准进行处理。

第四，若派遣单位和用工单位就相关费用负担不存在默示条款或交易习惯的，则原则上应由派遣单位负担。理由有三：首先，派遣单位作为用人单位，应当履行用人单位对劳动者的义务。若相关费用经上述途径均不能确定应由用工单位负担或分担的，理应由作为用人单位的派遣单位自担；其次，派遣单位作为专营劳务派遣或人事代理服务的职业机构，对于相关费用最终负担的明确负有更高的注意义务，若相关费用经上述途径均不能确定应由用工单位负担或分担的，派遣单位应自担此种经营风险；最后，从法政策上考量，让派遣单位最终负担相关费用，可以使其切实担负用人单位责任，敦促其合法经营，最终促使劳务派遣制度充分发挥灵活用工的优势，避免沦为转嫁用工成本的工具。

编写人：北京市朝阳区人民法院　吴克孟　刘思源

54

劳动者的言论自由与合法维权的边界

——沈某诉某某客车公司劳动争议案

【案件基本信息】

1. 裁判书字号

北京市第三中级人民法院（2019）京03民终12053号民事判决书

2. 案由：劳动争议纠纷

3. 当事人

原告（上诉人）：沈某

被告（被上诉人）：某某客车公司

【基本案情】

沈某于2011年1月1日入职某某客车公司。2018年5月29日至2018年6月29日期间，沈某通过知乎、新浪博客、新浪微博、民航论坛等用中文、英文和法文先后发布42篇文章，如《某某客车：设计陷害逼迫员工辞职的"最佳雇主"》《我的诉求VS. 漫天谣言》《致造谣者：你将需要无数个谎言去掩盖最初的谎言》等。上述文章中出现"钓鱼执法、设计陷害、罗织罪名""无情压榨""仍遭霸凌""私设公堂""变本加厉迫害升级""循循善诱""威慑欺骗""怎会有人用如此恶毒的手段对付一个兢兢业业工作的普通员工""真的特别感谢身边一直支持我的家人、朋友、前同事和现同事们，尤其是原本不相识，由于曾在这家公司遭受同样迫害，而主动联系我的那些前同事。甚至还有合作过的客户，其实真人只见过一次，都来后台给我留言：'确实让人心寒'"等表述内容，点击量过万。某某客车公司于2018年7月5日向沈某送达了《最终书面警告》，责令沈某限期删除相关文章并对其作出警告，但沈某并未删除。某某客车公司于2018年7月11日在北京市长安公证处的公证下向沈某送达了《解除劳动合同通知书》，以沈某存在诸多不当行为，包括但不限于擅自在互联网及社交媒体发布之文章与录音违反公司《员工手册》中有关社交媒体管理以及信息通信技术设施使用之规定，引发给公司造成负面影响的媒体曝光事件，在公司内部和外部造成严重影响和恶劣后果。该等行为不仅严重违背最基本的职业道德，更严重违反公司《员工手册》的规定，故决定解除与沈某的劳动合同。沈某向顺义区劳动人事争议仲裁委员会申请仲裁，要求某某客车公司支付违法解除劳动合同赔偿金。该委裁决驳回了沈某的仲裁请求。沈某不服起诉至法院。一审法院辩论终结前，沈某仍未删除其发布的上述文章。

【案件焦点】

劳动者的言论自由在依法维权过程中的尺度把握问题。

【法院裁判要旨】

北京市顺义区人民法院经审理认为：劳动者作为公民享有言论表达的自由，这种表达自由不因表达手段的不同而改变，言论自由在劳动关系中也应该得到保障。但是劳动者的言论自由应该受到劳动关系一般原则的限制，也就是不得侵犯公民、法人的名誉权、荣誉权、商业秘密等权利。同时，劳动关系具有一定的人身属性，劳动者亦负有忠实义务。沈某于2018年5月29日至2018年6月29日期间在各大知名互联网及社交平台用中文、英文、法文共发表了42篇与某某客车公司相关的文章或录音。文章和录音中，除了部分客观事实的表述，亦存在大量具有贬损之意或攻击性的词汇。对于沈某的申诉，某某客车公司进行了调查，并与之进行了多次谈话，并建议其转岗以解决其问题等方法，某某客车公司采取的措施虽然不能达到沈某所要求的满意程度，但是不能就此认定为某某客车公司存在符合沈某发表的文章中所描述的情形。综观沈某涉案的多篇文章中的语言环境，其在文章中所使用的前述词汇中具有贬损之意或攻击性，已经超越了言论自由的限度，引起阅读受众对某某客车公司的名誉产生怀疑，随之造成社会评价的降低，对某某客车公司的名誉造成了影响。并且，在某某客车公司向沈某发出书面警告，甚至在本案法庭辩论终结前，沈某仍未删除上述文章。在此情况下，某某客车公司依据《员工手册》与沈某解除劳动合同的行为，并无不妥，故沈某要求支付违法解除劳动合同赔偿金的请求，不予支持。

北京市顺义区人民法院依照《中华人民共和国劳动合同法》第三十九条之规定，作出如下判决：

驳回沈某的全部诉讼请求。

二审法院同意一审法院裁判意见。

【法官后语】

本案的起因在于劳动者认为用人单位为故意增加其工作量逼迫其离职。实践中，部分劳动者认为用人单位对其“不公平”进而引发一系列纠纷。在此过程中，劳动者如何在法律规定和用人单位规章制度的框架下依法合理维权就尤为重要。

民事主体享有名誉权，任何组织或者个人不得以侮辱、诽谤等方式侵害他人的名誉权。法律对言论自由的限制虽未具体明确到劳动关系领域，但这并不意味着这一领域是“法外之地”。劳动者发表有损用人单位的合法利益的言论可能存在以下几种情况：一是泄露商业秘密或者其他保密信息；二是虚构事实，恶意诽谤；三是个人经历情感表达等。有的劳动者在工作过程中，认为受到了不公正待遇，会将自身经历以及感受表达出来，在这个过程中同时夹杂着对用人单位的个人评价。劳动者行使言论自由必然是公开发表，公共表达。如果劳动者对用人单位的评价包括贬损或者攻击性表达，可能会引发其他公众对用人单位的社会评价降低，损害用人单位的名誉权。劳动者表达不当则极易引发用人单位惩戒权的行使。因此，劳动者在维权过程中要注意言论自由的界限。

要注意区分言论自由与劳动者忠实义务的关系。我国目前劳动法及劳动合同法虽没有劳动者忠实义务的相关规定，但诚实信用原则及劳动关系的人身隶属性则是忠实义务的法律基础，这也已经成为理论学界的普遍共识。劳动者的言论自由应当置于其忠实义务的框架之下考量。劳动者不应任意作出不利于用人单位的言论，但劳动者基于自身合法权益、公共利益考量的“告发”行为则不应受到该限制。

要注意区分言论自由与劳动者维权途径的多样性。虽然劳动法规定了本单位劳动争议调解委员会申请调解、向劳动争议仲裁委员会申请仲裁、向人民法院提起诉讼等纠纷解决渠道，但实践中，劳动者在与单位发生纠纷时，往往会寻求内部途径解决，一般会逐级寻求上级领导协调，或者逐级反映至单位最高级别的人员或者机构，在内部解决情况不理想的情况下，劳动者才通过外部机构予以干涉。因此，企业应当设置合理的申诉渠道，拓展纠纷解决方式，保证劳动者在工作中发生纠纷能够有途径进行反馈，用人单位能够及时进行合理管理、情绪疏导，防止突发事件的发生。

编写人：北京市顺义区人民法院　何庆玲

55

劳动者服务期未满提前离职应赔偿相应培训费用

——叶某诉海湾公司劳动争议案

【案件基本信息】

1. 裁判书字号

北京市第三中级人民法院（2019）京03民终2846号民事判决书

2. 案由：劳动争议纠纷

3. 当事人

原告（反诉被告、上诉人）：叶某

被告（反诉原告、被上诉人）：海湾公司

【基本案情】

叶某（乙方）原系海湾公司（甲方）职工，双方签订了期限为2013年11月4日至2016年11月4日的劳动合同，约定叶某为生产维修部门工程师，该劳动合同第五十一条约定："本合同履行期间，乙方参加甲方出资的培训的，甲乙双方需按照甲方培训管理制度的要求另行签订培训协议，乙方应严格遵守甲方培训管理制度，履行培训协议的约定，否则，乙方应按照培训协议的约定向甲方支付违约金，给甲方造成损失的，还需承担赔偿责任。"

2014年9月至2014年10月，海湾公司安排叶某参加了在美国萨凡纳的G650机型培训并顺利结业。此次培训，海湾公司共支出培训费100360美元、差旅费82553.24元。双方对此次培训签订了《培训确认单》，但未签订培训合同。

2017年4月27日，叶某因个人原因提出辞职，双方于2017年5月22日解除劳动关系。

2018年5月15日，海湾公司提起仲裁申请，要求叶某赔偿培训费损失561258.6元。仲裁裁决叶某支付海湾公司培训费损失327401元。叶某与海湾公司均不服仲裁裁决，诉至法院。

叶某主张海湾公司安排其至美国培训是为满足商业发展需要及对放行人员的法定要求，履行作为维修单位的法定义务，在其晋升为生产领班之前进行的岗前培训而非专业技术培训，该培训具有基础性、必要性及常规性特征，并不属于劳动合同法第二十二条规定的专业技术培训，且双方从未签订培训协议，未对培训费用和服务期限、违约责任作出约定，其不应承担赔偿培训费的责任。

海湾公司则主张其公司对生产领班岗位从未有参加G650机型培训的要求，叶某参加的培训非岗前培训，而是提升其专业技能的专项技术培训，且其公司的规章制度对服务期、培训费的返还及折算方法等均有明确规定，叶某清楚知道培训管理制度要求的5年服务期及培训费返还折算方法，若培训结束之日起服务满3年离职的，应当赔偿80%的培训费。另，叶某已经收到其公司发送的培训费结算明细邮件，该邮件亦列明了培训费金额、赔偿折算方法及应当返还的培训费数额，叶某在与其公司沟通离职事宜时并未对培训费返还及金额提出异议，反而表示其下家亚洲商务航空有限公司同意支付该笔培训费。

【案件焦点】

1. 本案所涉及的培训是岗前培训还是专业技术培训；2. 未签订培训协议的情况下，服务期满提前离职应否赔偿培训费损失。

【法院裁判要旨】

北京市顺义区人民法院经审理认为：岗前培训指的是员工在已经具备该岗位所要求的专业技能的情况下，用人单位在员工上岗前对其安排的涉及企业文化、规章制度、岗位职责、岗位技能等简单、必要的培训。根据查明的事实，叶某参加的培训对应特定机型的维修、放行等，如果不参加相应机型的培训，所持有的执照上将没有该类机型的培训记录，将不具备该类机型的维修、放行等资格。显然，叶某所参加的机型培训非岗前培训，而是能够提升其专业技能、扩大其执业范围的专业技术培训。

叶某虽主张未与海湾公司签订培训协议，双方不存在服务期及培训费赔偿的约定，但叶某参加学习了海湾公司制定的《人力资源政策手册》中有关于服务期及培训费的规定，叶某对海湾公司关于服务期及培训费的规定是知悉的。根据规定，叶某的服务期应为培训结束后满五年。叶某于2014年9月8日至2014年10月31日期间接受了海湾公司安排的专业技术培训，于2017年4月27日因个人原因提出辞职致使双方劳动关系于2017年5月22日解除，属于在服务期届满前离职。叶某的提前离职，对海湾公司造成的损失是显而易见的：首先，海湾公司失去了叶某这名具有维修、放行G650机型资质的员工；其次，叶某离职后，海湾公司不得不另行安排员工参加G650机型的培训。叶某提前离职的行为不仅违反了海湾公司关于服务期的规定，也违反了诚实信用原则，其应对因此给海湾公司造成的培训费损失承担赔偿责任。具体赔偿数额，应结合海湾公司关于服务期的规定、叶某参加培训产生的费用、叶某参加培训的时间及离职时间等予以确定。

北京市顺义区人民法院依照《中华人民共和国劳动合同法》第三条、第二十二条以及《中华人民共和国劳动合同法实施条例》第十六条之规定，判决如下：

一、叶某支付海湾公司培训费损失339094元，于本判决生效之日起七日内执行；

二、驳回叶某的诉讼请求；

三、驳回海湾公司的其他诉讼请求。

二审法院同意一审法院裁判意见。

【法官后语】

本案的争议焦点在于叶某与海湾公司未签订专门培训协议约定服务期及培训费赔偿的情况下，海湾公司能否依照规章制度中关于服务期、培训费的规定要求叶某赔偿培训费损失。

《中华人民共和国劳动合同法》第二十二条规定，用人单位为劳动者提供专项培训费用，对其进行专业技术培训的，可以与该劳动者订立协议，约定服务期。劳动者违反服务期约定的，应当按照约定向用人单位支付违约金。违约金的数额不得超过用人单位提供的培训费用。用人单位要求劳动者支付的违约金不得超过服务期尚未履行部分所应分摊的培训费用。

结合本案，海湾公司为叶某安排了专业技术培训，但双方未按照劳动合同的约定签订专门的培训协议，叶某也正是以此为由主张双方不存在服务期及培训费赔偿的约定。但事实上，叶某签字的《培训确认单》中载明“作为培训费的对价，培训学员需承诺自培训结束之日起为公司履行相应的服务年限，具体服务期年限及违约金支付应根据培训合同相关规定执行”，叶某参加学习的海湾公司的规章制度中也对服务期及培训费赔偿作出了明确规定，故叶某对参加培训后应履行相应的服务期是明知的。虽然双方未签订专门的培训协议，但在海湾公司对服务期及培训费赔偿作出规定且叶某亦明知的情况下，足以视为双方已经对服务期达成过合意，对违反服务期的后果有相应的预期，基于诚实信用原则和公平原则，叶某应当为其提前离职的行为承担赔偿责任。

实践中，用人单位为提高生产效率和市场竞争力，必然存在安排劳动者进行专业技术培训提升技能的情况，而劳动者通过培训也增进了技能、提升了职业竞争力。为避免劳动者借助用人单位的出资培训，在提升职业竞争力后随时离职，造成用人单位损失的情况发生，赋予用人单位对劳动者的服务期限及服务期未满离职应承担责任进行约定的权利，符合诚实信用原则和公平原则，这也正是《中华人民共和国劳动合同法》第二十二条的立法本意。鉴于实践中用人单位与劳动者在约定服务期限时形式的多样性，不应局限于《中华人民共和国劳动合同法》第二十二条中所体现的“协议”形式，即使双方未签订相应的协议，在能够证明劳动者对服务期限是明知的情况下，依据诚实信用原则，可以确认双方存在服务期限的约定。具体培训费的损失，可以结合双方的约定、用人单位的支出、劳动者的受益、服务期限等因素，依据公平原则作出认定。

编写人：北京市顺义区人民法院　张锐

56

人事聘用合同中服务期违约条款的效力认定

——汪某诉某区医院人事争议案

【案件基本信息】

1. 裁判书字号

重庆市第三中级人民法院（2019）渝03民终1416号民事判决书

2. 案由：人事争议纠纷

3. 当事人

原告（上诉人）：汪某

被告（被上诉人）：某区医院

【基本案情】

汪某于2011年10月被招聘为某区医院事业编工作人员。2014年8月26日，双方签订《修培协议书》，医院派遣汪某去进修，培训时间为2014年8月27日到2015年8月31日。该协议第三条约定：进修学习返回后工作不满5年申请调岗或者自动离职的，除退还进修期间的一切费用（包括进修费、住宿费、交通费、进修期间发放的所有工资、补贴及福利）外，还需向医院支付违约金3万元。汪某于同年8月进修至2015年9月6日，之后回医院上班。医院支付汪某进修费和差旅费12915元。2015年10月21日，汪某与医院又签订《委培协议书》，约定医院委派汪某参加住院医师规范培训，培训期为2015年10月17日至2018年10月17日。协议第二十二条约定培训结束后汪某至少应在医院服务7年，如违约，每少服务一年支付违约金4.6万元。培训期间医院未支出培训费，汪某共计在医院报销差旅费5343元。2019年4月，汪某向医院提出调动申请，医院要求其按照协议支付违约金后办理调动手续。2019年4月22日，汪某向医院支付违约金411092元，次日医院同意汪某调动。2019年5月10日，汪某申请仲裁，要求确认前述协议违约条款无效；确认汪某应向医院支付违约金8166.6元；由医院退还多收取的违约金402925.4元。劳动人事争议仲裁委员会未予受理，汪某诉至法院。

【案件焦点】

1. 事业单位与聘用人员间人事争议是否适用劳动合同法及其实施条例的相关规定；2. 人事聘用合同中违反服务期条款的效力；3. 因培训产生的用于该劳动者的其他直接费用的范围；4. 劳动者违约用人单位可否在要求退还培训费用的同时要求支付约定的违约金；5. 劳动者为调动工作全额支付违约金后可否主张用人单位退还。

【法院裁判要旨】

重庆市武隆区人民法院经审理认为：汪某与某区医院之间系人事聘用关系，双方签订的《修培协议书》和《委培协议书》属于在履行《事业单位聘用合同》过程中订立的与工作性质关联的附件协议。该协议系双方当事人自愿签订，且不违背《国务院办公厅转发人事部关于在事业单位试行人员聘用制度意见的通知》精神，也不具有《中华人民共和国劳动法》第十八条规定的无效的情形，不损害社会公共利益，故合法有效，对双方当事人具有法律约束力。《修培协议书》第三条和《委培协议书》第二十二条约定不受劳动合同法第二十二条的调整。汪某与医院就解除《事业单位聘用合同》，按《修培协议书》和《委培协议书》违约之约定履行相关权利义务已达成一致的意思表示，属于双方的自愿行为，并不违背相关法律政策的禁止性规定，予以认可其效力。汪某按约自愿支付了违约金，医院也为其办理了相关调动手续。汪某在解除并履行有关协议后，又反悔要求医院退还违约金之行为，有违诚实信用原则，不予支持。

重庆市武隆区人民法院依照《中华人民共和国劳动法》第十八条，《国务院办公厅转发人事部关于在事业单位试行人员聘用制度意见的通知》第六条，《重庆市事业单位试行人员聘用制度实施办法》第四十四条，《中华人民共和国民事诉讼法》第六十四条、第一百四十二条之规定，判决如下：

驳回汪某的诉讼请求。

汪某不服，提起上诉。重庆市第三中级人民法院经审理认为：法律平等保障劳动者与用人单位各自的合法权益，汪某与武隆医院之间的人事聘用关系合法有效，受法律依法保护。对于受聘人员经聘用单位出资培训后解除聘用合同的问题，因国务院另有规定，不受《中华人民共和国劳动合同法》第二十二条规定的调整。医院与汪某之间签订的《修培协议书》和《委培协议书》系双方真实意思表示，其中不违反法律法规强制规定的部分合法有效。国务院《事业单位人事管理条例》规定事业单位工作人员享受工资、国家规定的福利待遇和社会保险待遇，此系受聘人员的基本劳动保障。聘用单位发给其基本工资、国家规定的福利待遇和社会保险待遇既是必要的也是法定的。《修培协议书》第三条中“退还进修期间发放的所有工资、补贴及福利”的约定因免除了聘用单位的法定责任，剥夺了受聘人员所应享有的基本劳动保障而无效。汪某受武隆医院委派外出进修培训，进修培训期间享受聘用单位职工正常的工资和福利待遇；进修培训结束后违反诚信向武隆医院提出调动申请，不为社会所提倡。虽然汪某享有自主择业的权利，但其行为违反了双方关于服务期的约定，应承担相应的违约责任。医院有权依据《修培协议书》和《委培协议书》的约定要求汪某退回进修期间的进修费、住宿费、交通费、绩效奖金并支付违约金，但要求汪某退回进修培训期间为其支付的医保垫底资金 1600 元、公积金单位缴纳部分 4338 元和基本工资 12708 元没有法律上的依据，应予返还。

重庆市第三中级人民法院综合考虑聘用人员基本劳动权益的保护、聘用单位用人自主权的救济，同时兼顾诚实信用和公平原则，依照《中华人民共和国劳动合同法》第九十六条，《事业单位人事管理条例》第三十二条、第三十四条、第三十五条，《中华人民共和国民事诉讼法》第一百七十条第一款第二项规定，判决如下：

一、撤销一审判决；

二、某区医院返还汪某进修培训期间的医保垫底资金、公积金单位缴纳部分和基本工资等共计 18646 元；

三、驳回汪某的其他诉讼请求。

【法官后语】

1. 人事法律法规有特别规定的不受劳动合同法第二十二条调整

劳动合同法第九十六条规定，事业单位与实行聘用制的工作人员订立、履行、变更、解除或者终止劳动合同，法律、行政法规或者国务院另有规定的，依照其规定；未作规定的，依照本法有关规定执行。《事业单位人事管理条例》规定聘用单位在聘用合同履行过程中，应当根据不同岗位的要求，分级分类组织聘用人员参加岗前培训、在岗培训、转岗培训以及为完成特定任务的各类专项培训。从短期看，此类培训会对聘用单位的生产效益产生减益影响，要支付一定的培训费和劳动成本，不会产生立竿见影的经济效益；从长远看，培训对提高劳动者的业务能力和综合素养，提升和改善聘用单位以及整个国家的人力资源结构都是很有必要且有效的。因此，为鼓励和支持聘用单位组织此类培训，培训经费可以按照国家有关规定列支；聘用单位可以与被聘人员约定培训后的工作服务期及违约责任。《事业单位人事管理条例》第十七条规定，事业单位工作人员提前 30 日书面通知事业单位，可以解除聘用合同。但是，双方对解除聘用合同另有约定的除外。聘用人员作为广义的劳动者，法律法规赋予了其自主择业权和辞职权，这是其人格独立和意志自由的法律体现，只要不违反法律规定，聘用人员可依其意志单方解除聘用合同。但若双方对解除聘用合同另有约定，比如约定了培训后的最低服务期限，聘用人员培训归来后未满服务期限提出解聘有违诚实信用原则。此时，有必要予以聘用单位适当救济和补偿。《国务院办公厅转发人事部关于在事业单位试行人员聘用制度意见的通知》第六条规定，受聘人员经聘用单位出资培训后解除聘用合同，对培训费用的补偿在聘用合同中有约定的，按照合同的约定补偿。因此，聘用人员与聘用单位基于真实意思表示签订的人事聘用合同或培训协议中关于聘用人员违反最低服务期限应承担的违约责任条款原则有效。

2. 受聘人员基本劳动权益应受依法保障

基于人事聘用关系中聘用人员与聘用单位的不对等地位，为防止聘用单位利用其强势地位侵犯聘用人员的基本劳动权益，国家对聘用人员的基本劳动权益予以强制保障。国务院《事业单位人事管理条例》第三十二条、第三十四条、第三十五条规定事业单位工作人员享受工资、国家规定的福利待遇和社会保险待遇，此系聘用人员的基本劳动保障。人事聘用合同或培训补充协议既是广义的劳动合同，也是民事合同，应不违反法律法规的强制性规定，否则无效。聘用人员培训进修期间虽没有为聘用单位提供劳动成果（或未能按照正常上班提供劳动成果），但参加培训也系执行聘用单位的工作安排，由聘用单位发给基本工资和国家规定的福利待遇以及社会保险待遇既是必要的也是法定的。故，关于聘用人员违反最低服务期限应退还上述费用的约定因违反国家对劳动保障的强制性规定而无效。

3. 平衡保护各方利益符合公平正义原则

聘用人员虽然享有自主择业的权利，但其违反服务期约定的辞聘行为，不仅给聘用单位造成培训费用等实际损失，亦有违诚实信用原则，不为社会所提倡，理应承担违约责任，受到经济上的惩戒。故聘用单位可向违约受聘人员同时主张退还相关费用和违约金，但退还的培训费用应以服务期尚未履行部分所应分摊的部分为限。审查培训费用，可从客观性（确实已经支出）、关联性（用于该劳动者）和必要性（为培训所必须）三个层面进行。因人事法律法规中没有相关规定，可参照劳动合同法实施条例第十六条“……培训费用，包括用人单位为了对劳动者进行专业技术培训而支付的有凭证的培训费用、培训期间的差旅费用以及因培训产生的用于该劳动者的其他直接费用”的规定予以认定。聘用人员的基本工资、福利补贴和社保费用等属于基本劳动权益保障的项目在不培训费之列。在境外培训情况下，办理出国手续的各项费用，如身体检查费、护照办理费、签证申请费、培训费及其他杂费，培训期间的各项支出，如住宿费、交通费、生活费等，均在培训费用之列。

该案综合考虑了聘用人员的基本劳动权益保护和聘用单位用人自主权的救济，既支持聘用单位对受聘人员违约的不诚信行为予以经济上的惩戒，又依法保障了聘用人员的基本劳动权益，兼顾了诚实信用和公平原则。该裁判规则对于加强事业单位人事管理、构建稳定和谐的聘用人事关系和促进人才合理流动有一定指导意义，较好地实现了法律效果和社会效果的统一。

编写人：重庆市第三中级人民法院　刘继雁

57

以“风险激励”为名将回款风险转嫁给劳动者的约定无效

——李某诉登跃公司劳动争议案

【案件基本信息】

1. 裁判书字号

江苏省常州市中级人民法院（2019）苏04民终4508号民事判决书

2. 案由：劳动争议纠纷

3. 当事人

原告（被上诉人）：李某

被告（上诉人）：登跃公司

【基本案情】

李某原系登跃公司的销售员。劳动合同约定实行基本工资和绩效工资相结合的内部工资分配办法，绩效工资根据工作业绩和公司效益按照内部考评办法确定。庭审中，双方均认可李某截至离职时享受业务费（风险激励奖）总计19748.76元，但李某实际收到登跃公司发放的业务费（风险激励奖）为1773.76元，差额17975元未发放，系因为李某经手的客户常州千织纺纺织品有限公司由于登跃公司提供的产品不合格迟迟未能解决，故客户拒绝支付尾款。登跃公司即将该未收回的尾款从李某的业务费（风险激励奖）中予以扣除。

登跃公司扣款的依据为：第一，在《销售绩效考核与奖励政策》中，“风险激励考核奖”部分规定：“公司以奖励基数的0.9%作为对销售员的风险激励奖，该奖金每月按客户单位分别预结算，年末一次性办理挂账手续。账期满3年后，对于已结清提示财务警示风险的客户单位应收款，则公司发放对应部分奖金。对需要办理离职交接的销售员，离职人员必须按公司要求办理完交接手续并签订《离职协议》，按协议约定方式结算该奖金。”“销货、退赔货与坏账损失的财务处理”中规定：“对确实无法回收的应收款，销售员承担货款损失：客户往来资料齐全的，销售员承担该笔货款损失额的30%，在工资和奖金中扣除；往来资料不符合财务要求的，销售员承担该笔货款损失额的50%，在工资和奖金中扣除。”第二，2019年3月6日李某离职时签订的员工离职移交清单载明：“未结清货款在截止期限内回款，产生的业务费由移交人享受，移交人的业务费按照销售政策结算与发放。如未在截止期限内完全收回货款，移交人自愿放弃该业务以及该业务今后回款所产生的业务费……移交人在移交或离职后，必须协助接手人回笼上述货款，移交人承诺如不配合接手人及时回笼货款，视同移交人自愿放弃该业务以及该业务回款所产生的业务费，同时承担连带清偿责任。”

李某因不服登跃公司不予发放该款项，起诉至法院，请求支付拖欠的业务费（风险激励金）17975元。

【案件焦点】

用人单位通过规章制度及离职协议的方式将企业回款风险转嫁给劳动者的约定是否有效。

【法院裁判要旨】

江苏省常州市钟楼区人民法院经审理认为：用人单位应当根据劳动合同约定和国家规定，向劳动者及时足额支付劳动报酬。本案中，17975元系李某应当享有的业务费（风险激励金），属于李某的工资报酬，登跃公司应当予以发放。登跃公司辩称在李某离职时签订了《客户单位业务交接单》，载明李某应当对未收回的货款承担连带清偿责任。但公司销售货物的货款能否收回是公司应当承担的经营风险，该风险不应由劳动者承担。无论是《销售绩效考核与奖励政策》中约定产生坏账后由销售员承担一定比例的坏账损失，还是双方在《客户单位业务交接单》中约定销售员对未收回的货款承担连带清偿责任，都使劳动者处于不确定的巨大风险中，损害劳动者通过劳动获取报酬的权利，导致双方权利义务失衡，故该约定对李某无效。李某要求登跃公司支付不当扣除的款项 17975 元，法院予以支持。

江苏省常州市钟楼区人民法院依据《中华人民共和国劳动合同法》第三十条作出如下判决：

登跃公司于判决生效之日起十日内支付李某业务费（风险激励金）17975 元。

登跃公司不服一审判决，提起上诉。江苏省常州市中级人民法院经审理认为：工资是指用人单位根据国家规定或者劳动合同的约定，依法以货币形式支付给劳动者的劳动报酬，包括奖金等。本案中，登跃公司所提李某在离职过程中签订的《客户单位业务交接单》，一方面，该交接单系因离职引起，属于劳动争议引起的纠纷。另一方面，该交接单约定李某必须协助接手人回笼资金，否则承担连带责任。回笼资金系企业经营风险，而劳动者在任何情况下都不应承担企业的商业经营风险。这是因为劳动合同的本质是劳动者提供劳动、用工者支付报酬，企业风险与劳动者无关。本案中虽然李某与用人单位签订了交接单，但是由于该交接单的本质是将企业的商业经营风险转嫁给劳动者，违反了劳动合同的基本法律性质，侵害了劳动者的利益，因此是无效的。登跃公司上诉称交接单系平等主体之间签订的债权债务协议的理由没有法律依据，不予支持。另外，因李某自愿放弃应得风险激励奖的 30%，对此予以确认。

江苏省常州市中级人民法院依据《中华人民共和国民事诉讼法》第一百七十条第一款第二项规定，作出如下判决：

一、撤销一审判决；

二、登跃公司于本判决生效之日起十日内支付李某业务费（风险激励奖）12582.5 元。

【法官后语】

现阶段工资仍是劳动者及其家庭成员生活的主要来源，包括奖金等。劳动法明令禁止克扣劳动者工资，如该法第五十条规定，不得克扣或者无故拖欠劳动者的工资。对于确因劳动者原因需要扣除工资的亦作了数额的限制，如因劳动者本人原因给用人单位造成经济损失的，用人单位可按照劳动合同的约定要求其赔偿经济损失。经济损失的赔偿，可从劳动者本人的工资中扣除。但每月扣除的部分不得超过劳动者当月工资的20%。若扣除后的剩余工资部分低于当地月最低工资标准，则按最低工资标准支付。劳动者提供劳动，理应获得报酬，法律保障劳动者获得劳动报酬，是因为获取劳动报酬是劳动者的基本劳动权利。

在任何情况下劳动者都不应承担企业的经营风险，这是劳动者与企业所有人（企业的股东等）的本质区别。在劳动关系下，劳动者与用人单位具有人身依附性，劳动者亦属于用人单位的生产要素，因劳动者对企业的经营没有自主权，故不应承担企业的经营风险。这既是劳动基准的要求，也体现了权利、义务相对等的原则。企业是否因为产品质量有瑕疵导致货款无法收回，这是企业自身应当承担的经营风险，该经营风险不应当转嫁给劳动者，否则将使劳动者处于不确定的巨大风险中，违反劳动法的基本原则。

综上，用人单位不应在规章制度或劳动合同中任意扩大自身权利。依据劳动合同法第二十六条的规定，用人单位免除自己的法定责任、排除劳动者权利的劳动合同无效或者部分无效。用人单位在指定规章制度或作合同安排时，应充分重视条款的合法性和合理性，避免侵害劳动者的基本权利。

编写人：江苏省常州市钟楼区人民法院　丁民

58

用工单位将被派遣劳动者违法退回的法律责任认定

——外企公司诉英美矿业代表处、董某劳动争议案

【案件基本信息】

1. 调解书字号

北京市第二中级人民法院（2019）京02民终5198号民事调解书

2. 案由：劳动争议纠纷

3. 当事人

原告（反诉被告、上诉人）：外企公司

被告（反诉原告、上诉人）：英美矿业代表处、董某

【基本案情】

2010年1月4日，董某与外企公司建立劳动关系，被派遣至英美矿业代表处工作。2015年起，董某月工资为43718.79元。2016年1月28日，英美矿业代表处以董某原工作岗位取消，又不同意接受公司另行安排的岗位为由，向外企公司发出关于退回董某的通知，并停发董某工资。外企公司接受英美矿业代表处的退回行为，安排董某待岗。2016年12月7日，外企公司向董某送达到岗通知，要求董某自2016年12月8日起到岗出勤，接受临时工作安排并认真完成工作任务，董某书面回复称在劳动纠纷最终解决前不应改变劳动关系现状，故拒绝履行到岗义务。2018年7月起，英美矿业代表处停止业务运营。

董某认为英美矿业代表处系违法退回，于2016年11月30日向北京市朝阳区劳动人事争议仲裁委员会提起仲裁申请，要求英美矿业代表处、外企公司连带支付克扣的2016年3月1日至2017年2月28日工资517425.48元等请求。2018年1月该仲裁委作出裁决：外企公司、英美矿业代表处连带支付董某2016年3月1日至2017年2月28日期间工资517425.48元。外企公司、英美矿业代表处不服仲裁裁决，诉至法院。英美矿业代表处主张因英美资源集团自2014年起连续巨额亏损，集团经营情况发生重大变化，集团决定取消包括董某在内的所有负责宏观经济分析的经济师职位，属于客观情况发生重大变化，原劳动合同已无法继续履行，将董某退回至外企公司是合法的。

【案件焦点】

用工单位将被派遣劳动者违法退回至用人单位后，用工单位与用人单位如何承担法律责任。

【法院裁判要旨】

北京市东城区人民法院经审理认为：《劳务派遣暂行规定》第十二条规定，有

下列情形之一的，用工单位可以将被派遣劳动者退回劳务派遣单位：用工单位有劳动合同法第四十条第三项、第四十一条规定情形的。被派遣劳动者退回后在无工作期间，劳务派遣单位应当按照不低于所在地人民政府规定的最低工资标准，向其按月支付报酬。《中华人民共和国劳动合同法》第四十条第三项规定，有下列情形之一的，用人单位提前三十日以书面形式通知劳动者本人或者额外支付劳动者一个月工资后，可以解除劳动合同：（三）劳动合同订立时所依据的客观情况发生重大变化，致使劳动合同无法履行，经用人单位与劳动者协商，未能就变更劳动合同内容达成协议的。“劳动合同订立时所依据的客观情况发生重大变化”是指劳动合同订立后发生了用人单位和劳动者订立劳动合同时无法预见的变化，致使双方订立的劳动合同全部或者主要条款无法履行，或者若继续履行将出现成本过高等显失公平的情况，致使劳动合同目的难以实现。

本案中，英美矿业代表处因其2014年及2015年境外公司巨额亏损，调整经营方针，变卖资产，进而取消董某岗位的行为，显然与“客观情况”不可预测的本质属性不符，不符合《中华人民共和国劳动合同法》第四十条第三项的规定，不属于客观情况发生重大变化。但鉴于英美矿业代表处确系因经营方式调整需要裁减人员的情形，且董某被退回后经通知亦未到岗上班，按照原工资标准支付有失公平，故按照北京市当年度职工月平均工资标准酌定董某被退回后的工资待遇。

北京市东城区人民法院依照《中华人民共和国劳动法》第三条、第四条，《中华人民共和国劳动合同法》第四十条第三项，《劳务派遣暂行规定》第十二条之规定，判决如下：

一、英美矿业代表处于判决生效之日起七日内，支付董某2016年3月1日至2017年2月28日期间工资93994元（税前），外企公司承担连带责任；

二、英美矿业代表处于判决生效之日起七日内，支付董某2015年奖金差额45274.8元（税前），外企公司承担连带责任；

三、驳回董某的其他诉讼请求。

外企公司、英美矿业代表处、董某不服一审判决，提出上诉。北京市第二中级人民法院主持调解，当事人自愿达成如下协议：

一、英美矿业代表处与董某的劳务派遣用工关系于2018年6月30日解除，外企公司与董某的劳动合同及劳动关系于2019年3月12日解除；

二、英美矿业代表处于调解书送达后10个工作日内向董某支付离职补偿800000元（税后）；

三、外企公司于调解书送达后10个工作日内向董某支付生育津贴54463.93元；

四、上述第二项、第三项履行完毕后，外企公司、英美矿业代表处与董某再无任何劳动争议。

【法官后语】

本案处理的要点在于用工单位将被派遣劳动者违法退回至用人单位后，用工单位与用人单位如何承担法律责任的问题。

《劳务派遣暂行规定》第十二条规定："有下列情形之一的，用工单位可以将被派遣劳动者退回劳务派遣单位：（一）用工单位有劳动合同法第四十条第三项、第四十一条规定情形的……被派遣劳动者退回后在无工作期间，劳务派遣单位应当按照不低于所在地人民政府规定的最低工资标准，向其按月支付报酬。"该条仅规定了用工单位"合法退回"被派遣劳动者的法律后果，即用人单位应当按不低于当地最低工资标准支付劳动者无工作期间的工资。

至于"违法退回"的法律责任，《劳务派遣暂行规定》第二十四条规定："用工单位违反本规定退回被派遣劳动者的，按照劳动合同法第九十二条第二款规定执行。"《中华人民共和国劳动合同法》第九十二条第二款规定："……用工单位给被派遣劳动者造成损害的，劳务派遣单位与用工单位承担连带赔偿责任。"该条仅强调了用人单位与用工单位的连带责任关系，但如何承担赔偿责任没有规定。

至此，法官在查明本案事实后，发现无法找到任何法律规则可以直接适用本案。因此法官面临的问题是，当法律存在漏洞，法官应当如何创设规则裁判本案。此时，需要运用法律漏洞补充方法之一的类推适用方法。从法理上讲，就是"类似案件同样处理"。本案系"违法退回"的法律责任，可以类推适用"违法解除"的法律责任规则。《中华人民共和国劳动合同法》第四十八条规定，用人单位违反本法规定解除或者终止劳动合同，劳动者要求继续履行劳动合同的，用人单位应当继续履行。本案是劳动者董某认为用工单位退回违法，要求继续履行劳务派遣协议，类似于劳动者认为用人单位违法解除，要求继续履行劳动合同。因此，用人单位与用工单位应当连带赔偿的是劳务派遣协议继续履行后劳动者可以获得的工资利益。关于工资标准，根据公平原则，合同双方当事人之间在利害关系上应该大体平衡。本案中劳动者董某属于高收入群体，且退回后经用人单位通知未履行到岗义务，如果按原工资待遇支付工资有失公平。因此，法院按照北京市当年度职工月平均工资标准酌定劳动者被退回后的工资标准。

编写人：北京市东城区人民法院　程新桐

图书在版编目（CIP）数据

中国法院2021年度案例．劳动纠纷：含社会保险纠纷／国家法官学院，最高人民法院司法案例研究院编．—北京：中国法制出版社，2021.4（2022.5重印）

ISBN 978-7-5216-1727-6

Ⅰ．①中… Ⅱ．①国…②最… Ⅲ．①劳动争议－民事纠纷－案例－汇编－中国 Ⅳ．①D920.5

中国版本图书馆CIP数据核字（2021）第045678号

策划编辑：李小草（lixiaocao2008@sina.cn）

责任编辑：韩璐玮　赵律玮　　封面设计：温培英　李宁

中国法院2021年度案例．劳动纠纷

ZHONGGUO FAYUAN 2021 NIANDU ANLI. LAODONG JIUFEN

编者/国家法官学院，最高人民法院司法案例研究院

经销/新华书店

印刷/北京虎彩文化传播有限公司

开本/730毫米×1030毫米　16开　　印张/15.25　字数/200千

版次/2021年4月第1版　　2022年5月第2次印刷

中国法制出版社出版

书号ISBN 978-7-5216-1727-6　　定价：58.00元

北京市西城区西便门西里甲16号西便门办公区

邮政编码：100053　　传真：010-63141600

网址：http：//www.zgfzs.com　　编辑部电话：010-63141793

市场营销部电话：010-63141612　　印务部电话：010-63141606